人 文 书 托 邦

记忆的纹理

媒介、创伤与南京大屠杀

THE TEXTURE OF MEMORY

Media, Trauma and the Nanjing Massacre

李红涛 黄顺铭 著

中国人民大学出版社
· 北京 ·

本书出版得到
浙江大学“中央高校基本科研业务费专项资金”资助
和南京大屠杀史与国际和平研究院支持

致

李金铨先生

我们共同的学术燃灯者

序

李金铨
（香港城市大学媒体与传播系讲座教授）

人的相遇是有缘分的。本书作者李红涛先生和黄顺铭先生到香港城市大学攻读博士及做博士后研究，与我相处、切磋将近五年，建立了亦师亦友的关系。对于他们后来的学术成长，我一直有深切的了解。如今在病榻上，接到他们书稿的电子版，心中十分快慰。

回顾教学研究四十载，我从未企图把博士生塑造成为自己的翻版。他们有不同的个性、才情和机遇，我做的是触媒剂，尽量让他们发挥出最好的潜能。

第一，帮助他们找到学术兴趣。有了兴趣就会有热情，有了热情就会像装上马达的机器，自行运动不已。他们两人当初的博士论文题目都是兴趣的写照，其中黄顺铭还颇费一番周折才定题。从寻找兴趣开始到发展成为成熟的研究题目，这是一个漫长而宝贵的成长过程。他们在学期间根基打得稳固，毕业后乃能从容不迫，坚持研究感兴趣的题目。

第二，帮助他们提高学术境界。发现兴趣是“知己”的功夫，而提高境界是“知彼”的功夫。学生应该知道天有多高地有多厚，取法乎上，又不好高骛远。我常常劝他们找几本性之所近的“经典”，反复研读和揣摩，直到将作者看世界的方式内化成为自己看世界的方式，将作者解决问题的方法变成自己解决问题的方法。这种潜移默化的功夫，既提高自己的眼界，也切实可行。学术经典历久弥新，每次阅读往往都能有新的体悟。

第三，帮助他们提出好的问题。问出好问题，就成功了一半。我常鼓励两位作者，博士论文是学术生涯的里程碑。我常开玩笑说，好的博士论文题目应该要像一只八爪的章鱼，每个触角伸出去，都能接触到其他的新问题，然后从理论上观照它们，达到触类旁通。本书研究媒介如何形塑历史记忆，表面上和博士论文无关，其实这种转向是蕴藏着内在理路的。看到他们在新领域取得成绩，我由衷地高兴。

第四，敦促他们养成良好的工作方式和习惯。两位作者不但已经养成各自的工作方式和习惯，而且建立了稳固的合作关系。这让我想到了《论语》的益友："友直、友谅、友多闻。"他们常常互相调侃，谑而不虐，无伤大雅，工作起来都埋头带劲，而且互不计较。在现有冰冷刻板的学术体制下，相互切磋，截长补短，这是极为难能可贵的学术缘分。

本书是他们为学心路历程的表现。承他们的好意，把这本书献给我，我愧不敢当。我本来应该写一篇长文，与作者对话，奈何病中无力做这种吃重的工作。所以我乃略述跟他们的情谊，以及表扬他们为人治学的态度，庶几从侧面衬托本书背后的基本精神，想来也是颇有意义的。

口述于香港养和医院

2017 年 2 月 18 日

引言

2016年12月13日，南京大屠杀惨案七十九周年纪念日，也是第三个南京大屠杀死难者国家公祭日。侵华日军南京大屠杀遇难同胞纪念馆（即“南京大屠杀纪念馆”，也称“江东门纪念馆”）在国家公祭日到来之际，举行了“死难者遗属家庭祭告活动”。国家公祭日当天，南京大屠杀纪念馆举办庄重的公祭仪式，鸣响防空警报，放飞和平鸽，举行世界和平法会以及烛光祭。新闻媒体对于国家公祭予以显著的报道:《人民日报》当天刊登评论《铭记南京大屠杀是道义必须》和《走进每一位受难者的世界》;《新华日报》采用黑白报头；《扬子晚报》全报采用黑白版面，刊登了三个版的纪念报道；南京广电集团第三次推出“紫金草行动”，号召人们通过线上祭奠来表达哀思。

然而，这种庄重的纪念氛围中也出现一些刺耳的“不和谐音”。譬如，12月17日，中央电视台《新闻调查》栏目播出的《一座慰安所的去与留》报道了上海“海乃家”慰安所旧址的拆迁争议。面对镜头，包括当地文物遗址史料馆馆长、社区居民和高中生在内的一些受访者将“慰安所”等同于“妓院”，将“慰安妇”等同于“妓女”，认为她们是“国家的耻辱”，而“慰安所”放在学校里无法产生积极的教育作用。此番言论在社交媒体上备受批评。不少网友认为，这些人对二战性奴役和性暴力的无知与曲解显示出历史教育的失败。实际上，这不仅是“历史”或“教育”的问题，也是一个“记忆”的问题。这个例子表明：集体记忆不仅有延续，也有断裂；不仅有传承，也有扭曲。

无论是制度化和常规性的纪念活动，还是这些扭曲历史的言论，都在某种程度上折射出南京大屠杀这一创伤事件在当代的记忆景象，也映照出这一起八十年前的历史事件进入当代公共生活的可能方式。在相当长的一段时间内，南京大屠杀是受害者压抑的个体记忆，是地方记忆；而如今，它已上升为国家记忆，乃至世界记忆。这种变化不仅意味着记忆社群（mnemonic community）的扩大，纪念空间的扩展，而且也意味着代际的更替，以及时间的流转。

关于南京大屠杀的集体记忆，可以列出一个长长的问题单，譬如，一个复杂而多面的记忆景象如何生成？作为历史事件的南京大屠杀如何转变为文化创伤？在历史和当下之间，在过去和现在之间，存在着几多延续，几多断裂？南京大屠杀纪念馆作为怎样的记忆之所而存在？媒体机构如何构筑国家公祭的线上公祭空间？

本书以历史为经，以不同的媒介场景为纬，深入探究南京大屠杀创伤建构与记忆形塑的过程，揭示国家权力、地方记忆社群、大众传媒如何合力塑造出南京大屠杀在当代中国的记忆政治与记忆文化。本书把南京大屠杀的集体记忆放在一个宽阔的时空坐标里来审视：时间上，试图追本溯源，经验材料的收集和分析往上回溯至 1937 年末、1938 年初惨案发生之际，向下则延伸到二十一世纪以来的十余年；空间上，同时涵盖传统报业、新媒体，以及纪念馆等多种媒介场景。

本书的分析框架以文化创伤理论为核心。我们试图追溯南京大屠杀创伤叙事在主流媒体上的建构过程，在南京大屠杀纪念馆和线上纪念活动中的扩散与再生产，以及在赛博空间中所面临的叙事挑战。本书虽以“媒介”为核心，但我们并不流于对静态“文本”和“符号”的考察，而是要努力揭示创伤叙事的生产和再生产，媒介纪念空间的生成，以及媒介舞台上和记忆之所里的记忆实践（mnemonic practices）。

本书起源于教育部人文社会科学项目“为了忘却的纪念：南京大屠杀集体记忆的建构与传播”（项目编号：11YJC860023）。在 2015 年底课题结项之后，我们对相关主题的研究仍在继续。与当初的课题申报书相比，本书的理论视角已发生了很大变化，主书名也先从“为了忘却的纪念”变成“为了永不忘却的纪念”，然后再度变为“记忆的纹理”，我们希望透过“记忆”和“遗忘”之间的辩证和张力来彰显南京大屠杀记忆之变迁，勾画历史和当代的媒介地形图中浮现的记忆纹理。

本书中经验研究的几个主体章节曾在《新闻与传播研究》等刊物以论文的形式发表，并获得了一些学术奖励。其中，第三章原稿（《“耻化”叙事与文化创伤的建构》）获得《新闻与传播研究》2014 年度十佳优秀论文和浙江省第十八届哲学社会科学优秀成果二等奖，第六章原稿（《在线集体记忆的协作性书写》）获得中国新闻史学会和教育部高等学校新闻传播学科教学指导委员会共同评选的第二届（2016）新闻传播学学会奖之“优秀学术奖”

二等奖。感谢学术期刊和史学会对于青年学者的大力扶持，感谢诸位编辑老师认真而专业的编辑工作。不过，本书并不是相关篇章的结集。单篇论文最初是在一个相对一贯的理论框架或视角下发展而来，我们在将它们纳入本书时，进行了必要的修改和扩充，让它们既能在全书的论述架构中各安其位，又能在更为从容的篇幅内提供更多的信息。

过去五年，在开展相关研究和撰写书稿的过程中，我们得到很多的帮助。我们首先要感谢香港城市大学媒体与传播系讲座教授李金铨先生，他是两位作者共同的授业恩师。从博士阶段到“青椒”阶段，我们点滴的进步都离不开金铨师的教诲、鼓励与扶持。尽管我们各自的博士论文选题（一为学术期刊的知识生产，一为新闻奖制度和实践）都与本书主题无关，但本书的字里行间仍能窥见博士论文运思与落笔的印记。李红涛在博士后阶段对“新闻聚像”的研究和黄顺铭在博士论文中对“新闻偶像”的关注都为日后的集体记忆研究埋下了种子。本书成稿之际，金铨师在病榻上“口述”了一篇短序，略述教诲和情谊，令我们感念万分。我们将学术生涯中的第一本合著献给共同的学术燃灯者李师金铨先生。

本书第四章《以数字标识“记忆之所”》和第五章《线上公祭空间的生成》的初稿曾在由中国社会科学院新闻与传播研究所、浙江大学传媒与国际文化学院、云南大学新闻学院共同举办的“文化研究：仪式·展演·空间”工作坊（2016.6）宣读。威斯康星大学潘忠党教授、宾夕法尼亚大学杨国斌教授、中国社会科学院孙五三研究员、云南大学郭建斌教授和浙江大学吴飞教授在工作坊期间给予我们很多宝贵的建议，在此深表谢意。在工作坊之后数易其稿的修改过程中，潘忠党老师继续给予我们非常重要的建议，这些建议大到理论框架、谋篇布局，小至行文措辞。毫不夸张地说，没有潘师的帮助，这两章断然无法以当前的面目面世。潘师对“学”“问”之道的坚守，一针见血的批评，热情洋溢的鼓励，在在堪为治学者之典范。

近年来，我们曾多次赴南京开展田野调查、深度访谈和焦点小组访谈。感谢侵华日军南京大屠杀遇难同胞纪念馆张建军馆长和其他馆员为我们收集材料所提供的各种帮助，还要特别感谢张馆长聘我们为“南京大屠杀史与国际和平研究院”研究员。感谢江苏网络电视台、中国江苏网（简称中江网）和南京网络电视台的诸位受访者。感谢南京大学新闻传播学院郑欣教授、朱丽丽教授、王蕾副教授和张红军教授，以及南京师范大学新闻与传播学院张宁副教授等众多师友，他们热心地帮助我们联络受访者和安排焦点小组访谈。感谢南京大学硕士生劳汝洁和香港中文大学博士生夏嫒洁，她们曾在2015年暑期担任本项目的研究助理，为第二章和第五章的写作收集大量资料。感谢浙江大学媒介与社会思想专业硕士生李灿协助我们统一全书的注释和参考文献格式，感谢博士生袁桐为我们查询并整理第二章中的《申报》索引。感谢四川大学文学与新闻学院硕士研究生潘思宁转录李金铨教授的序言录音。

感谢我们各自的供职单位——浙江大学传媒与国际文化学院

和四川大学文学与新闻学院——的同事们。感谢我们各自教过的本科生和研究生们，本书的某些观点曾在课堂上分享，他们作为最初的读者，见证了本书的缓慢“生长”。感谢我们各自的家人，他们的关爱、支持和体谅让我们得以渡过艰难跋涉中的无奈与彷徨。

在本书的研究和撰写过程中，我们先后得到教育部人文社会科学项目、中央高校基本科研业务费专项资金（含“浙江大学重大基础专项课题”）资助，特此致谢。最后，感谢本书责任编辑王一名与翟江虹女士，与她们合作实乃我们之幸。当然，书中的任何错漏之处皆由两位作者负责。

2016 年 12 月李红涛于挪威科学院高等研究中心（CAS）初稿

2017 年 5 月黄顺铭于四川成都“自在居”改定

目　录

表目录

图目录

第一章

绪论：为了永不忘却的纪念

人类到底应该记住什么？要言之，人类应该记住根本之恶（radical evil）和反人类罪行，包括奴役、驱逐平民和大规模灭绝……所谓根本之恶，就是那些足以动摇道德根基的行径。

——阿维夏伊·玛格利特（Avishai Margalit），《记忆的伦理》（*The Ethics of Memory*）（2004）78–79

可以宽恕，但不可以忘却

Forgivable，but unforgettable

許すことはできても、忘れてはいけない

——约翰·拉贝　语

以中、英、日三种语言刻于侵华日军南京大屠杀遇难同胞纪念馆内

第一章　绪论：为了永不忘却的纪念

一、记忆的重量

2016年11月10日前后，网民曝光美国某连锁百货商店出售的一款连帽衫背后印有南京大屠杀图案，图片上日军士兵挥刀砍杀跪地的中国平民（参见图1-1），这一事件在海外华裔中间和中国社交媒体上引发了强烈抗议和谴责。但很快有人注意到，在这张取自电影《南京！南京！》的剧照上方印有红字“Why Indifference?”（为何漠不关心？），图中加害者与被害者的眼睛都被红色色块遮掩，而图案右下角的西方女性则坐在长椅上背对杀戮场景。商场方和设计师亦指出，帽衫的设计意图并非辱华，而是“反战”和“反冷漠”。

但批评者仍然认为，南京大屠杀作为严肃的历史事件不应该被如此呈现。例如，一位华裔在社交媒体上批评道，“贵公司敢把屠杀印第安人的图片印在T恤上然后写上‘不要杀戮’来弥补吗？贵公司敢印上白人奴役非裔的图片然后写上‘不要奴隶’来弥补吗？”很多批评者主张，无论设计意图如何，将如此惨痛的画面作为“时尚元素”印在代表流行文化的T恤上，“用别人的血泪历史来挣钱”，即显示出对历史事件和华人社群的不尊重。随后，商场方和设计师道歉，产品下架。抛却事件背后的误读不论，这一事件凸显出南京大屠杀再现的“边界”或适当方式，正如一位批评者所言，“如果是艺术设计作品，放在博物馆、展览馆，我没有意见，但是这样随意地穿着满街走？完全不能接受！”[1]

图 1-1　引发争议的帽衫背面图案

2016 年，与南京大屠杀有关的另一个热点事件则牵涉教科书。5 月 23 日，一篇题为“语文版教材替换 40% 语文课文　南京大屠杀等被撤”的报道迅速席卷社交媒体，引发潮水般的批评和指责。新浪新闻在转载报道的同时，还附上一份调查，询问网友对“《南京大屠杀》《鲁提辖拳打镇关西》等课文被请出课本”的看法，结果 79.5% 的受访者（7 602 位）表示不同意。[2] 事实上，事件本身是个误会，因为语文出版社并未将南京大屠杀的内容删除，而是换成了另外一篇课文。[3] 面对网络上的批评声浪，语文出版社当晚便在其官方网站发布如下声明：

语文出版社语文教材没有撤掉南京大屠杀题材的课文

网上所传我社九年义务教育修订教材将南京大屠杀题材撤下之事，与事实严重不符，混淆视听，特此严正声明。

我社自 2013 年起，对 2001 年审定通过的九年义务教育课程标准实验教科书进行了修订。在修订过程中，我们将温书林的《南京大屠杀》一文换成张纯如所写的《南京大屠杀》一书节选，课文题目为《死里逃生》。更换的原因主要是张纯如所写《南京大屠杀》片段《死里逃生》，不仅写了南京大屠杀的惨无人道，而且刻画了一个普通中国妇女李秀英在日本鬼子惨无人道的暴行面前智勇双全、勇敢反抗的事迹，感人至深，反映了伟大的中国人民抗击外来侵略的坚强决心和英勇无畏的精神。因此，我社教材中不存在将南京大屠杀题材撤掉的问题。

特此声明。

语文出版社

2016 年 5 月 23 日 [4]

这段声明值得全文引述，不仅因为它澄清了基本事实，更是因为声明在解释撤换理由时所调用的主导叙事（master narrative）。声明强调之所以换掉课文，是因为新课文不仅写了“南京大屠杀的惨无人道”，还刻画了“勇敢反抗的事迹”。然而，风波并未就此平息。在该社社长王旭明转发声明的微博下，有网友对新课文的标题“死里逃生”表示不满。该微博最热门的三条评论分别是：(1)“语文出版社变‘圣母庙’。以后鸦片战争改成《罂粟花开》，火烧圆明园叫《火火的宫殿》，‘七七’事变叫《卢沟桥畔的故事》。好美好和谐啊！”（获 1 227 个赞）；(2)“请明确南京大屠杀！！”（获 688 个赞）；(3)“南京大屠杀不可改名！”（获 681 个赞）。[5] 这些评论或许很难称得上理性思考，因为标题改动并不意味着南京大屠杀的改名，但其间流露出的强烈民族情绪却折射出南京大屠杀在中国人心目中的意义。5 月 31 日，语文出版社决定保留《南京大屠杀》，而将《死里逃生》作为附文供学生比较阅读，因为两篇课文“一个着眼于面（指《南京大屠杀》），一个立足于点，从而让学生更加全面而深刻地认识日本帝国主义的侵略罪行，激发学生的爱国主义情怀，培养他们的爱国主义精神”[6]。

围绕文化衫和语文教科书的争议展现出南京大屠杀在当代的记忆状况的某些侧面。它们意味着争议不仅会发生在“自我”和“他者”（文化衫事件中的美国商家或更多情况下的日本政府或右翼势力）之间，也会发生在自我内部；意味着南京大屠杀已经变成神圣的民族／国家记忆的一部分，其神圣性表现在不可以被商业化，不可以更换成其他表述，等等。历史事件往往遵循着自然的记忆曲线，承载记忆的一代人逝去，活生生的记忆变成历史，刻入纪念碑，继而在公众视野中淡去。但南京大屠杀的记忆轨迹有所不同，它曾在战时和战后受到国内和国际舆论的广泛关注，虽然也曾在相当长的时间内淡出公众视野，但却又在二十世纪八十年代以后复兴，深刻影响着当代中国人的家国意识与国际观念。

与个体记忆不同，社会共同体没有一个共同的大脑，集体记忆只是一个隐喻，但这个隐喻却具有巨大的“重量”。对于南京大屠杀而言，在八十年的时空变换中，它被记忆（remember）和纪念（commemorate）的逻辑和机制是什么？在今天的公共生活中，它的“重量”源自何处？这是本书问题意识的起点。在本书中，我们试图讲述两个理论故事，其中一个以南京大屠杀为核心，追溯它如何在不同的媒介场景下、不同的中介化（mediation）过程中被书写、被纪念；另一个将南京大屠杀视为个案，探究媒介与集体记忆和文化创伤之间的关联。

二、从“历史事件”到“感情记忆”

文化衫事件和教科书争议在在说明，南京大屠杀并不是尘封在“死的历史”中的往事，而是“活的历史”中的当代事实。正如孙歌在二十一世纪初评论东史郎诉讼案时所说：

> 对于几代中国人来说，南京大屠杀不仅仅意味着发生在一九三七年十二月的那个惨绝人寰的具体历史事件。它已经构成中国人感情记忆中一个最突出的象征符号，象征着二战中日本军队在中国国土上犯下的罪行，象征着中国人对至今不肯真正认罪的日本政府以及日本右翼的愤怒，也象征着战后五十余年中国人与日本人在感情创伤方面无法修复的鸿沟。(2000) [12]

沟口雄三亦认为，南京大屠杀以及日本侵华战争“不仅是过去的历史事实，而且是作为历史以现在时态在我们之间，于内部不断孕育着对立和裂痕而复杂地存在着”。由于“感情记忆的现实存在，是作为历史的现在时态而被接受的”，“南京大屠杀这一历史事件的复杂性不仅存在于过去的历史事实之中，而且还起因于感情记忆至今仍然存活着这一结构的多重性”，也就是“感情记忆与历史事实的二重奏”。(2001) [4,8]

从事件到记忆、符号和创伤的转变过程是如何发生的？其基本脉络是什么？这是本书致力于回答的核心问题。在这里，只需要指出，这种转变绝非能在一朝一夕中完成，也并非线性前进或累积的过程，而是充满曲折和往复。它既关涉中日乃至其他国家（韩国、美国）之间“相互缠绕的历史”（小岛洁，2000），也与中国社会在战时和战后对抗战进行言说的情境紧密相关。不过，在从媒介切入对南京大屠杀集体记忆形构的讨论之前，我们需要透过孙歌提到的“事件”“感情记忆”“符号”“创伤”等关键词，大致把握南京大屠杀在当代的记忆状况。

首先，那个“历史事件”是什么？这似乎是再简单不过的问题。在很多场合，这场浩劫经常会以如下的方式被表述：

侵华日军公然违反国际条约和人类基本道德准则，于 1937 年 12 月至 1938 年 1 月的六周内，在南京纵兵屠杀无辜，手段野蛮残忍，且奸淫、掠夺、焚烧和破坏并举……南京大屠杀死难者达 30 万人以上。[7]

1937 年 12 月 13 日，在中国犯下了无数滔天罪行的侵华日军，开始在南京制造一场震惊世界的大屠杀，30 多万同胞在长达六周的时间里惨遭杀戮。无论死亡人数，还是行凶手段，南京大屠杀都堪称灭绝人性的反人类暴行，与奥斯维辛集中营纳粹大屠杀一样，成为法西斯带给人类巨大灾难的见证。[8]

这两段文字中都包含着基本的事实描述，包括暴行何时开始（12 月 13 日）、持续多久（六周）、死难者数字（30 多万）等。事实之外也有“评价”或“界定”，例如第二段将南京大屠杀与奥斯维辛纳粹大屠杀进行类比。

但即便回到历史事实，它们也具有显著的“当代性”或“现在时态”成分。以遇难者 30 多万为例，它以战后的南京审判战犯军事法庭判决书作为基础，是一个存在于过去（1947 年宣判）的历史事实。但其当代性表现在，其一，日本政府或右翼[9]不时质疑这一数字“夸大”事实，而中国则不断强调 30 多万遇难者不容置疑。政治场域之外，争议也存在于中外历史研究者之间（孙宅巍，2007；张连红，2007；魏楚雄，2009；张宪文，2012[13-14]；孙宅巍，2013），乃至于民间，例如英文维基百科这样的平台上。其二,三十万的意义不仅是暴行严重程度的指标，还负载着强烈的感情和根深蒂固的潜意识，对于中国人而言，“三十万这个数值，是对他们眼中‘至今’仍不肯认罪的全体日本人之情感的数值”（沟口雄三，2001）[3]，“凭借着三十万被害者这一数字，中国人在日本人中确认着朋友与敌人”（孙歌，2000）[12]。而对于某些日本人而言，“这个数值正是把南京大屠杀‘虚幻’化，进而把对中国的侵略架空化之绝好的事实材料……从而以‘历史’之名合法地抹煞感情记忆，将整个事件非历史化”（沟口雄三，2001）[3-4]。

其次，南京大屠杀不是孤立的存在，它常常与其他日军暴行并置，被视为一系列战争罪行中最突出的例证。这一点明显地表现在国家公祭日的设定及其表述上。2014 年 2 月 27 日，第十二届全国人大常委会第七次会议表决通过，将 12 月 13 日设立为南京大屠杀死难者国家公祭日。决议规定，“每年 12 月 13 日国家举行公祭活动，悼念南京大屠杀死难者和所有在日本帝国主义侵华战争期间惨遭日本侵略者杀戮的死难者”[10]。从决议中可见，国家公祭日以南京大屠杀为核心（日期和命名），同时延展到其他死难者。

2014 年 7 月 6 日上线的国家公祭网[11]具体列出了七类死难者作为悼念对象，包括南京大屠杀死难者、化学战死难者、细菌战死难者、劳工死难者、慰安妇死难者、三光作战死难者、无差别轰炸死难者。其中除了南京大屠杀为具体的暴行事件外，其他均为一般意义上的类型性的日军暴行。在国家公祭网的首页上，1937 年 12 月 13 日的日历页、南京大屠杀纪念馆中的“遇难者 300000”数字墙分别列于页面左前方和正前方，右前方是卢沟桥（“七七”事变），页面背景则是抗战浮雕剪影和 1931 年 9 月 18 日的日历页。正如媒体在解释为何公祭对象如此宽泛时所说，“南京大屠杀事件是侵华日军滔天罪行中最典型的一例，但南京大屠杀不是全部”[12]。这说明，一方面，南京大屠杀变成抗日战争乃至近代以来日军暴行的代名词；另一方面，南京大屠杀与抗战叙事和近代史叙事紧密关联，成为近代中国“受难－复兴”叙事的有机组成部分。

有些研究者将这一范畴进一步扩展，而不限于抗日战争这一时间段。例如，时任侵华日军南京大屠杀遇难同胞纪念馆馆长的朱成山认为，公祭对象首先是南京大屠杀 30 万遇难同胞，其次是“日本近代以来，在所有对中国的侵略战争期间遭到杀戮的死难者”（朱成山，2015）[3]，包括 1874 年日本武力侵台、1895 年甲午战争、1900 年日本参与八国联军、1904 年日俄战争、1931 年侵占东三省、1937—1945 年全面侵华期间的死难者等。与此相应，在首个国家公祭日前夕，中共江苏省委机关报《新华日报》联合九家省市党报，推出“国家公祭 · 10 城联动——悼念南京大屠杀死难者及所有惨遭日寇杀戮的同胞”系列报道（简称“10 城联动”），其动因是“同胞死难的伤痛不仅属于南京，国家公祭的庄严也不仅属于南京”[13]。首篇报道《10 城同祭，全民族的痛我们一起扛》以南京大屠杀为中心，并以如下方式扩展公祭的内涵：

刻骨的伤痛不仅属于南京……近代史上，日本发动了一系列侵华战争[14]……大江南北，被日寇践踏过的土地上哪里没有惨案？被日寇蹂躏的岁月里无时不是噩梦。这是国人不能忘却的共同记忆，不一样的遇难者，不一样的惨案，一样的国仇家恨……这样灭绝人性的惨剧在120年[15]里反复出现。[16]

从12月3日到12月12日，《新华日报》连续刊登十篇报道，除南京大屠杀外，被报道的历史事件依次是：1928年济南五三惨案、1941年唐山潘家峪惨案、1943年湖南厂窖惨案、1938年河南秦庄惨案、1942年浙江金华罗芳桥惨案（及细菌战）、1932年辽宁抚顺平顶山惨案、关东军731部队、吉林市丰满万人坑和重庆大轰炸。[17]这些历史事件严重程度不一，但它们都被放入同一个范畴和历史延续体内，代表中国人在近代所遭受的种种战争苦难和创伤。

三、相互缠绕的记忆场[18]

南京大屠杀作为当代中国人的感情记忆，并不完全是主动纪念的产物，在很大程度上是对外部环境——特别是日本政府及右翼势力的所作所为——的回应，而在特定政治外交议题中，南京大屠杀记忆也被调用以激起民族情绪或爱国主义情感。套用孙歌的表述，南京大屠杀记忆或纪念的强度，折射出中国人对日本右翼愤怒的程度和中日“感情创伤方面无法修复的鸿沟”之深度。（孙歌，2000）[12]朱成山认为，南京大屠杀发生以来，中国曾对这段历史进行过三次固化。第一次是1946—1948年间远东国际军事法庭（东京审判）和南京审判战犯军事法庭（南京审判）对日本战犯的审判，第二次是1982年之后的“建馆立碑编史”，第三次则是2014年南京大屠杀死难者国家公祭日的设立。（2015）这些节点上南京大屠杀的记忆／纪念图景，不仅与国内政治文化情境紧密关联，也与地缘政治和国际关系“相互纠缠”。

1949年之后的三十年，在第一次固化和第二次固化之间，南京大屠杀在公众视野中基本上处于湮没无闻的状态。（张生，2014）其间的例外是1951年和1960年，彼时中国官方、媒体和民间以南京大屠杀为工具批判“美帝”，相关的控诉活动和媒体报道唤起了南京人民乃至全国民众对南京大屠杀的记忆。但这种记忆是高度政治化的，它揭示出中、日、美相互缠绕的历史／现实如何影响乃至“扭曲”集体记忆的样貌。（Eykholt，2000；刘燕军，2009；Reilly，2011）1951年初，在“抗美援朝、保家卫国”的背景之下，中国政府以美日签订《旧金山和约》为切入口，在全国范围内开展反对美国重新武装日本的抗议活动。南京市举行了大规模的示威游行、控诉大会、展览会和纪念集会，《新华日报》开辟专栏“旧恨新仇”发表幸存者的血泪控诉，《人民日报》也刊登十余篇文章。当时的宣传思路是“从控诉日军在南京的大屠杀暴行开始，联系控诉美帝及反革命分子的罪恶，引导民众逐步认识到‘美、蒋、日、特务是一家’”（刘燕军，2009）[13]。这一路径突出表现在《人民日报》刊登的一篇题为“不共戴天之仇”

的报道中，该文开篇写道："美帝国主义武装日本的阴谋激怒了全中国人民，更激怒了全家遭受日本帝国主义屠杀的北京汽车公司司机刘康麟。刘康麟愤怒地告诉工友：'咱们要控诉日本鬼子的暴行，激起中国人民对于美帝武装日本的仇恨，粉碎这个可耻的阴谋。'"[19]

南京大屠杀的历史被工具化和政治化的最突出表现，是对南京安全区的歪曲和丑化。当时的控诉活动或新闻报道将安全区描绘成"受难的难民区"，称在安全区内"美国鬼子点名，日本鬼子执行"，将保护中国人的外国侨民描绘为帮凶或凶手。例如，《人民日报》刊登的一篇报道批判前金陵大学教授贝德士"一面在金大向同学们传布亲日思想，一面和日寇串通，在'招人做工'的名义下，把大批的中国难民移交给日寇，让日寇集体屠杀了"[20]。然而，这场控诉活动很快就偃旗息鼓，其原因部分在于"有些宣传内容只强调了日寇过去的罪恶，对今天美国帝国主义的阴谋却宣传不够"[21]，这说明集体记忆在一定程度上会抗拒现实政治的扭曲。此外，"南京大屠杀作为一段苦难、屈辱的历史，与高歌猛进的革命胜利不合拍，宣传得太多显然不合时宜"（刘燕军，2009）[14] [22]。

1982年拉开帷幕的"建馆立碑编史"活动，其直接诱因是当年的日本"历史教科书事件"[23]。在事件的影响下，侵华日军南京大屠杀遇难同胞纪念馆于1985年8月15日正式落成开放。受到日本广岛和平集会的启发，1994年12月13日，纪念馆首次举办"南京各界人士悼念侵华日军南京大屠杀遇难同胞仪式"，鸣放防空警报、武警战士敬献花圈、放飞和平鸽。此后，按照“大小年”的模式，持续举办纪念活动。（朱成山，李慧，2015）[24] 二十年后国家公祭日的设立，其实是这一地方纪念活动的延伸和国家化。在提升公祭规格的前提下，国家公祭活动也继承了鸣放防空警报、放飞和平鸽、举办烛光祭等仪式要素。而在对设立国家公祭日意义的阐发中，可以清晰地看到中日“相互缠绕”的历史记忆之影响。例如，一篇媒体评论指出，“值此日本右翼势力不断抬头、安倍政权的仇华倾向日益显著之际，由全国人大以立法形式设立南京大屠杀死难者国家公祭日，正当其时”[25]。而朱成山则把国家公祭视为“固化南京大屠杀史实的重器。它对于凝聚中华民族建设中国特色社会主义强国的力量，以及反击日本右翼势力否定侵略与加害史实的言行来说，不亚于一颗精神原子弹”（朱成山，2014；朱成山，2015[6]）。

1982 年的日本“历史教科书事件”还直接推动了南京大屠杀历史研究的开展。尽管在新中国成立之后的历史教科书中即有对南京大屠杀史实的记载，但对这一事件的系统研究，却是在 1982 年之后。（张连红，2007；张连红，2016；朱成山，袁志秀，2013）在此之前，南京大学历史系高兴祖教授曾于 1960 年组织南大部分师生对南京大屠杀展开调查，并在 1962 年完成 8 万字的书稿《日本帝国主义在南京的大屠杀》，但该书直到 1979 年才以油印本的形式刊印，而且仅供内部交流。时隔二十余年（1984 年 2 月至 4 月），官方首次对幸存者和目击者开展有组织的、大规模的调查，发现幸存者和目击者 1 756 人。与此同时，学界也展开系统的研究，成立专门研究机构[26]，出版大量学术著作和史料集，其中张宪文主编的《南京大屠杀史料集》（江苏人民出版社，2005—2010）已陆续出版72卷，收录加害方、受害方和第三方约3 000万字资料。

“建馆立碑编史”活动最初受到了日本“历史教科书事件”的触发，但正如迈克尔·舒德森（Michael Schudson）所说，纪念活动一旦启动，就会进入加速轨道，并按照自身的逻辑和力量运转。（Schudson，1989）不过，即便是在晚近的研究中，我们依然能够看到日本“右翼”这一因素如何影响了学界对自身研究意义的表述。例如，《南京大屠杀史料集》（第72卷，2010）被认为“最详细、最全面地鉴证了南京大屠杀是日本军国主义制造的反人类文明和基本道义的惨剧，使日本右翼散布的种种谬论和谎言不攻自破”[27]，而2012年底出版的《南京大屠杀全史》（张宪文主编，南京大学出版社）的编辑推荐写道，这部史书“全面客观地再现了南京大屠杀这一人类历史上罕见的暴行真相，成为回击日本右翼否认南京大屠杀荒谬言论的有力武器”[28]。

与学院派的历史研究相比，公众史学、大众出版物和流行文化（影视剧和纪录片）对集体记忆的影响或许更为直接或深远。这方面的范例是张纯如于1997年出版的英文图书 *The Rape of Nanking: The Forgotten Holocaust of World War II*（Basic Books），该书出版后即成为畅销书，并被翻译为中文、日文在内的多种语言[29]，在二战结束半个世纪后，让南京大屠杀历史重新进入国际（西方）社会的视野。[30] 20世纪90年代中后期，一批新近发掘或整理的证人证言和目击者记录出版，包括朱成山主编的《侵华日军南京大屠杀幸存者证言集》（南京大学出版社，1994）、《拉贝日记》（江苏人民出版社，1997）、章开沅主编的《天理难容：美国传教士眼中的南京大屠杀（1937—1938）》（南京大学出版社，1999）、《魏特琳日记》（江苏人民出版社，2000）和日本侵华老兵东史郎的《东史郎日记》（江苏教育出版社，1999）等。这些出版物在阅读公众中产生了热烈的反响，甚至成为当年的文化热点。以《东史郎日记》为例，其中译本于1999年3月出版，到当年6月即已第三次印刷，仅第三次印量就达15万册。

这些日记或证言普遍被知识界或新闻媒体视作南京大屠杀"铁证"，而对"证据"的强调也暗含或明示出对日本右翼的反击。例如，《拉贝日记》被《人民日报》称为"日军暴行又一铁证"[31]，《程瑞芳日记》（南京出版社，2016）[32]封底以中、日、英三种语言指出该书是"揭露日军南京大屠杀罪行的又一重要铁证（powerful evidence）"，而《东史郎日记》的出版前言则强调，之所以出版日记全本，是出于"向世人全面、系统地展示南京大屠杀史料的需要……是进一步揭露侵华日军暴行，回击日本国内右翼势力否定侵略战争历史事实的需要"。不过，将这些混杂的"历史书写"在当代的情境下一律视为"铁证"乃至反击右翼的武器，或许会模糊它们之间的差别乃至曲解其意义。孙歌即曾对比《拉贝日记》和《东史郎日记》，指出前者"构成了南京大屠杀的有力证词"（孙歌，2002）[44]，而后者的意义"绝对不是因为它提供了轻描淡写的战争犯罪记录，而是因为它提供了日本社会结构在战争状态下的具体形态”（孙歌，2000）[14]。

2015 年 10 月，南京大屠杀档案入选联合国“世界记忆”遗产名录，申请期间日本政府的交涉和申请成功之后的反对，再次显示出，日本侵华战争虽已在七十年前结束，但至今硝烟未散，而南京大屠杀的当代记忆就处在中日“相互缠绕”的历史／现实旋涡当中。

四、南京大屠杀的集体记忆

在三次固化——或者说两波“记忆潮”（Winter，2006）——之间，南京大屠杀的集体记忆经历了湮没（低谷）与再发现（复兴）的过程（孙宅巍，2005[370-379]；张连红，2003；刘燕军，2009）[33]。吉田隆志（Takashi Yoshida）全面回顾了南京大屠杀在日本、中国和美国所引发的历史和记忆问题。与上一节的描述类似，他从区域政治和国际关系的视角出发，将南京大屠杀以来的历史划分为 1937—1945 年、1945—1971 年、1971—1989 年以及 1989 年至今（后冷战时期）四个阶段。他认为，在前两个阶段，南京大屠杀被中国官方当作众多战争暴行之一，其重要性局限于地方层面，对它的纪念和集体记忆的保存也尚未提上日程；在第三阶段，对南京大屠杀的记忆经历了一个国家化的过程，南京大屠杀的独特性被不断强调，并成为象征日本战争暴行最重要的符号；在九十年代，随着爱国主义教育运动的全面开展，对于南京大屠杀的纪念和再现融入了近代史的宏大叙事，而日本右翼

修正主义者对于南京大屠杀的否认言行则从反面“刺激”各种大众媒介生产出大量的纪念文本。(Yoshida，2006)

类似的情形也表现在与南京大屠杀紧密关联的“慰安妇”议题上。宋少鹏指出，慰安妇议题经历了从消隐到彰显的过程，并以高度政治化的方式进入历史记忆。对大众传媒报道的系统考察发现，抗战时期慰安妇议题被当作民族奴役的象征，用以激励民众抗战的斗志。但在新中国成立之后，该议题长期处于休眠状态，直到 1992 年之后，才再度浮出地表。在此过程中，慰安妇成为可供调用的历史素材，变成冒升的民族主义／爱国主义话语和东亚地缘政治格局中的重要符码——既是符号，也是砝码。换言之，慰安妇议题兼具历史性与现实性，“‘慰安妇’作为史实，事关过去；‘慰安妇’作为符号，事关未来”(宋少鹏，2016)[146]。问题是，将慰安妇议题全盘纳入民族主义的叙事框架，让我们记住了作为民族压迫象征的慰安妇，却遗忘了有可能撕裂民族同一性的性暴力或性别压迫。因此，作者主张，我们应该在民族政治和性别政治的复合框架下重新审视、反思并重建慰安妇的历史。

过往与当下之间的延续和断裂是贯穿集体记忆研究的一条核心线索。早在对集体记忆的开创性研究中，哈布瓦赫(Halbwachs) 即分析了记忆与遗忘的社会情境。(2002) 他指出，集体记忆和社群／团体之间的紧密关联意味着，一方面，有多少团体就有多少集体记忆，一个团体取代另一个时，必将带入新的记忆；另一方面，记忆的建构应符合团体当下的需要，因此我们会在耶路撒冷的千年历史中看到波斯人、罗马人、犹太人及十字军前后相继，改造这座城市的地形与记忆，也会在二十世纪的犹太复国主义运动中看到两千年前的马萨达传奇的复兴(Schwartz，Zerubavel，Barnett，1986；Ben-Yehuda，1995；Zerubavel，1997)。在以“当下”为中心的记忆研究(presentist approach)看来，支配性的社会团体或权力机构会通过纪念活动、教育、大众传媒等各种方式重构、改造乃至操纵过去，以形成社会凝聚力，使政治权威正当化，建立民族国家的认同。(Misztal，2003）在此意义上，“对过去的追忆并不是简单的信息检索，而是动态的、建构性的过程。所谓记忆，就是取过去之片段，服务于当下的感知与需要”(Schwartz，1982)[374]。

然而，如果对过去的建构完全以当下为中心，“我们对过去的感知就会任凭当前状况支配或摆布”，历史就此丧失客观性和连续性（Schwartz，1982)[376]，“成了一组在不同时间拍摄的、表达着各种不同观点的快照”(刘易斯·科塞，2002)[45]。实际上，受制于各类历史记录，“过去并不能被随心所欲地建构；而只能被选择性地加以利用”(Schwartz，1982)[396]。舒德森指出，个体或群体对过去的重构受到三个因素的制约：首先，可供利用的过去并非无穷无尽；其次，个体和群体并不能任意选择，无论愿不愿意，美国人都要面对奴隶制、德国人都要面对纳粹大屠杀；最后，在同一社会中，不同群体会各持一端、彼此争夺对过去的重构权，由此构成“记忆的政治”。(1989）现在的确会塑造过去，但过去也会塑造现在。正如刘易斯·科塞(Lewis Coser)在《论集体记忆》的导论中所说：

过去总是一个持续与变迁、连续与更新的复合体。我们或许的确无法步入同一条河流，但是这条河流却仍具有绵延不绝的特征……一个社会当前所感知到的需要，可能会驱使它将过去翻新，但是，即使是处于当代的改造之中，通过一套共有的符码和一套共有的象征规则，各个前后相继的时代也会保持生命力。（2002）[46–47]

以往的研究主要是从社会政治、意识形态和外交关系等层面来解释南京大屠杀在公共话语空间和集体记忆之中的沉浮起落。以 20 世纪 50 年代至 20 世纪 70 年代末为例，无论是 1951 年和 1960 年将南京大屠杀作为批判美帝的工具，还是其他年份较少提及南京大屠杀，或是在早期的历史教科书中将南京大屠杀与国民党消极抗战、屈辱投降联系在一起，都直接显示出冷战时期的国际关系和国内政治环境的影响。换言之，20 世纪 60 年代中日关系的发展、将日本军国主义和日本人民相区分的外交思路，以及 1972 年的中日邦交正常化，都抑制了对于南京大屠杀集体记忆的发掘和呈现。（刘燕军，2009；Reilly，2011）

沿着同样的思路，二十世纪八十年代南京大屠杀记忆的重新浮现也被放到国内和区域／国际的框架下，从民族主义／爱国主义教育运动和中日关系的变动等角度加以解释。（Yoshida，2006；Reilly，2011）一位学者在分析南京大屠杀的图片呈现之后发现，在南京大屠杀记忆复兴的过程中出现了两个主导叙事，一是“前事不忘、后事之师”，二是“落后就要挨打”，分别指向与南京大屠杀记忆相关联的国际和国内两个维度。（Chi，2001）

在爱国主义教育运动中，南京大屠杀被当作中国近代史上标志性的“创伤”，与鸦片战争、圆明园、“九一八”等其他创伤一道，被纳入到国耻叙事之中。于是，与创伤相关联的“受害者”叙事被用来作为激发青少年爱国情感和民族复兴热情的重要手段。（Wang，2012）正如刘擎所言，“创伤记忆与复兴想象”构成了“雪耻型民族主义”这一“当代中国民族主义的气质形态”。（2004）[47]

如前所述，南京大屠杀记忆并非孤立的叙事，它折射出“抗日战争”这一宏大叙事在当代中国的变迁过程。与上述对南京大屠杀集体记忆的历史分期相呼应，詹姆斯·赖利（James Reilly）把当代中国对于抗战的官方历史和记忆也分成四个阶段：二十世纪八十年代之前中国对于日本战争暴行“善意的遗忘”；八十年代中期以后的爱国主义教育运动；九十年代后期兴起的历史行动主义（如战争索偿等）；2005 年前后官方修辞对于日本和战争过去的软化／翻转。（Reilly，2011）帕克斯·科布尔（Parks Coble）也指出，在改革开放之前，抗战的公共记忆聚焦于共产党的战绩，而战争中的冲突则彻底消失。在改革开放年代，随着官方对民族主义的强调，关于战争的新记忆一方面强调爱国主义的英勇抵抗，另一方面则强调日本的战争暴行，将中国从“胜利者”转变为“受害者”。（Coble，2007）

在延续与断裂的历时性线索之外，南京大屠杀在战后相关国家也呈现出了不同的“记忆”景象（Fogel，2000；Fujitani，White，Yoneyama，2001；Seo，2008；Yang，2001[50-86]；Kim，

Schwartz，2010；Kim，2015；Hashimoto，2015；Yoshida，2006；笠原十九司，2011）。孙歌以对《东史郎日记》的媒体报道为例，指出中日两国传媒的报道与文本之间皆存在距离，而这一距离显示出中日对话的艰难。（2002）张隆志认为，东亚各国之间存在分歧乃至矛盾的战争记忆和历史叙事表现在，中韩不满日本处理战争责任的做法，而许多日本人则因为广岛、长崎原爆记忆，将日本视为二战受害者。（2016）沟口雄三将这种差异或错位概括为"'南京'与'广岛'的乖离"，具体来说，同一个"八一五"[34]，对中国人而言是抗战胜利纪念日，对日本则是终战日，是日"在日本放映的则是东京大空袭，广岛，冲绳，硫黄（磺）岛。日本人的感情记忆里几乎没有刻下侵略中国的体验"。究其原因，既有心理构造（对受害者记忆的强调）在起作用，也有"作为记忆装置的看不见的某种机能在起作用"。这当中，再生产战争画面的媒体，各类纪念活动（八月六日广岛原爆纪念日、八月十五日战败纪念日），以及背后的"历史认识"，都将日本人的战争记忆引离侵华战争（及南京大屠杀），引向太平洋战争。（沟口雄三，2001）[4]

这种差异具体而微地体现在不同媒介文本对南京大屠杀的再现上。余霞描述并分析了中、日、美、英四国对南京大屠杀的媒体报道。她发现，从二十世纪五十年代到七十年代，各国媒体集体"遗忘"了南京大屠杀，而在八十年代以后，特别是九十年代南京大屠杀重返公众视野之后，各国媒体对其采纳了不同的再现框架。其中，中国以"创伤"为框架，围绕历史之痛和现实之伤展开记忆；日本以"质疑"为主导框架，回避作为加害者的身份；

而美国和英国则以“冲突”为核心框架，强调相关冲突的新闻价值和冲突的解决。（余霞，2016）李永东则聚焦以南京大屠杀为题材的小说，分析其中蕴含的民族国家观念。他发现，中国作家、日本作家、华裔和西方作家以不同的话语立场参与对南京大屠杀的讲述。（2015）这表现在，中、日作家更侧重“屠杀”，而华裔和西方作家更强调“强奸”[35]，这不仅反映了二者不同的文化语境，也与抗战时期和全球化时代的对举有关。而在小说主题上，中国作家的南京大屠杀叙事存在民族国家和阶级的区分；日本作家在战时和冷战时期的书写包含历史真实和反省的成分，但也透露出民族偏见；而华裔和西方作家在二十一世纪发表的小说展现出宗教情怀和对人性的反思，但也带有西方中心主义的色彩。

五、文化创伤与集体认同

在徐晓宏和琳恩·斯皮尔曼（Lyn Spillman）看来，南京大屠杀集体记忆的沉浮轨迹或许是文化创伤理论所要面对的最重要的“反面案例”。（Xu，Spillman，2010）南京大屠杀的基本事实从一开始就广为人知，受害者和加害者的身份也不存在实质性的争议。然而，至少在1937—1979年这段时期，南京大屠杀却根本没有被当作一个重要的文化创伤。“为什么对于南京大屠杀的再现既未能实现符号扩展，也未能令海内外的公众对之产生认同？”（2010）103 他们认为，除了现实政治经济、社会心理以及意识形态等因素之外，也有必要去检视集体记忆背后的文化力量和机制。

南京大屠杀之所以从中国人的集体记忆之中消失，与当时盛行的进步主义叙事和强调“人民之间的友谊”的普遍化观念不无关系。只有在进步主义叙事式微之后，我们才能全面地体认他者之痛，而南京大屠杀也才能在集体记忆中得以重新浮现。

实际上，作为“反面案例”的南京大屠杀恰恰契合了由杰弗里·亚历山大（Jeffrey Alexander）、罗恩·艾尔曼(Ron Eyerman)及其同事发展出的文化创伤理论的基本观点。(Eyerman，2002；Alexander，et al，2004；Alexander，Breese，2011；Alexander，2012）在对常民创伤理论（lay trauma theory）及其“自然主义谬误”展开批评的基础上，亚历山大提出了文化创伤理论的基本框架。他强调，事件本身并不会导致集体创伤，创伤是社会中介(socially mediated）过程的产物：“当集体成员认为他们遭遇了一个在他们的集体意识中留下不可磨灭印记的、骇人听闻的事件，并且这一事件从根本上无可挽回地改变他们未来的身份性质时，文化创伤就发生了”。(Alexander，2004）[1][36]

有别于个体的心理或身体创伤，文化创伤意味着“身份认同与意义的剧烈冲击，(就好像）社会结构上的一滴眼泪，对已经形成凝聚力的群体产生影响”(Eyerman，2002）[2]。尼尔·斯梅尔塞（Neil Smelser）对心理创伤和文化创伤加以区分，他将文化创伤界定为“侵入式的、压倒性的事件，该事件被认为危害或击垮了特定文化或整体性的文化的某些核心要素”(Smelser，2004）[38]。这里的“被认为”是非常关键的限定词，因为特定事件或处境并不会自动或必然转变为文化创伤。它必须被记住，其记忆必须被呈现为对群体文化或身份认同的威胁，此外，事件记忆必须带有强烈的负面情感，例如憎恶、羞耻或愧疚。（Smelser，2004）[36] 换言之，只有当事件“被认为”对特定集体原有的意义模式或者默认的道德观念造成了强烈的冲击，它才有可能被转换为创伤。（Alexander，2012[15]；Zelizer，2002[698]）在很大程度上，“文化创伤并非生来如此，而是历史性地造就的”（Smelser，2004）[37]。

文化创伤唤起震惊和恐惧等感受，但这些感受并非来自事件本身，而是来自人们赋予它的“意义”。（Alexander，2004）[10] 文化创伤不是一种事物，而是一个文化过程，它既需要时间，也需要“中介化”和“再现”或“表征”（representation）。（Eyerman，2004）[2] 亚历山大（2004）将其称为“创伤过程”（trauma process），在此过程中，“承携者群体”（carrier group）非常重要。他们既可能是政治人物、宗教人士、知识分子、新闻记者、社会运动领袖等精英，也可能是边缘群体。他们将事件向一般大众进行解释并提出某些诉求，从而让后者感到自身的意义结构受到了挑战和威胁。承携者群体提出这些诉求的目的在于，把创伤建构为一个新的主导叙事。而要想达到这一目标，承携者群体必须在下列四个基本问题上提供富有说服力的答案：创伤的性质是什么？受害者是谁？创伤受害者与一般大众之间有何联系？谁应该对此负责？除了这些认知性的问题之外，创伤过程还牵涉如何回应并调用根深蒂固的情感和种族或民族／国家身份认同。（Eyerman，2011）

我们可以将创伤过程视为“兼具符号性和情感性的再现过程”，其焦点是“意义生产”。这些“文化工作”会“生产出符号表意的螺旋，其间牵涉的意指过程被制度结构和财富及权力的不平等分布所中介”（Alexander，Breese，2011）[xi–xii]。事件的文化创伤化可以同时在宗教、审美、法律、科学、大众传媒及官僚机构等各种制度场域之中展开。不同制度场域都会根据自身的属性来开展文化创伤化的工作，而不同场域之间有时也会显现出某种等级化的分层。（Alexander，2004）在大多数情况下，创伤过程是一个“争议性的话语过程”（Eyerman，2011）[24]，不同的政治群体会针对“创伤是否发生”（历史争夺）、“创伤有何意义”（阐释争夺）、“创伤激起什么情绪”（情感争夺）等议题展开争夺。（Smelser，2004）[38] 争夺的结果，既取决于承携者的权力和资源以及制度场域的结构（Alexander，2004；Eyerman，2004），也取决于受众的权力、资源和人口特征（Alexander，Breese，2011）。

一旦文化创伤和历史记忆确立起来，其创伤地位就需要不断地维持并再生产。（Smelser，2004）文化创伤由此进入不可避免的常规化过程，创伤中的“历史教训”随之沉淀在纪念碑、博物馆和历史纪念物的收藏之中。（Alexander，2004）经由各种表征所中介的文化创伤过程，最终导向集体身份认同的革新和集体记忆的再造（参见图 1–2）。（Eyerman，2002）[1]

无论是在西方国家还是非西方国家，文化创伤理论都具有广泛的适用性（Alexander，2004），因而它可以帮助我们理解东亚各国之间和各国内部的战争记忆。在《漫长的战败》（*The Long Defeat*）一书中，美籍日裔学者桥本明子（Akiko Hashimoto）运用文化创伤理论，分析了战后日本的战争记忆与身份认同。通过梳理1985—2015年间在家庭、大众传媒和学校等场景中浮现出的战争叙事，桥本明子指出，日本的战争记忆既不像西方媒体所描绘的那样陷入“遗忘”境地，但也不存在单一的“集体”记忆。(Hashimoto，2015）相反，在战后日本复杂的文化记忆场景中，三套相互冲突的创伤叙事共存，争夺合法性和道德优越性，其区别表现在对战败的道德解释以及它们为国家复苏所绘制的路线图上。

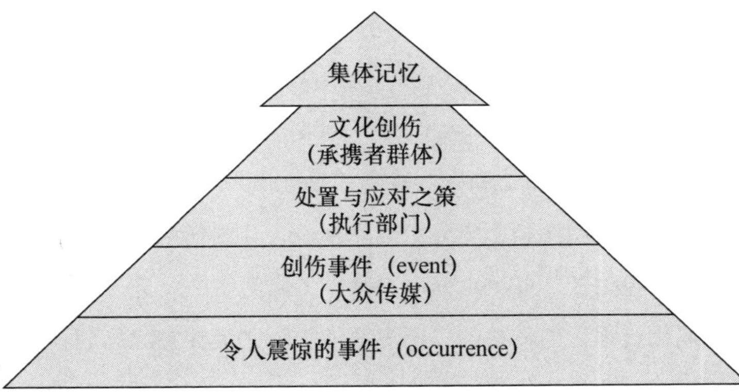

图1-2 从“创伤事件”到“集体记忆”

资料来源：Eyerman，2011[29]。

一是阵亡“英雄”叙事，强调阵亡者对国家的牺牲构成了今日和平与繁荣的基础。这套英雄叙事带有美化色彩，经常出现在纪念活动的官方演讲中，意在培育国家归属感，但也弱化了日本的侵略罪责。二是战败受害者叙事，经常出现在家庭故事、流行文化和对广岛、长崎核爆以及空袭受害者的追念中，这套叙事在强调日本本国受害者的同时，遮蔽了日本侵略造成了他国受害者的事实。三是加害者叙事，强调日本帝国主义侵略对东亚各国造成的伤害，这套叙事经常出现在新闻媒体的调查报道、纪录片、学术出版物和知识界的讨论中。因此，日本的创伤叙事所面对的并不是“遗忘”，而是围绕国家遗产和日本身份的众声喧哗的激烈争夺，它使得战争记忆陷入僵局。

如前所述，侵华日军的暴行和国民受难经历在新中国成立后长期停留于个体和民间层面，没能进入官方话语的核心。高蕊从文化创伤理论出发，对这一“文化失忆”现象进行了分析。她发现，1949 年之后，中国共产党成功地建立了一整套阶级斗争的创伤戏剧（trauma drama）。（2011，2015）在“忆苦思甜”文学、家谱故事、诉苦大会的文本和仪式／表演中，“万恶的旧社会”中的阶级敌人被塑造为加害者，无产阶级受害者则成为广大人民的代表，由此形成围绕阶级身份的集体认同。在阶级创伤占据官方话语核心位置的前提下，抗战创伤对加害者与受害者以及对民族苦难的界定与阶级创伤存在文化和符号层次的冲突，因此遭到阶级创伤的阻抑和压制。遵循类似的思路，杰弗里 · 亚历山大和高蕊从集体身份认同的角度，分析南京大屠杀为什么没能在新中国成立之初成为文化创伤。他们指出，在抗战胜利之后，中国共产党作为承携者群体建构出了“革命”叙事（从失败走向胜利）和敌我二分（先是国共对抗，后是阶级区分）的叙事模式，令南京大屠杀无法被容纳进去。（Alexander，2012；Alexander，Gao，2012）

六、媒介创伤：问题意识与方法论

本书以文化创伤理论作为核心分析框架，试图理解在各类媒介场景和媒介生产过程与表意实践中，南京大屠杀如何被中介化、被表征并被建构为文化创伤，创伤记忆又如何被再生产出来。[37] 媒介在记忆生成与维系的过程中扮演着重要角色，在阿斯特丽德·埃尔（Astrid Erll）看来，记忆带有天然的媒介性，“文化记忆不可能脱离媒介而存在。若无媒介在个体和集体这两个层面所扮演的角色，文化记忆根本无从想象”：

> 在个体层面上，对人体机能记忆的社会文化形塑在很大程度上取决于中介化，例如，母亲和孩子之间的谈话，家庭内部的口头交流，相片对儿时经历的媒介建（重）构，以及大众传媒及其图式对我们如何编码生活经验的影响。而集体层面上的记忆——社会文化情境下对有关共同过往之知识和阐释的建构与流通——就更无法离开媒介：我们经由口传或文字这些古老的媒介将立基神话储存下来并传之于后世；经由报纸、广播、电视和互联网将对共同过往的描述和阐释向更广的社会圈扩散；最后，经由纪念碑等充满象征意义的媒介展开集体性的、仪式性的记忆活动。（Erll，2011）[113]

埃尔论及的媒介的外延异常宽泛，要将它们整合进同一个理论和分析框架内绝非易事。本研究更多地从集体层面展开对南京大屠杀记忆的探讨，将重心放在机构性媒介（institutional media）及其记忆生产活动上，同时将文学、电影等虚构作品的生产和消费摒除在外，以便运用媒介研究的理论资源开展较为一贯的分析和讨论。我们聚焦的媒介场景包括大众传媒的新闻报道和纪念叙事，新媒体构建的赛博空间，以及侵华日军南京大屠杀遇难同胞纪念馆这一“记忆之所”中展开的表意实践。在现代社会中，机构性媒介的记忆作用愈发重要，正如安德烈亚斯·胡伊森（Andreas Huyssen）所说：

> 印刷与图像媒介生产出在全球各地流通的记忆话语，令它们呈现出眼花缭乱的旋涡状态。我们（通过它们）读到中韩慰安妇和南京大屠杀；听到澳大利亚“失窃的一代”[38]和阿根廷肮脏战争[39]期间谋杀、绑架儿童的残暴行为；读到南非和危地马拉的真相与和解委员会；目击了越来越多的政治人物就国家过去的罪行或过错向公众道歉。毫无疑问，媒介的贪婪和对（历史）循环利用的欲望似乎变成了地方记忆的必要条件，并促使地方记忆跨越边界、进入跨国参照的网络，创造出所谓的全球记忆文化。(Huyssen，2003)[95]

媒介记忆研究意在将“媒介”和“中介化”带到集体记忆领域的前台，对“由媒介讲述的集体过往，通过使用媒介来讲述的集体过往，以及有关媒介的集体过往”展开系统的探究。(Neiger，Meyers，Zandberg，2011)[1]呼应“能动性”和“情境”

这一对概念，媒介记忆研究希望处理的问题包括，谁有权利（力）讲述过去的故事？媒介作为记忆代理的权威来自何处？媒介如何界定集体的边界？如何区分个体／私人记忆和集体／共享记忆？作为“媒介事件”的国家仪式或纪念活动传递出何种意识形态意涵？日复一日的常规媒介生产如何影响人们对过往的理解？真实与虚构的媒介样式、新旧媒体、精英与民间／草根媒介在记忆建构中有何差异？等等。（Neiger，Meyers，Zandberg，2011）[1]

在文化创伤理论的框架之内，“创伤经验”多半不是直接体验，而是“经由报纸、广播或电视中介化的经验，在事件和创伤经验之间存在着空间和时间的距离”。（Eyerman，2002）[3]因此，在文化创伤建构和维系的过程中，“再现的手段和媒介至关重要，正是它们消除了个体与个体之间、事件及其记忆之间的隔阂”（Eyerman，2002）[12]。大众传媒是创伤过程中重要的制度场域，新闻记者及其他媒介工作者则扮演着承携者群体之角色。亚历山大指出，“当创伤过程进入大众传媒时，它既获得了机会，同时又不得不受制于一整套独特的限制”（2004）[18]。一方面，大众传媒会将创伤以高度戏剧化的方式呈现出来，并令某些创伤解释获得巨大的说服力；另一方面，创伤再现又受制于场域内的生产常规和文化规则，以新闻生产为例，这包括叙事的简略、道德和价值观中立、对官方信源的倚重，以及不同视角的平衡处理等。此外，媒体的政治经济处境和更广阔的媒介政治文化，都会对创伤再现和创伤过程产生影响。

我们可以将机构化媒介与创伤过程之间的理论关联概括为两

个层面。

第一，媒介是一个象征舞台或记忆的“竞技场”，承携者群体的权力、资源、叙事能力及话语契机影响着相应的创伤叙事的地位，也决定了哪些“声音”能够进入公众视野、被大众传媒扩散和再生产。杰伊·温特（Jay Winter）在讨论战争记忆时指出，在二战结束和二十世纪七十年代出现的“记忆潮”之间存在着时间差，这是因为二战后的战争叙事被英勇的抵抗者所垄断，直到20世纪70年代，纳粹大屠杀的受害者和目击者才得以走出阴影，走上前台，将他们的创伤体验分享给全世界的听众或观众。(2006)

以战后日本为例，从1986年7月起，《朝日新闻》推出读者来信专栏“我记忆中的二战”，到1987年8月，即收到4 000余封来信。投书中的部分被该报刊登、结集出版，并于1995年翻译为英文版（Gibney，1995)，2003年翻译为中文版（尚蔚，史禾译，2003)。它们构成了由普通日本人书写的“民间战争记忆”(Hashimoto，2015)。与此相对，中国近年来也对南京大屠杀幸存者和目击者展开了大规模的证言整理和口述史工作，这些叙事得以出现在媒体上和纪念馆中。无论是读者来信还是证言口述，它们最初都是个体记忆或亲历者的“共同记忆”(common memory)，只有经过媒体再现、证言采集或纪念馆的收藏与展示，它们才有机会触及一般公众，进而变成“共享记忆”(shared memory）的一部分。(Margalit，2002）[51] [40]

第二，机构化媒介作为独立的“文化创造者”，借助文化生产者的专业力量，生产出林林总总的文本和图像，建立起创伤叙事。在对战后日本媒体创伤叙事的分析中，桥本明子指出，一方面，进入二十世纪九十年代和二十一世纪，乘着国内和全球范围内“记忆潮”的勃兴，大众媒介让日本社会对战争记忆产生了更广泛的认识，而日本全国性报纸在“八一五终战日”刊登的纪念社论较之以往也更为直接地表达出作为加害者的愧疚感；但另一方面，报纸自身的政治立场对其创伤叙事产生强烈影响。具体而言，在追悼亡者、感念其牺牲的前提下，《朝日新闻》《每日新闻》和《日经新闻》频繁地将战时的日本界定为加害者，而《读卖新闻》和《产经新闻》则对战争责任采取更保守的立场。媒介机构政治立场的差异，使得它们无力弥合迥异的战争记忆之间的鸿沟，反而强化了不同版本的“战败”创伤之间的隔阂。（Hashimoto，2015）

沿着这两条分析线索，本书要探讨的核心问题是：大众传媒与一般性的中介化过程如何将南京大屠杀建构为文化创伤？它们在创伤建立、维系和再生产中扮演何种角色？具体而言，它涵盖三组经验性的研究问题：（1）在一个共识性的文化环境和媒介体制中，媒介创伤过程的核心参与者或承携者群体是谁？他们之间是合作、协商还是相互竞争？（2）媒体如何界定并再现南京大屠杀，如何描述加害者、受害者与拯救者（英雄）？从早期的创伤事件到后期的文化创伤，叙事如何变化？不同媒介场景下的创伤叙事有何差别？经此过程生产出的主导叙事是什么？是否存在另类叙事？（3）一般公众如何在各类媒介空间中与这些主导叙事和集体记忆互动，展开其记忆或纪念实践，由此确认或重塑自己的民族国家身份？

具体到方法论，在时间层面，本书涵盖从1937年事件发生时的新闻报道到2014年国家公祭日设立前后的纪念报道。在空间层面，本书涉及不同的媒介场景，包括抗战时期的报业、《人民日报》等官方媒体、维基百科（Wikipedia）这样带有较强民间或草根性质的数字媒体平台，地方媒体创设的互动式数字纪念仪式，以及侵华日军南京大屠杀遇难同胞纪念馆这样的纪念场所。在分析对象上，本书不仅涵盖媒介文本及其叙事，还延伸到对纪念空间和记忆实践的探究。伍尔夫·坎斯坦纳（Wolf Kansteiner）曾从方法论的角度对记忆研究展开批评，他认为，这些研究聚焦于“对特定年代、地理与媒介场景下的某些特定事件的再现，而对再现的受众却不做探究”，其结果是，“关于过去和当下的历史文化的大量新洞见并未与特定社会集体及其历史意识建立确凿的联系”。（Kansteiner，2002）[179] 从这一批评出发，在本书的具体章节中，我们将对不同平台上的新闻报道、纪念报道和创伤叙事展开内容分析和文本分析，对以不同方式参与记忆实践的媒体工作者和一般公众展开深度访谈，并对南京大屠杀纪念馆等空间内的记忆互动展开田野观察。[41]

七、本书结构

本书追溯南京大屠杀创伤叙事在主流媒体上的建构，在南京大屠杀纪念馆和线上纪念活动中的扩散与再生产，以及在赛博空间中面临的叙事挑战。全书共分七章。第一章“绪论：为了永不忘却的纪念”概述南京大屠杀的记忆变迁和当代记忆状况，梳理前人对相关议题的研究，引入文化创伤理论，并在此基础上提出本研究的问题意识。第二、三章以时间为线索，运用文本分析的方法，纵向把握南京大屠杀创伤叙事从战时、战后一直到二十一世纪第一个十年的变迁。第四至六章则聚焦当代，围绕不同的媒介场景展开探究。其中，第四章和第五章聚焦两个典型的媒介纪念空间（一个是线下的南京大屠杀纪念馆，另一个是线上的纪念活动），第六章则探究维基百科这一更具草根性和民间性的新媒体平台。这三章，我们将综合运用田野观察、深度访谈和文本分析等方法，揭示在不同的媒介空间内展开的记忆实践的过程、机制与内在逻辑。第七章为结论。

第二章“从暴行到大屠杀”聚焦南京大屠杀这一创伤事件的早期再现。分析将围绕战时（特别是 1937—1938 年）和战后（特别是 1945—1948 年）两个历史时期的三个场景展开：一是南京大屠杀发生时国内外主流媒体的新闻报道，二是抗战胜利之后远东国际军事法庭和南京审判战犯军事法庭的审判，三是国内媒体对法庭审判的报道。在文化创伤的框架之内，本章强调，抗战动员和战后审判这两个历史情境影响了媒体及其他机构对“南京暴行”的定位和书写，将“暴行”在话语层面凝固为“大屠杀”。而战时对“复仇”的呼吁、战后对“正义”的寻求，都将南京大屠杀从地方事件转变为全国性的创伤事件。

第三章“耻化叙事与创伤建构”以《人民日报》在1949—2012年间的报道和评论为材料，追溯南京大屠杀在全国性官方媒体上的浮沉轨迹。本章运用内容分析的方法，研究新中国成立以来《人民日报》如何纪念南京大屠杀和呈现相关的当代事件。本章发现，“纪念事件”和“否定言行及其回应”构成了最重要的主题，也代表了两条基本的叙事线索。它们将南京大屠杀及其当代记忆困境建构为历史的和当下的文化创伤，而其核心主题都是“耻化”叙事。在这些叙事中，《人民日报》主要依赖加害者和见证人来“为历史作证”，并建构南京大屠杀的集体记忆，幸存者的主体地位则被弱化，被更多地视为仪式化的角色。

第四章“以数字标识‘记忆之所’”跳出媒体文本与再现，聚焦侵华日军南京大屠杀遇难同胞纪念馆这一媒介场景。在修建和扩建过程中，南京大屠杀纪念馆中渐次出现一系列遇难者数字标识，它们交织成一个独特的数字标识网络。在本章中，我们采用“场所作为集群”(place as assemblage)的理论，考察数字标识和它们所置身其间的微观集群的特定物质性及其空间界定与区隔功能，它们所生产出的话语及其隐喻机制，它们激发或容纳的记忆实践及其脚本效果。围绕数字标识的记忆工作成为凸显南京大屠杀纪念馆的场所认同的一个重要组成部分。

第五章“线上公祭空间的生成”聚焦互动式的线上纪念活动。与传统的媒体纪念形态相比，线上纪念活动看似更具开放性，但也嵌入新旧媒体的政治经济环境和主流纪念文化之中。本章以首个南京大屠杀死难者国家公祭日前后由三家地方媒体推出的“捐砖行动”“紫金草行动”和“我们的和平树行动”为个案，探究线上公祭空间的生成。本章发现，主导纪念文化提供表述工具或资源，也设定限制，导致线上纪念叙事与主导创伤叙事高度契合。而媒体的政治经济处境和生产方式，则影响了祭奠活动的展开、触及的人群及其社会文化意义。文化镶嵌性和制度镶嵌性使得线上公祭空间成为带有自发参与表象的空间，生产出数字化的民族国家记忆。

第六章“赛博记忆的协作与争夺”将关注视角从传统媒体转向新媒体，从“维基百科作为全球记忆空间”这一视角出发，对“南京大屠杀”中文条目进行系统的分析，旨在揭示在线记忆社群如何展开协作与争夺，建构关于创伤事件的集体记忆。本章发现，在协作层面，版本篇幅呈现出一种正增量的整体趋势；条目的叙事结构变得越来越完善和稳定；围绕条目的记忆社群的总体规模虽大，但持久的活跃者却不太多。而在协商或争夺层面，维基百科的“中立性”原则极大地影响着南京大屠杀叙事；不同维基用户围绕导言展开激烈的争夺；中文条目中也显示出一种全球性的“文本间性”的文化意识。

第七章“结论：中介化与创伤过程”从“中介化”这一视角对本书的研究发现做延伸讨论，并在此基础上梳理近年出现的新的创伤叙事元素，探究媒介场域与其他制度化记忆场域的互动以及全球记忆和东亚和解等理论与现实问题。

第二章

从暴行到大屠杀

这里，战争单纯得如一座纪念碑：
有人正在接听一个电话；
地图上的小旗表明部队已到位；
勤务兵端来了几碗牛奶。有个计划

却让活着的人为其性命心惊胆颤，
该中午口渴、九点钟就口渴了的人，或许
迷了路果真已迷路的人，还有那些想念
妻子的人，与某种思想不同，很快都会死去。

但思想正确无误，尽管有人会死，
而我们会看到千百张的脸
被一个谎言撩拨得激动不已：

地图会确切地指向那些地点，
此刻，那里的生活意味着噩耗：
南京，达豪。

——W. H. 奥登，《战争时期》(*In Time of War*)(1939)[XVI] [1]

我不是复仇主义者，我无意于把日本军国主义欠下我们的血债写在日本人民的账上，但是，我相信，忘记过去的苦难可能招致未来的灾祸。

——远东国际军事法庭法官梅汝璈　语

以中、英、日三种语言刻于侵华日军南京大屠杀遇难同胞纪念馆内

一、1937 年的两个片段

一九三七年十二月十三日，南京陷落于侵华日军之手，下文是两位目击者讲述的沦陷之后的两个片段。片段之一：

（十二月）十八日

今晨起来就听到机关枪声渐渐转烈，敌人设有修械所在前面，所以终日试放，震耳欲聋。外面的情形，依然悲惨万状；除了烧、杀、抢之外，更加了强奸妇女的龌龊而残酷的行为。不问老幼，只要是妇女，就是七八十岁的老太婆与八九岁的幼女，被他们撞到，亦决不会幸免。最惨酷的轮奸，有的竟被轮流强奸达数十次的。而被奸以后，还是难以免去他们的残杀。

隔室的老朱，也是馆内的厨役，家里在西康路，他的老父已七十多岁，因不肯离开，留在家里。下午忽然听到他的哀嚎痛哭，原来老父已被敌人惨杀了。曾恳金陵女大美籍教员魏小姐陪护着前往探视，只见尸体横卧檐下，敌兵多人，占据屋内，正在高歌狂欢，他们就没有敢逼近去殓尸，饮痛而归。一壁诉说，一壁哭：

“人已死了，还不让我们收殓。”越说便更加恸哭得厉害了。

片段之二：

12 月 16 日，星期四

今夜我问菲奇情况怎样，在恢复正常秩序方面取得了哪些进展？他回答说：“今天简直是地狱，是我一生中经历的最黑暗的一天。”当然对我来说也是这样。

…………

今天，世上所有的罪行都可以在这座城市里找到。昨天，30 名女学生在语言学校被抓走，今天，我听到了数十起有关昨夜被抓走女孩子的悲惨遭遇，其中一位女孩仅 12 岁……我估计这座城市每一户人家的门都被打开过，并被反覆抢劫。今晚，一辆载有 8～10 名女子的车从我们这儿经过。当车开过时，她们高喊：“救命！救命！”

……南京今夜成了一个可悲而破碎的空壳，街上空无一人，所有的房子一片黑暗，充满了恐怖。

12 月 24 日，星期五

再过一天就是圣诞节了。10 时，我被叫到我的办公室，与日本某师团的一名高级军事顾问会晤……他要求我们从 1 万名难民中挑选出 100 名妓女。他们认为，如果为日本兵安排一个合法的去处，这些士兵就不会再骚扰无辜的良家妇女了。当他们许诺不会抓走良家妇女后，我们允许他们挑选……过了很长时间，他们终于找到了 21 人。

第一个片段的讲述者是南京守城部队军医蒋公穀，城破之时，蒋氏承担南京防护救助工作，沦陷之后，他避难于国际安全区内的美国大使馆。1938 年 2 月底，蒋氏以难民身份逃离南京，1938 年 8 月，在重庆自费印行《陷京三月记》，以日记形式记载了 1937 年 12 月 1 日至 1938 年 3 月 8 日的亲身经历和日军暴行，该书后来被远东国际军事法庭作为审判日本战犯的证据。

第二个片段的讲述者是明妮 · 魏特琳（Minnie Vautrin），美国传教士，彼时任金陵女子文理学院教育系主任兼教务主任。在南京沦陷期间，该校设立的难民收容所救助了一万余名妇孺。在南京沦陷前后，魏特琳写下五十余万字的日记，记录了一段血淋淋的历史。半个多世纪之后，华裔作家张纯如在耶鲁大学神学院图书馆的特藏室中读到这本日记，并将它公之于世。魏特琳日记中有关平安夜（12 月 24 日）的这几行文字，激发了作家严歌苓的灵感，她在此基础上创作了小说《金陵十三钗》[2]；而哈金（2011）则以整本日记为底本，铺排成历史小说《南京安魂曲》。

这两个片段背后，是 1937 年 12 月至 1938 年 1 月“恐怖的六星期”[3]（张纯如，2015）中无数的人间悲剧。在有限的篇幅内，本章并不打算——也不可能——重述 1937 年末至 1938 年初金陵的斑斑血泪或日军的累累罪行，而是聚焦对南京大屠杀这一创伤事件的早期再现。在文化创伤的框架之内，我们围绕战时

（特别是1937—1938年）和战后初年（特别是1945—1948年）两个时段，试图理解在抗战动员和战后审判的背景之下，新闻媒体和国内外军事法庭等机构如何定位“南京暴行”，如何对之展开新闻文本和法庭文本层面的表述，而战时和战后应对创伤的方式又发生何种改变。

需要指出的是，本章的讨论除了两个时段的新闻报道之外，还包括对远东国际军事法庭和南京审判战犯军事法庭较为详细的讨论。究其原因，一是东京审判和南京审判对南京大屠杀记忆的形构产生了深远影响，二是法庭是文化创伤形成过程中的重要制度化场域，而对战犯的惩处和审判正义则为创伤事件的解决提供了一种可能性。因此，我们的旨趣并不在历史研究上，而是希望通过对二手资料和一手法律文本的解读，展现新闻媒体和军事法庭这两个制度化场域各自的创伤过程以及它们之间的互动。

本章牵涉并使用的法庭和新闻材料以南京大屠杀为中心，但并不完全局限于此，因为只有将南京大屠杀放到战时报道和战后审判的大背景下，与其他类似或关联事件相互参照，而不是孤立看待，才能尽力避免后见之明[4]的偏误，更好地把握这一创伤事件的再现逻辑。此外，本章使用的材料，即便是最晚近（1948年）的媒体报道或法庭判词，距今也有近七十年之遥。为了打破时间的隔膜、保存言说的情境，本章对材料的引述相对——特别是相较于后续章节对当代的讨论而言——较为详尽。

二、海外媒体："地狱般的四天"

日军占领南京之后烧杀劫掠的种种暴行，激起全国上下的愤慨，也引发了国际舆论的广泛关注。在此过程中，新闻媒体扮演了重要的角色。只不过，由于上海和南京先后沦陷，多家有影响力的中国报刊（如《申报》《大公报》和《中央日报》）都不得不暂时停刊，转移到大后方出版。[5] 在日军对上海和南京的严密控制与新闻审查之下，最早报道南京暴行[6]的并不是国内媒体，而是英美新闻媒体。

1937 年 12 月 13 日前后，27 位西方人士留在南京城墙之内，当中包括坚守下来报道围城和沦陷的五位英美记者，他们分别是《芝加哥每日新闻报》记者阿奇博尔德·斯蒂尔（Archibald T. Steele)、《纽约时报》记者弗兰克·德丁（Frank T. Durdin)、派拉蒙新闻电影社摄影记者亚瑟·门肯（Arthur B. Menken)、路透社记者莱斯利·史密斯（Leslie C. Smith）和美联社记者查尔斯·麦克丹尼尔（Charles Y.McDaniel)。南京城破之后，几位记者目击种种日军暴行，但苦于南京城内电力和通信中断，电报根本无法发到海外。他们只能于 12 月 15 日、16 日辗转乘船赴上海。斯蒂尔 15 日登船后，借用美国炮舰"瓦胡号"的无线电系统将一篇电文发往美国，报道旋即在美国当天的《芝加哥每日新闻报》刊出，成为全世界第一篇揭露日军在南京暴行的新闻报道。(Lu，2004；Lu，2012；经盛鸿，2011）[7]

从 1937 年 12 月 15 日到 1938 年 2 月 4 日，斯蒂尔共发表 5

篇相关报道。在12月15日的首篇报道中，他将南京陷落形容为“地狱般的四天”(four days of hell)，其间亲眼所见，“街道上尸首累累，高五英尺有余”：

我们从下关撤离这座城市时所看到的最后景象，是在江边，沿着城墙，约300个中国人，正在被集体处决，而就在他们旁边，尸体已经堆积过膝。

…………

日军所作所为，如同屠宰羔羊一般。究竟有多少军人被俘、多少人被杀，实在是难以估量，但被屠戮者的数字少则5 000，多则2万……今天驱车穿过“挹江门”的时候，我不得不从5英尺高的累累尸首上轧过去，而在此之前，日军的卡车和炮车早已将这些尸体反复碾压过了。（朱成山，1998）[317–319] [8]

在12月17日刊登的第二篇报道《记者描绘战地死亡惨剧》中，斯蒂尔继续以“目击者”的身份，描述所见的种种日军暴行：

我看见，月光之下，日军机枪手在街头游荡，只要看到有人奔逃，便开枪扫射；就算不跑，有时也难逃一死……

我看见，日军对孤苦无援的老百姓拳打脚踢，在医院里，很多被刺刀捅伤的平民痛苦挣扎。

我看见，每一条街道上都散落着尸体，其中有些上了年纪的老人，根本不可能对他人造成伤害；还有成堆被处决者的尸体。

我看见，北门之外，200人的躯体被烧成一滩焦烂的骨肉，令人毛骨悚然。

1937年12月18日，《纽约时报》头版刊登德丁的报道《南京陷落　暴行笼罩全城》(Butchery Marked Capture of Nanking)。这篇报道长达2 000余字（words)，包括“平民惨遭屠戮”“美驻华大使馆邸遭袭”“南京陷落中的灾难”“最初防卫坚固”“军人三成受困”“平民伤亡惨重”六节。报道追述了南京围城与陷落过程，并描述了日军入城之后的暴行。导语写道，“通过在南京实施大规模暴行和打砸抢烧行为，日军丧失了在中国居民和外国舆论中赢得尊敬和信赖的一次难得机会”。德丁在报道中也描述了撤离南京时在长江江边所目睹的集体处决场景，他还记录了在美国大使馆中遭遇日军侵扰的亲身经历，以及目睹的多起大规模处决战俘的行动。面对屠杀和劫掠，德丁写道：

日军占领南京区区两日，就让人们对秩序和安定的预想化为泡影。大规模的劫掠，强奸妇女，屠杀平民，将中国人赶出家园，大量处决战俘，强征身体强壮的男子服役，这一切，把南京变成一座恐怖之城。[9]

到达上海之后，德丁于12月22日经航空邮件发出另一篇报道，但迟至1938年1月9日才得以刊出。报道长达6 000余字

(words)，对南京保卫战、南京城破、南京安全区、日军暴行等方面进行了全景式的素描。报道更多地从双方军事策略的角度聚焦南京保卫战这一“现代军事史上最富悲剧性的篇章”（报道导语），但德丁也对日军暴行进行了描述，并称，“占领南京之后，日军肆意地屠杀、抢劫、掠夺，其残暴程度远超中日交战以来的任何暴行。日军毫无节制的残暴行径堪比欧洲黑暗时代的战场劫掠或者中世纪亚洲征服者的暴行”。

其他记者的报道也先后在英美等国的报纸上刊登（参见表2-1)，这些报道均出自战地记者的亲身观察，尽管只是当时暴行的一鳞半爪，但其中反映的日军残暴程度足以令国际舆论震动。(Lu，2004；张生，2005）五位记者离京之后，暴行仍在延续。困守南京的外交人员和安全区人员成了重要的暴行目击者，他们的日记、私人通信和外交文件，成为南京大屠杀的重要证据和记录。《曼彻斯特卫报》(*Manchester Guardian*) [10] 驻沪记者田伯烈（Harold J.Timperley）在报道受阻的情况下，收集大量目击者证词，于1938年6月在纽约和伦敦同步出版《战争意味着什么：日军在华暴行》(*What War Means: Japanese Terror in China*)一书。(文俊雄，2004）该书的出版受到英美媒体的广泛关注(Lu，2012)，印量据称达30万册（张生，2012)。

在文字报道之外，美国著名的《生活》(*Life*）和《展望》(*Look*)周刊在1938年初刊登了若干与暴行相关的摄影作品，其中一些后来成为再现南京大屠杀的经典画面，如一幅是被砍头后嘴里被塞上烟头的男性的照片。另一幅则是一名幼童坐在上海南站废弃的铁轨中间哀嚎的照片（参见图 2-1），若干年后这名幼童的形象被雕塑家吴为山塑造成了南京大屠杀纪念馆雕塑广场上的一尊雕塑。而在美加等国放映的新闻纪录片则让南京暴行在更大范围内为人

图 2-1　废墟中的娃娃（中国娃娃）

注：照片中的中国娃娃是南京大屠杀纪念馆雕塑广场上一尊雕塑的原型。这幅照片在全美影院的《今日时事》新闻短片中播放，据《生活》杂志估计，超过 1.3 亿人看过这张照片。2016 年底，这张照片入选由《时代》周刊评选的“史上最具影响力的 100 幅照片”。无论是战时的摄影报道，还是这张照片，都将南京暴行与其他战时日军暴行联系起来。

资料来源：该照片出自著名美籍华裔摄影师王小亭（H. S. Wong）之手，摄于 1937 年 8 月 28 日淞沪会战中被炸毁的上海火车南站。

表 2-1 外国新闻媒体对南京大屠杀的报道篇目（1937.12—1938.10）

序号	作者	报道名	媒体	刊发日期	版 / 页
1	A. T. Steele	Japanese Troops Kill Thousands; “Four Days of Hell” in Captured City Told by Eyewitnesses; Bodies Piled Five Feet High in Streets	The Chicago Daily News	1937.12.15	1
2	A.Menken	Survivor Tells of Nanking Fall	The Seattle Daily News	1937.12.16	4
3	A. T. Steele	War’s Death Drama Pictured by Reporter	The Chicago Daily News	1937.12.17	1, 3
4	A. Menken	Witness Tells Nanking Horror as Chinese Flee	The Chicago Daily Tribune	1937.12.17	4
5	F. T. Durdin	Butchery Marked Capture of Nanking	The New York Times	1937.12.18	1, 10
6	C. McDaniel	Nanking Horror Described in Diary of War Reporter	The Chicago Daily Tribune	1937.12.18	8
7	L. C.Smith	Terror in Nanking	The Times (London)	1937.12.18	12
8	A. T. teele	Tells Heroism of Yankees in Nanking	The Chicago Daily News	1937.12.18	1, 3
9		Fall of Nanking Vividly Retold by Eye-witness	The Peking Chronicle	1937.12.19	1, 18
10	F. T. urdin	Foreigners’ Role in Nanking Praised	The New York Times	1937.12.19	1, 38

序号	作者	报道名	媒体	刊发日期	版 / 页
11	Hallett Abend	Terror Reigns in Nanking	The New York Times	1937.12.24	7
12		Nanking Horror	The North-China Daily News (Shanghai)	1937.12.25	4
13		Rape, Looting Follow Taking of the Capital	The North-China Daily News	1937.12.25	5
14	F. T. urdin	Japanese Atrocities Marked Fall of Nanking After Chinese Command Fled	The New York Times	1938.1.9	38
15		Plundering Japanese Rob Americans: Women and Children at Nanking Killed in Cold Blood	The Los Angeles Times	1938.1.9	1
16		A Great Change	The North-China Daily News	1938.1.21	4
17		Nanking Safety Zone Still Filled With Refugees	The North-China Daily News	1938.1.27	5
18		Japan's Reign of Terror in China: First Authentic Description	The Daily Telegraph and Morning Post (London)	1938.1.28	15-16

序号	作者	报道名	媒体	刊发日期	版 / 页
19	A. T. Steele	Panic of Chinese in Capture of Nanking	The Chicago Daily News	1938.2.3	2
20	A. T. Steele	Reporter Likens Slaughter of Panicky Nanking Chinese to Jackrabbit Drive in U. S.	The Chicago Daily News	1938.2.4	2
21		Rape of Nanking: American Eyewitness Tells of Debauchery by Invaders	South China Morning Post (Hong Kong)	1938.3.16	17–18
22		Nanking–what really happened–and the Japanese Paradise	The China Weekly Review (Shanghai)	1938.3.19	10–11
23		Basket Case	Time (Chicago)	1938.4.18 (Vol. 31)	22
24		The Sack of Nanking	Ken (Chicago)	1938.6.2 (Vol. 1)	12–15
25	G. A. Fitch	The Rape of Nanking	The San Francisco Chronicle	1938.6.11	16–17
26		We Were in Nanking	The Reader's Digest (Pleasantville, NY)	1938.10 (Vol. 33)	41–44

资料来源：Suping Lu，（2004）[286–287]；Suping Lu（2012）。

所知。(Evans，2014) 由安全区档案、外交文件和新闻报道等构成的“美国文本”尽管有其局限性，但它们记录了日军对中国军民的屠杀、性暴力、抢劫纵火、毒品买卖、开设“慰安所”等罪行，以及日军对罪行的掩盖措施，成为珍贵的历史证据。不过，1938 年夏天之后，美国媒体和官方便较少提及南京暴行，直到太平洋战争爆发之后，美国“重新发现”了南京大屠杀，用以阐明日本意图征服美国的阴谋。(张生，2012)

三、中国报章：“为匹夫匹妇复仇”

与英美媒体相比，中国报章对南京暴行的报道虽然稍迟，但持续时间更长，报道量更大。国内媒体最早的报道，是中央通讯社（简称“中央社”）于 1937 年 12 月 16 日发出的一则非常简短的电讯：“敌人进占南京后，连日大肆搜索，任意杀戮，城内外各种建筑被其纵火焚毁者甚多，现仍烟火未熄，劫后残痕凄惨万分。”(经盛鸿，2010) [11] 出于信息封锁等原因，早期中国媒体的报道大多引述或编译外媒报道——包括上述驻华记者的目击报道。例如，《大公报》（汉口版）于 12 月 24 日在第 2 版刊登中央社香港电讯《侵华敌军纪律日见堕落　外报记者之严正批评》，其消息源实则是“沪大美晚报”“据纽约泰晤士报（引者注：即《纽约时报》）驻沪通讯员霍立脱 · 亚朋（引注：即 Hallett E.Abend）报告”。报道内文指出：

日军在华纪律大见堕落，日军在华之最高当局似已无法驾驭……又据该访员称，日军入南京城时，曾将城内华人大事屠杀，如业已解除武装之俘虏及平民妇孺等，皆在杀却之列，此项残暴行动，与日人之武士道精神全不相符，既堕日军人之声誉，复增华人抗战之决心。

次日，《大公报》第2版再次转引亚朋，刊登报道《美报揭露敌军暴行 纽约泰晤士报驻沪访员详电 引起美国人士深刻印象》。同一版刊登另一篇中央社电讯《外人方面消息证实 敌在南京大屠戮！难民区内亦满布血腥 上海松江间浩劫尤惨》，对南京暴行进行了较为详细的记述：

敌军占据南京后，奸淫掳掠，无所不为，我国难民中四十岁以下男子被惨杀者达五万人之多……又闻南京难民区亦遭屠杀，难民区为日方允诺保护之地，其中多为贫苦无告不能退走之非战斗员，竟亦不能免于劫运，尤堪痛愤……此等暴行，将于日本对中华人民之侵略史上永留暗淡及血腥之一页，又据日军占领下其他城市之官方报告，此等城市亦均遭同样屠杀……另据外人目击者证实，上海松江间之各乡村遭日军屠杀，其状尤惨，农民除先期逃出者外，几于无一幸免。

这篇报道有三个方面值得注意：第一，强调消息来自“西人目击”并经多方验证；第二，强调南京暴行非常严重，将会“永留暗淡及血腥之一页”，而《美报揭露敌军暴行》也指，“日军入城之后，恣意奸淫掳掠，实乃日本国家之国耻”，将“在历史中永留污点”；第三，报道从南京暴行延伸到日军在其他占领区的暴行。需要强调的是，我们今天在回溯时，往往只关注对南京大屠杀的报道，但回到抗战的历史场景之下，对南京暴行的报道是中国报章系统揭露日军在华暴行的有机组成部分。以《新华日报》为例，1938年该报在“敌寇在南京暴行”索引条目下列出15篇相关报道，而在“敌在华中、华南暴行”索引条目下亦列出50余篇报道。

1938年1月之后，南京暴行的消息通过各种渠道传播开来，包括《大公报》《申报》《新华日报》在内的中国报章继续揭露日军暴行。（经盛鸿，2010；何扬鸣，2012；何扬鸣，2014）[12] 1938年1月底，《申报》（汉口版）和《新华日报》分别报道了“百人斩”杀人竞赛。[13] 是年2月，在西方媒体报道热度消退之后，中国报纸主要依靠逃离南京的中国幸存者和目击者作为消息来源而展开报道，这一时期不仅报道量非常大，而且对暴行的记述也较前一时段更为详尽深入。例如，2月20日至22日，《申报》（汉口版）连载《京敌军暴行》，首篇导语写道，“昨有数人于本月五日由京逃出抵汉。承将敌军屠杀、纵火、奸淫、掳掠、禁绝粮食、伪组织丑态、敌军政治军事布置以及市面各情见告，兹分志如下”。三篇报道分别题为“两月以来凶残屠杀　惨死市民不下八万”（797字）（“谋害无辜”）、“纵火奸淫抢掠无所不为　毫无军纪直等国际强盗”（1 445字）（“纵火狂烧”“随地奸淫”“虐待尸体”“大肆抢掠”“外人讥讽”）、“难民外出购米款恒被劫夺　全城焦土一片无市面可言”（1 452字）（“粮食恐慌”“伪会丑态”“敌军布防”“市面情形”)。[14] 随后,又于2月28日和3月1日刊载《腥风血雨中 南京痛语》(一、二),3月9日刊登《京敌穷凶极恶杀烧奸掠引起外人愤慨 色厉内荏已成强弩之末》,4月18日刊登《敌在京暴行又一铁证!一德侨之目击叙述 烧杀奸掠惨绝人寰》(参见图2-2),5月30日刊登《南京九岁以上女子 悉遭敌人蹂躏 某君昨脱险来汉谈话》等多篇来自中外目击者的讲述。1938年7月,《宇宙风》杂志第71期刊登记者林娜采写的报道《血泪话金陵》,通过一位曾参与慈善团体埋尸的覃姓难民之口,讲述他亲眼目击的集体屠杀、贩售毒品等行径。

申報
漢口
THE SHUN PAO
我一度攻進嶧縣
天柱山以北仍在激戰
吳家莊殘敵繳械投降
敵機四批犯武漢
中路告捷
經濟軍事合作
敵在京暴行
又一鐵證!
英義協定內容
社評
勝後心理的檢討
武鄂南退敵陷圍

图2-2 《申报》(汉口版)刊登
《敌在京暴行又一铁证!一德侨之目击叙述 烧杀奸掠惨绝人寰》(图中左)

1938 年 2 月 20 日开始，《大公报》（汉口版）开设专栏“敌寇万恶录”（参见图 2–3），前言写道：

敌寇在我国内的种种暴行，是万恶无赦的。这一方面是暴露敌寇的人格破产，走上了绝境；一方面则给我每个同胞加强了抗战的信念，为国为家，都要复仇！现在敌寇已把奸、淫、掠、掳当成拿手好戏，在各侵占地扮演，对它这种万恶的罪行，应该记录，藉使全世界爱好和平、主持正义的人士知晓，并唤醒国人，起来复仇。

（关于此种文字，如不能撰述长篇时，短稿亦所欢迎。）

敵寇萬惡錄（一）
前言
陷落後的南京
袁露瑤

图 2–3 “敌寇万恶录”专栏版面局部

“敌寇万恶录”栏目为读者投书，它鼓励暴行目击者撰述亲身经历（长篇短稿皆可）。专栏首篇文章为《陷落后的南京》，后续投书则聚焦发生在其他地方的日军暴行，如江苏其他城镇（2.23《暴行片段录》、3.2《虎口余生追记》）、上海（2.27《上海地狱 敌寇的行乐所》）、安阳（3.6《陷落后的安阳》）等。该专栏的设立显示出南京暴行是“敌寇万恶”的一部分，其再现逻辑（“记录”“使全世界知晓”和“唤醒国人”）也与其他暴行一致。而读者投书的形式则凸显出“见证人”——前期是外侨，后期是中国民众——在南京大屠杀早期创伤叙事中扮演的重要角色。这一点也体现在其他长篇记述中。例如，1938年7月18日至7月21日，《大公报》（汉口版）连载李克痕所撰《沦京五月记》，该文随后被福建省秘书处公报室主办的《闽政与公余》旬刊（第35～37期合刊，第99～105页）转载（参见图2-4）。1940年，《宇宙风》杂志还在第97期（第485～489页）和98期（第547～550页）连载由李伟涛撰写的《南京沦陷三月记》。

上引“敌寇万恶录”首篇前言中两次提到“复仇”，这展示出中国报章全面系统报道日军暴行的重要考量：一是要揭穿日军侵略面目，二是要通过展示同胞的悲惨境遇，激起全国军民的抗日斗志。在其他报道或读者投书中，我们也可以看到类似的表述，例如，“敌人对吾如此摧残蹂躏，吾中华民族对此血债深仇，誓死必报”[15]，“这笔血债，这种耻辱，全仗我们后方的同胞毅然的负荷起这个报仇雪耻的责任来”[16]，“同胞们！这样的深仇宿恨，我们必须报复，为我死难同胞报仇雪恨！”[17]。

第卅五、六、七期合刊　閩政與公餘旬刊　（99）

淪京五月記

李克痕

記者係南京某文化機關的職員，當南京陷落，因職務所累，未得退出，身受種種痛苦，目睹我男女同胞遭敵之蹂躪，想來傷心至極，淚已盈眶。我不善爲文，謹就個人之經歷，誠懇記下，獻於我愛國同胞之前——

當南京局勢嚴重時，我住在板橋（南京之南的一個村鎮），一位六十三歲的老母，和病得很重的妻伴着我，而我又是個殘廢人（足跛）。一家人就是這樣老弱殘廢，加之有公務在身，使我不得不留在南京。以下寫我生活在敵人鐵蹄下的實況：

（一）乞討生涯

去年十二月九日，敵人由江寧縣向南京進攻，我方在板橋之守兵較少，於是敵軍很容易的佔領了這重要的據點，向東可與牛首山呼應，向西可控制大勝關，南京受嚴重的威脅。當敵我在板橋一帶發生劇烈戰時，我躲在地窟內，只聽得緊密的槍聲，越發越猛。好久，槍聲漸漸停了，一陣沉重細碎的腳步聲，皮鞋的鐵釘發出尖銳的慘叫，夾雜着幾句聽不懂的話：……這些飄送到我的耳鼓裏，像一排利刃刺在我的心頭上：

「呵，我被宣佈死刑了，我就這樣陷落在敵人的手裏嗎？……」

我所住的是一所較新的民房，爲了避免敵人的注意，我搬到一家破舊的茅屋裏，老葛（我的老僕人）就在這時被拉去做伕子，他只好隨敵人去了，他的兩眼發出異樣光來，一邊走一邊回首望我，他的內心該如何悲哀，他已是六十多歲的人了，是那樣老弱，就是不死在敵人的刺刀下，也要累得筋斷骨折。殘暴的敵人臨去時，指着我這殘廢的腿，發出奇怪的獰笑，啊，就是因爲這條殘廢的腿，我才能活到現在！

十日晨，敵軍開始燒毀房屋，附近的一些新房子都點火燒着，誰知就是這些破得不堪住的草房，也不能倖免呢？匆忙中，扶着年邁的媽媽逃出火場，躲到一所地窟內，病得極沉重的妻，被扔在茅屋裏，我以爲她一定燒死了，誰知她竟從火堆裏爬出，這時獸兵正忙於焚燒房屋，跑來跑去，看到我的妻坐在道旁，燒得焦頭爛額的，殘暴的敵兵呀，他們不但沒有一點憐憫心，並且在忙亂中還用皮鞋踢她，還報之以怕人的獰笑。我的妻已不能自由動作了，她忍着痛坐起來，爲了要避免敵人的踐踏，她又爬進火堆內躲起來，當時房子已燒塌，可是還有燃着的灰燼，燒着她的棉襖她昏迷了，直到我喚醒她，棉襖已燒得不能再穿，身上已燒得破爛不堪了，在凜冽的寒風裏她只好穿那一條破單褲，却也燒破了好些洞。

一天就在火堆中過去，充滿恐怖，也充滿憤恨，死，這魔鬼，時時的要爬到我身上來？上帝啊，我只有將我的命運交給上帝！（在病裏，我要聲明的我是個基督信徒。）天黑了，給人帶來更多的恐懼成分，廣漠慘淡的大地，越覺淒涼了，熊熊的火燄還在燒，除了遠處傳來的稀疏槍聲，一切都現出死的沉寂，藉着火光，映出敵軍崗兵的兇惡身影！媽媽摟着妻躲在牆角，一天沒有吃東西，飢寒交迫，使她們抖在一起。落雨了，凜冽的北風吹得越緊，這一帶的房子都被燒毀了，夜寒襲來越猛，我想找個寄身的地方，絕不能在破瓦頹垣的火堆裏過夜，可是妻不能走路，媽媽同我又無力幫助她！

好容易我找到兩個老人，求他們幫忙，他們只是搖頭，我跪在地上不知磕了多少頭，又應許給他們兩元錢，費了九牛二虎之力，他們才答應了。一塊破門板作了抬人床，妻已經人事不醒，我担心她會死！

雨落得越猛，夜色越深沉，我們在黑暗中跋涉，約有一點鐘，我們到了一座僻靜的山村，這裏，逃難來的人很多，四面有稠密的山環繞，不熟悉的敵人，對這裏並沒有注意。

我向當地住戶借宿，他們都報以冷眼，因爲我是外鄉人（我是東北人）他們另眼看待我，媽媽向一位老太太求情，她只給我們一點稻草，我們只好這樣露宿了。

妻倒在稻草堆裏，媽媽伴着她睡，一切人都睡了，山村也睡了，近處的寂靜顯得遠處的槍砲聲更清晰，每一聲巨響，每一片火光，都

图 2-4　福建省《闽政与公余》旬刊转载《沦京五月记》第一页

在记述性的文字之外，报纸社评更直接地扮演了一种“呼告”角色。1937年12月28日，南京沦陷半月之后，《大公报》刊登由张季鸾撰写的社评《为匹夫匹妇复仇》（参见图2–5）：

敌军在南京屠杀奸淫，穷凶极恶，已是铁般的事实……仅此一端，已构成日本帝国主义，万劫不复之罪状，何况南京如此，江南各地实际皆然。现在又攻陷我杭州，在北又正攻济南，凡敌军所到，其凶淫残杀，都是与南京一样，凡有人道观念者，对于这土匪不若之兽行敌军，应当怎样鄙弃，怎样愤懑！……这真是赤裸裸的凶残之兽行，不是人类所应有。

我们对这些被害的同胞，不但根据中国人之立场，万分悲痛，万分愤懑，并且从人类普通之立场上不得不大声疾呼，愿全世界有正义人道观念者，起来为匹夫匹妇复仇！……我们人民此次被暴敌蹂躏太残酷，太悲痛了，明末所谓扬州十日，嘉定屠城之痛史，现在天天演着。就以最近几天说，看浙江，看山东，真是水深火热，不可形容，我们政府，我们各界，目击耳闻，男女同胞们这样遭难，应当怎样立志决心，替这千千万万的匹夫匹妇复仇呢？敌人这样，是完全暴露其罪恶，其注定败亡，当然之事，我们大家务须联合全世界主张正义人道者，努力杀敌，以为这些被害人伸冤雪耻。后方各界，特别要刻刻不忘！

大公報

濟南我軍守泰安北

濰縣甚緊戰事將展至青島

敵向太原增兵有南犯模樣

浙境將在衢紹展開主力戰

晉中之敵似圖蠢動

社評

為匹夫匹婦復讎

江北沉寂 敵窺合肥

澳門東北海面發現大批敵艦

廣東空氣又趨緊張

京敵暴行又一端

焚殺我傷兵醫士

滬閘北等處開放

新蘇使訪王外長

準備移平

图 2-5 《大公报》社评《为匹夫匹妇复仇》(图左上)

与前述新闻报道的逻辑和叙事类似，这篇“檄文”般的社评从南京暴行扩展到日军在其他省份的暴行，其呼告对象不仅包括中国人，也包括“全世界主张正义人道者”，换言之，“后方各界”乃至“全世界”成为创伤叙事的“接受者”，而应对之策便是由他们为受害者“伸冤雪耻”。

1938年2月23日，《大公报》刊登社评《雪耻复仇》，从甲午之战开始，历数旅顺大屠杀、日军强占青岛、1927年济南惨案、1931年朝鲜暴动、1932年抚顺平顶山屠杀、1935年冀东遵化屠村，及至半年来战事中的种种暴行。社评最后呼吁为同胞复仇：

现在暴敌当前，偌大国家，半被摧残，亿万同胞，痛遭蹂躏，凡是中国人，那个不耻？那个不愤？我们要复仇，我们要为我们的国家复仇，为我们的同胞复仇，为我们的父母妻子兄弟姊妹复仇，为我们的民族历史复仇！看国家的遭际，看暴敌的气焰，“复仇”这个口号，绝不是狭隘的泄愤，乃是卫国保种的绝对需要！……耻重仇深，至今已极！国家危险到这样，同胞惨痛到这样，我们若再不知耻，再不复仇，中华民族怎样还能继续存在于天地之间！

直到1940年3月30日，《大公报》在社评《汪贼傀儡登场》中还提到南京暴行，指出“南京是我们沦陷了的首都，敌人在那里曾大举屠杀我们的同胞，仅经红十字会掩埋的尸体就有二十三万具，而我们的妇女同胞受敌人的奸淫蹂躏，更是我们的千秋万世之耻”，斥责“这深仇重耻，我们还未曾报雪，而汪贼群奸竟在同胞的血尸之上，敌人的刺刀之下，扮演傀儡丑剧，真是丧尽了天良！”，并呼吁“复仇雪耻，抗敌诛奸，这责任完全负在我们全国同胞的肩上”。[18]

在新闻报刊之外，从1938年起，国内还出版了多本与南京暴行有关的图书，包括上海抗战编辑社在1938年3月出版的《沦亡区域同胞的惨状》、本章开头引述的蒋公毅的《陷京三月记》[19]、上海杂志公司于1938年8月出版的《日寇的残暴》、时代出版社于1939年1月出版的《日寇暴行论》等。（高兴祖，2005）[40-44]正是中外媒体的大幅报道，使得南京暴行被全国和全世界所知。西方媒体的报道影响了国际舆论，中国媒体的报道虽迟于西方媒体，但延续时间更长，后续报道也更为详尽。[20]

当然，对南京暴行的揭露不仅仅局限在新闻媒体，军政部门也致力于揭露与宣传南京暴行，以对内动员民众，对外争取国际支持。举例来说，国民党广西党部印行了李克痕的《沦京五月记》，国民政府军委会政治部于1938年7月出版《日寇暴行实录》画册。田伯烈的《战争意味着什么：日军在华暴行》一书在英美出版同时，国民政府国际宣传处组织翻译中译本（《外人目睹中之日军暴行》[21]，参见图2-6）和日译本（《所谓战争》），中译本于1938年7月出版，第一批印1万册，至同年9月底共印6万册，最后总印量达10万册。该书印行之后，国际宣传处给蒋介石呈送了20册，并由战地文化服务处分送前线将士。（经盛鸿，孙宗一，2014）抗战胜利之后，在南京“审判战犯军事法庭”对谷寿夫的审判中，该书连同其他媒体报道被作为重要的呈堂证据。

图 2-6 《外人目睹中之日军暴行》书影

此外，为了争取国际舆论的支持，1938 年 2 月，国民政府代表顾维钧在日内瓦国联大会常会上演讲时，即援引前面提到的《纽约时报》记者德丁的报道《南京陷落 暴行笼罩全城》来控诉日军暴行，并将之与日军的无差别轰炸和化学武器并置，呼吁国际社会对日本采取限制性的行动。无论是新闻媒体的报道还是军政部门的战时宣传，都将对南京暴行的揭露与抗战动员结合起来，使南京暴行与其他战争罪行相呼应，这一创伤事件因而带有“举国性”，而“复仇”则建立起受难者与全国人民之间的关联，也成为应对创伤事件的首要方式。

四、战后审判：“最恐怖的暴行”

1945 年 8 月 15 日，日本天皇宣布无条件投降，9 月 2 日，日本外相和陆军参谋长在投降书上签字。抗战胜利之后，远东国际军事法庭和南京审判战犯军事法庭先后展开审判工作，再度将南京大屠杀带回国人的视野。战争审判致力于在国际法的框架下惩罚加害者，赋受害者以正义，以此应对南京大屠杀等创伤事件和中国人的创伤经验。而持续的审判活动、政府对民众的动员以及深入而持久的媒体报道，也为战后的南京大屠杀记忆奠定了基础。

远东国际军事法庭于 1946 年 1 月设立，1948 年 11 月宣判。法庭判决书第一章“法庭的设立和审理”开篇即表明，“本法庭之设立，是依据一九四三年十二月一日的《开罗宣言》，一九四五年七月二十六日的《波茨坦公告》，一九四五年九月二日的投降书以及一九四五年十二月二十六日的莫斯科会议，并将其付诸实施”[22]。1945 年 7 月 26 日，中美英三国签订《波茨坦公告》，敦促日本无条件投降。公告第六条规定“欺骗及错误领导日本人民使其妄欲征服世界者之威权及势力，必须永久剔除”，第十条规定“吾人无意奴役日本民族或消灭其国家，但对于战罪人贩，包括虐待吾人俘虏者在内，将处以法律之严厉制裁”，这些条款为战后审判奠定了基础。1946年1月，盟军最高司令部司令麦克阿瑟宣布设立远东国际军事法庭，并于1月19日批准仿照《国际军事法庭宪章》（纽伦堡审判）起草的《远东国际军事法庭宪章》，法庭正式成立。当年2月15日，麦克阿瑟任命了来自中国（梅汝璈）、美国、英国、苏联、加拿大、法国、澳大利亚、荷兰、新西兰的九位法官，后增补印度和菲律宾法官。

从1945年9月开始，盟军最高司令部先后逮捕东条英机、松井石根、广田弘毅等一百余名战争犯罪嫌疑人，并将其中28名指定为甲级战犯嫌疑人。1946年5月3日，法庭开庭。法庭最初的起诉书牵涉三类，共55项诉因，分别是“反和平罪”（36项）、“杀人”（16项）和“普通战争罪和反人道罪”（3项）。[23] 南京暴行被列于“杀人”类的“对俘虏及平民的杀害”之下，为第45项诉因（“1937年12月12日以后在攻击南京时对目前姓名不明、人数不详的数万中国平民和解除武装的军人的杀害”）。诉因第46项至50项则牵涉日军在广州、武汉、长沙、衡阳、桂林和柳州等地的屠杀行为。可见，与战时报道类似，东京审判在起诉阶段也是将南京暴行与其他暴行并置。不过，起诉书对南京暴行的表述与其他屠杀行为略有不同，前者是“人数不详的数万”，后者多是“人数不详的众多”或“人数不详的数千”。

远东国际军事法庭的审判遵循英美法系传统，举证驳证程序极为繁复，整个审判过程历时两年半之久。审判先由检方陈述（1946.6.3—1947.1.24），再由辩方提出证据（1947.2.24—1948.1.12），最后由检方总结、辩方辩论（1948.2.11—1948.4.16）。

审判过程中共受理证据 4 336 件，419 名证人出庭作证，779 名证人以供述书和宣誓陈述书作证，审判记录长达 48 412 页。[24]

1948 年 11 月 4 日，法庭宣布判决结果，判决书的宣读耗时七天。28 名甲级战犯嫌疑人中，除了 3 名病殁或因精神问题撤诉外，其余 25 名均被判有罪。其中，土肥原贤二、广田弘毅、板垣征四郎、木村兵太郎、松井石根、武藤章、东条英机七人被判绞刑，荒木贞夫、桥本欣五郎、畑俊六、梅津美治郎等十六人被判无期徒刑，东乡茂德判处二十年徒刑、重光葵判处七年徒刑。1948 年 12 月 23 日，土肥原等 7 名被告在巢鸭监狱刑场执行绞刑。1948 年 12 月 29 日，远东国际军事法庭闭庭。

远东国际军事法庭的首要职责是对犯罪嫌疑人罪行的认定，判决书中的相关文本，让我们得以把握从法庭“证据”角度确认的历史事实及其在整个判决中所占的分量。(Brook，2001）判决书第八章《违反战争法规的犯罪（暴行）》第三节“把中国战争中的俘虏当作‘土匪’处理”指出，“日方所谓的‘膺惩’行为……在中日战争中一直未停过，其中最坏的例证就是一九三七年十二月对南京居民的大屠杀”。在判决书中，有两节与南京暴行有关。第五章《日本对华的侵略》第四节“从卢沟桥事件（一九三七年七月七日）到近卫声明（一九三八年一月十六日）”下设有一小节“攻击南京”(The Attack on Nanking)，该小节末尾写道，“一九三七年十二月十七日，松井（石根）得意洋洋地进了城。自十二月十三日起发生了人所共知的‘南京大屠杀’事件 (Rape of Nanking)”。而在第八章中，“南京大屠杀”(The Rape of

Nanking）被单列为第五节，该节对事件进行了详尽而系统的描述。以下为判决书中的部分段落：

一九三七年十二月十三日早晨，当日军进入市内时，完全没有遭遇抵抗。日本兵云集在市内并且犯下了种种暴行。据目睹者之一说：日本兵完全像一群被放纵的野蛮人似的来污辱这个城市……日军单独或者以二三人为一个小集团在全市游荡，实行杀人、强奸、抢劫、放火。当时是任何纪律也没有的……由于这种不分青红皂白的屠杀，在日方占领南京市的最初两三天内的期间，至少有一万二千人的非战斗人员的中国男女和儿童被害了。

强奸事件很多。不管是被害人或者是为了保护她的家族，只要稍微有一点抗拒，经常就得到被杀害的处罚。全城中无论是幼年的少女或老年的妇人，多数都被奸污了……在占领后的一个月中，在南京市内发生了二万左右的强奸事件。

日本兵向老百姓抢劫他们所想要的任何东西……无数的住宅和商店被侵入和被抢劫……在日本兵抢劫了店铺和仓库以后，经常是放一把火烧掉它……这类的放火在数天以后，就像按照着预定的计划似的继续了六个礼拜之久。因此，全市约三分之一都被毁了。

对于一般男子的有组织的大量屠杀，显然是得到了指挥官的许可而实行的。它的借口是中国兵脱下了军服混入平民之中。中国平民被集成一群一群的，反绑着手，押运到城外，用机关枪和刺刀集体地被屠杀。据现在所知道的，达到兵役年龄的中国男人，这样被害的达两万人。

德国政府从它的代表者得到报告说："这不是个人的而是整个陆军，即日军本身的残暴和犯罪行为。"在这个报告的后段中，曾形容"日军"就是"兽类的集团"。

…………

好些中国兵在城外放下武器投降了。在他们投降后七十二小时内，在长江江岸被机关枪扫射而集体地被屠杀了。这样被屠杀的俘虏达三万人以上。对于这样被屠杀的俘虏，连虚饰的审判都没有实行过。

据后来估计，在日军占领后最初六个星期内，南京及其附近被屠杀的平民和俘虏，总数达二十万人以上。这种估计并不夸张，这由掩埋队及其他团体所埋尸体达十五万五千人的事实就可以证明了。根据这些团体的报告说，尸体大多是被反绑着两手的。这个数字还没有将被日军所烧弃了的尸体，投入到长江，或以其他方法处分的人们计算在内。

…………

据巴兹博士（Dr. Bates）作证说：南京失陷后在两礼拜半到三礼拜的期间恐怖达于极点，从第六礼拜到第七礼拜的期间恐怖是严重的。据国际安全地区委员会（即南京安全区国际委员会）干事斯麦士（Smythe）说：在最初的六个礼拜中，曾每天提出两次抗议。

…………

日本陆军的野蛮行为是无可原宥的。这并不是最后攻入了一个顽强坚守的阵地因一时照顾不及的军队所为。强奸、放火及杀人，在占领南京后至少有六个礼拜中，在松井（石根）和武藤（章）入城后至少有四个礼拜中，一直不断地在大规模地进行着。（Brook，1999）257–267 [25]

判决书援引目击者的报告和证言，详细叙述了集体屠杀、分散屠杀、强奸、抢劫、纵火等各种罪行，并得出一个概括性的结论，即“在日军占领后最初六个星期内，南京及其附近被屠杀的平民和俘虏，总数达二十万人以上”。这些表述当中的很多元素后来成为中国媒体和官方描述南京大屠杀的依据和来源。

而判决书第五章第三节和第六节，则概述了日军在辽宁平顶山、河北省、上海、汉口、海南岛博文、热河省、广东惠阳、广东台山、长沙、桂林、柳州等地的各种暴行。从判决书的论述篇幅和侧重上看，南京大屠杀被远东国际军事法庭视为日军在中国所犯下的最严重的暴行。在松井石根的判决依据中，判决书亦写道，“日本陆军对（陷落南京的）无力的平民，长时间继续着最恐怖的暴行”(a long succession of most horrible atrocities)。判决书第八章总共四十一节，除了第五节“南京大屠杀”之外，仅有第十一节“死亡行军”(菲律宾巴丹死亡行军[26]) 和第十三节“泰缅铁路”聚焦单一的暴行个案，足见南京大屠杀在日军在东亚、东南亚和太平洋战场犯下的诸多暴行中的重要地位。

在七名被判死刑的甲级战犯中，广田弘毅和松井石根的罪行都与南京大屠杀有关，前者“以外务大臣的地位，在日军进入南京城后，立即接到了关于这类暴行的报告……但他未采取其他可能的任何措施来停止暴行，这是他对本身义务的怠忽……他的怠忽已达到了犯罪的程度”，而后者“对于这些恐怖行为，他置若罔闻，或没有采取任何有效办法来缓和它……他是知道这类暴行的。他既有义务也有权力统制他自己的军队，和保护南京的不幸市民。由于他怠忽这些义务的履行，不能不认为他负有犯罪责任”。[27]

远东国际军事法庭负责审判甲级战犯，而乙、丙级战犯则交由罪行发生国的军事法庭审判。从 1945 年 8 月到 1947 年 5 月，中国政府在各地逮捕或由驻日代表团引渡的乙、丙级战犯共计 2 357 名，并在南京、汉口、广州、沈阳、太原、北平（京）、徐州、上海、济南、台北等地设立十处审判战犯军事法庭。其中，南京审判战犯军事法庭于 1946 年 2 月 15 日成立，法庭由五名军法审判官和一名军法检察官组成，石美瑜少将任审判长，1946 年 7 月 1 日更名为国防部审判战犯军事法庭。

从 1946 年 5 月到 1949 年 4 月 30 日，南京审判战犯军事法庭审理了 200 余个案件，其中以南京大屠杀案最为重要。由于松井石根作为甲级战犯只能在远东国际军事法庭受审，南京审判战犯军事法庭先后审判了谷寿夫、向井敏明、野田毅、田中军吉等南京大屠杀战犯。谷寿夫指挥的日军第六师团是侵华日军进攻南京的主力部队，1937 年 12 月 12 日中午，该师团最先从中华门攻入南京，并沿花神庙、雨花台、中华门一线，对俘虏和平民展开大屠杀。1946 年 10 月，国防部审判战犯军事法庭提审谷寿夫。

1947年2月6日至8日，对其公审。1947年3月10日，谷寿夫被判死刑。1947年12月，“百人斩”杀人竞赛元凶野田毅、向井敏明和杀害大量平民的田中军吉亦被判死刑。（经盛鸿，2013；经盛鸿，2015）[28]

在谷寿夫的判决书中，国防部审判战犯军事法庭基于各种人证和物证，对南京大屠杀进行了全面的描述：

由谷寿夫所率之第六师团任前锋，于二十六年十二月十二日（即农历十一月十日）傍晚，攻陷中华门，先头部队用绳梯攀垣而入，即开始屠杀。翌晨复率大军进城，与中岛、牛岛、末松等部队，分窜京市各区，展开大规模屠杀，继以焚烧奸掠。查屠杀最惨厉之时期，厥为二十六年十二月十二日至同月二十一日，亦即在谷寿夫部队驻京之期间内。计于中华门外花神庙、宝塔桥、石观音、下关草鞋峡等处，我被俘军民遭日军用机枪集体射杀并焚尸灭迹者，有单耀亭等十九万余人。此外零星屠杀，其尸体经慈善机关收埋者十五万余具。被害总数达三十万人以上。尸横遍地，惨绝人寰。其残酷之情形，尤非笔楮所忍形容。（胡菊蓉，2006）388−395

与东京审判的判决书相比，南京审判对谷寿夫的判决书列举了更多具体的集体屠杀、分散屠杀、强奸、纵火、劫掠实例：

如十二月十五日下午一时，我军警二千余名，为日军俘获后，解赴汉中门外，用机枪密集扫射，饮弹齐殒，其负伤未死者，悉遭活焚。同月十六日下午六时，麇集华侨招待所之难民五千余人，被日兵押往中山码头，用机枪射杀后，弃尸江中，仅白增荣、梁廷芳二人，中弹受伤，投身波中，与漂尸同流，得以幸免。同月十八日夜间，复将我被囚幕府山之军民五万七千四百十八人，以铅丝扎捆，驱集下关草鞋峡，亦用机枪射杀，其倒卧血泊中尚能挣扎者，均遭乱刀戳毙，并将全部尸骸，浇以煤油焚化。又如十二月十二日，乡妇王徐氏，在中华门外下码头，遭日军枭首焚尸。同月十三日，乡民魏小山，因谷寿夫部队在中华门堆草巷纵火，驰往施救，致被砍死。同日，僧隆敬、隆慧及尼真行、灯高、灯元等，亦于中华门外庙庵内，悉遭屠戮……

计自十二月十二日至同月二十一日，我首都无辜军民，被日军残杀而有案可稽者，达八百八十六起……据外侨所组国际委员会（即南京安全区国际委员会）统计，在二十六年十二月十六、十七两日，我妇女遭日军蹂躏者，已越千人。且方式之离奇惨虐，实史乘所未前闻……再日军锋镝所至，焚烧与屠杀常同时并施。我首都为其实行恐怖政策之对象，故焚烧之惨烈，亦无伦比。陷城之初，沿中华门迄下关江边，遍处大火，烈焰烛天，半城几成灰烬。我公私财产之损失，殆不可以数字计。（胡菊蓉，2006）[388-395]

由于判决书聚焦谷寿夫及其指挥的第六师团的罪行，这份判决书在某种意义上仍是一份“不完整记录”。不过，法庭认定的 30 万遇难者这一数字，后来被镌刻在侵华日军南京大屠杀遇难同胞纪念馆的石壁与纪念碑之上，也镌刻在中国人的集体记忆之中。

五、审判报道："历史上最黑暗之一页"

对于东京审判和南京审判，中国媒体进行了全程的跟踪报道。以《申报》为例，依据该报索引中的相关条目，从1945年到1948年，该报刊登与审判有关的报道500余篇（主要集中于1946—1948年，分别有202、148和147篇）（参见表2-2），其中东京审判232篇，国内审判269篇，纽伦堡审判31篇。这些报道涵盖的内容非常广泛，例如，关于纽伦堡审判的31篇报道对纳粹集中营和纳粹暴行（人脂肥皂）等均有涉及。而在对远东国际军事法庭的报道中，与中国相关的审判自然是报道重心，但同时也对日军在东南亚以及太平洋战场上的暴行与相关审判做了非常详尽的报道；对国内审判而言，以1947年为例，《申报》对上海和南京审判日本战犯的报道篇幅相当，对北平、汉口、广州等地的审判情况也有一定数量的报道。

其他媒体的情形也大抵如此。概言之，在对国际和国内审判的报道中，南京大屠杀并不是孤立的，而是与其他战争罪行并置的。不过，我们还是能够看到一些侧重，例如，1946年的《申报》索引在"日军罪行审判"下单列"南京大屠杀"条目。据研究者考证，国内媒体最早使用"南京大屠杀"这一表述的是在汉口出版的时事刊物《世界展望》半月刊，该刊1938年第3期（4月5日）刊载文章《南京大屠杀目击记》。（经盛鸿，2013）该文译自香港英文报纸《南华早报》的报道《南京暴行：美国目击者

表 2-2　1945—1948 年《申报》索引所列战争审判相关报道（含社论）数量

序号	年份	类别	索引条目	报道数量（当年总量）
1	1945	国内	惩治汉奸、日战犯	9
2	1945	国内	惩治汉奸、日战犯 – 清算敌伪罪行	2
3	1945	国际	对日本战争 - 审判战犯（东京审判）	24（35）
4	1946	国内	日军罪行审判 – 日战犯	89
5	1946	国内	日军罪行审判 – 南京大屠杀	9
6	1946	国内	日军罪行审判 – 江阴大屠杀	5
7	1946	国际	东京法庭	68
8	1946	国际	纽伦堡法庭	31（202）
9	1947	国内	帝国主义对华侵略 – 日本战犯审处	27
10	1947	国内	帝国主义对华侵略 – 北平审处	10
11	1947	国内	帝国主义对华侵略 – 上海审处	25
12	1947	国内	帝国主义对华侵略 – 南京审处	23
13	1947	国内	帝国主义对华侵略 – 汉口审处	7
14	1947	国内	帝国主义对华侵略 – 广州审处	7
15	1947	国际	第二次世界大战战败国处置 – 日本战犯审处	49（148）
16	1948	国内	日本侵华罪责处置 – 日本战犯审处	13
17	1948	国内	日本侵华罪责处置 – 上海审处	43
18	1948	国际	第二次世界大战战败国处置 – 日本战犯审处	91（147）

注: 特定年份均按先国内审判后国际审判的顺序排列。序号 1，对于混列汉奸和日本战犯的索引，只统计日本战犯的报道数量。序号 17，“上海审处”报道数量较大，跟《申报》地处上海应有一定关系。

讲述侵略者烧杀劫掠》(Rape of Nanking：American Eyewitness Tells of Debauchery by Invaders)（1938.3.6）[29]，内容是乔治·费奇(George Fitch)牧师（曾任南京安全区国际委员会副总干事）于3月初在广州所讲述的自己目睹的南京暴行。尽管该刊将“Rape of Nanking”翻译为“南京大屠杀”，但其在报界影响力不大。同样，在1938年的新闻报道中，“南京大屠杀”也不是通行的表述。

1945年11月25日，《申报》头版《南京大屠杀罪行将公布》是抗战后首次使用“南京大屠杀”表述的新闻报道。而在接下来的几年间，尽管“南京兽行”“屠城罪行”等表述仍然被国内新闻媒体使用，但“南京大屠杀（案）”这一固定用语已经出现得越来越频繁。这与远东国际军事法庭在判决书中使用通称“The Rape of Nanking”、国防部审判战犯军事法庭在判决书中多次使用“南京大屠杀”相呼应。例如，《申报》在1946年的报道中，就有40余篇报道使用了“南京大屠杀”，而谷寿夫等战犯也被称为“南京大屠杀罪魁”或“南京大屠杀案主犯”。

从1945年到1948年，新闻媒体对南京大屠杀的关注，聚焦在远东国际军事法庭和南京审判战犯军事法庭的审判上。与战时“实时”报道不同，惨案发生八年之后的报道将审判报道与记忆书写融合，其诉求更多的是谋取由战争审判达成的“正义”。新闻媒体刊登的大量报道和评论，主要扮演了三个角色。

第一，报道审判进展。1948年11月远东国际军事法庭宣判之际，《大公报》刊发了多篇报道和评论。例如，11 月 13 日《大公报》以《日本战犯昨天定谳　东条广田七人绞刑 另十六名将监禁终身 东乡处徒刑二十年重光七年 韦勃说日皇也难逃侵略责任》一文大幅报道审判结果。而谷寿夫在南京受审期间，《大公报》和《申报》均在 1946 年 12 月 31 日刊登了起诉书，《大公报》于 1947 年 3 月 11 日、3 月 12 日、3 月 14 日连载判决书要点。

第二，通过社评等方式积极表达主张、影响舆论。1946 年 7 月 26 日，南京市临时参议会南京大屠杀案调查委员会决议，“电请国民政府转函远东战犯法庭引渡大屠杀案首犯松井石根等来京审讯”。7 月 29 日，《中央日报》发表社论《要求引渡战犯松井石根等来南京伏罪》表达“深切的同感”。社论指出，“日军从二十六年十二月十三日攻占南京起，便进行其惨绝人寰的大屠杀，南京市民惨死在这罪恶的屠杀中的数字，约计二十五万以上……像这样的血债如果不清算一次，或是只由东京战犯法庭去清算，而不递解来京审理，实无以平死难者的冤愤之气”。社论历数松井石根和桥本欣五郎“纵容所属部队屠杀毫无抵抗力的市民”之罪，并主张“如果松井石根不在南京偿还大屠杀的血债，那就似乎连象征的索偿血债都没有做到了”，而“这种象征的清算血债，并不失我们宽大的旨趣，也无害于我们和盟友的合作惩凶”。

1948 年 11 月远东国际军事法庭宣判前后，新闻媒体刊登大量社评文章，讨论可能的审判结果、抨击远东国际军事法庭的审判过程。《大公报》（天津版）先后刊登三篇社评，分别是《日本战犯的宣判》（1948.11.8，2 版）、《日本战犯的判决》（1948.11.17，

2版）和《我们要求审问日皇》（1948.11.24，2版）。而《申报》也发表了四篇社论，分别是《注意东京裁判的宣判》（1948.11.4）、《日本战犯的宣判》（1948.11.14）、《日本战犯的上诉问题》（1948.12.14）和《正义伸张 公理不灭》（1948.12.24）。

《大公报》（天津版）的首篇社评《日本战犯的宣判》即对远东国际军事法庭的审判提出非常尖锐的批评，指出“我们的敌人——侵华的罪魁，无数刽子手们，被列为甲级战犯而受审判者寥寥无几”，而“东京审判早已变成增进美日国交的一种工具”，“审判日本战犯这幕剧演得如此糟，这是对日战争的污点”。对东京审判的批评之一，集中在对日本天皇裕仁免除审判的不满。《申报》于1948年9月10日刊登社论《裕仁的战责与天皇制》，批评远东国际军事法庭“避不讨论日皇裕仁的战责问题，实为过于迁就现实的一大失职，而且把严惩战犯的意义也丧失得一干二净的了”。《大公报》（天津版）社评《日本战犯的宣判》指出：“侵略的‘威权’集于日皇一身。然而裕仁天皇迄今仍高居统治者地位，对侵略战争不负丝毫责任……这种审判及其法律，是只办从犯，而主犯无罪。波茨坦宣言被撕毁，公正的法律也因之破产。”社评《日本战犯的判决》称“最令人不满者是开脱了日皇的侵略责任”，并呼吁，“按判决书的罪嫌追究侵略的最高责任，提出公审日皇，以示法律的无私和平等”。第三篇社评直接题为“我们要求审问日皇”，该社评从国际法、战争责任、政治等角度展开论说，并在最后“要求远东军事法庭提审裕仁，处以应得之罪，不能毁坏法律的尊严，让裕仁例外”。

第三，揭露日军暴行，形成对南京大屠杀较为系统和深入的描述。在上述审判报道——如对谷寿夫的起诉书——中已经包含了大量对南京大屠杀事实的描述。在此之外，对史实的披露主要出现在两个场景之下。首先是法庭举证，1946 年 7 月下旬，远东国际军事法庭连续数日围绕南京大屠杀案进行举证，多家媒体刊登长篇报道，记录法庭举证过程和证人证言。以《申报》为例，该报从 7 月 26 日至 7 月 30 日，连日刊载报道《威尔森出庭历述　南京大屠杀惨状　刀戮 · 枪刺 · 活烧 · 亵辱　日军暴行令人发指》（7.26，参见图 2–7）、《国际法庭继续传讯证人　南京大屠杀案暴露　日寇施兽行惨绝人寰　平民死难达二十万众》（7.27）、《前金大教授在国际法庭追述　日军在南京兽行一斑　另一证人陈述亲身所历惨境》（7.30），而《大公报》（天津版）也于 7 月 27 日刊登报道《南京大屠杀案八年前一幕真相大明　卫尔生等在国际法庭作证》。

单从标题表述和所陈述的事实来看，这些报道与八年前的战时报道颇为相似。不过，一方面，该阶段的暴行报道建立在目击者的追述之上，本身即带有记忆书写的色彩；另一方面，追述多在法庭审判的场景之下发生，因而带有某些鲜明的特征，例如以下两则描述：

前金陵大学史学教授贝德士（Miner S. Bates），今在国际法庭，评述日军在京所犯各种奸淫屠杀及焚掠等暴行时，法庭又充满恐怖惊诧之空气……贝氏陈述时，因若干细节所含之恐怖悽惨，无可名状，而为之踌躇。庭长魏勃乃请证人勿因所拟言及者，过于恐怖，而不欲叙述。贝氏乃称：日军奸淫妇女，不分昼夜，有时竟在街上为之。（《前金大教授在国际法庭追述 日军在南京兽行一斑》）

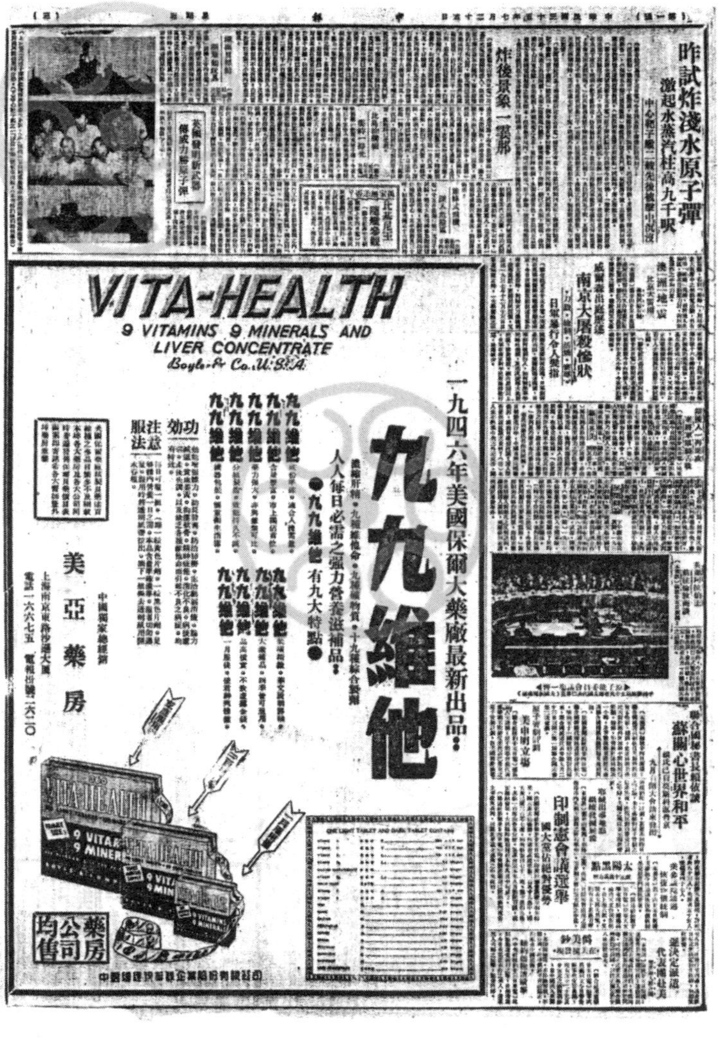
昨試炸淺水原子彈

激起水蒸汽柱高九千呎

炸後景象一瞥

南京大屠殺慘狀

VITA-HEALTH

9 VITAMINS 9 MINERALS AND LIVER CONCENTRATE

Boyle & Co. U.S.A.

一九四六年美國保爾大藥廠最新出品

九九維他

人人每日必需之强力營養滋補品

九九維他有九大特點

功效

注意服法

美亞藥房

藥房公司均售

蘇聯心世界和平

图 2-7 《申报》刊载《威尔森出庭历述 南京大屠杀惨状 刀戮·枪刺·活烧·亵辱 日军暴行令人发指》（“九九维他”广告右侧上端）

> 前南京鼓楼医院医生卫尔生（即 Robert O. Wilson，《申报》译为威尔森）今日下午于东京战犯法庭中再度陈述“南京大屠杀”情形，历史上最黑暗之一页遂公开于世。渠称，日军用汽油焚毙华人，用枪尖刺死妇孺，并强奸妇女。渠之证词，使全庭人士闻之毛骨悚然，法官、被告，及旁听者之面部俱呈恐怖及紧张之色……松井（石根）在证人暴露日军兽行于法庭之前时，极显惶恐。(《南京大屠杀案　八年前一幕真相大明　卫尔生等在国际法庭作证》)

在这些报道中，对南京大屠杀的讲述被呈现为法庭“证据”，而讲述者则是以见证人或幸存者身份出庭的“证人”。证人对历史的追述与法庭审判程序的报道结合在一起，报道通常会介绍检察官讯问、被告辩护人反讯问等环节，有些报道中还直接引述检察官的问题和证人的回答，由此凸显出证词的权威性和真实性。

此外，在上面两段叙述中，我们还能看到法庭场景下讲述者和听众对举证的反应。在第一篇报道中，讲述人贝德士“因若干细节所含之恐怖凄惨，无可名状，而为之踌躇”，尽管南京大屠杀已过去八年之久，但它对于当事人而言，仍然是不堪回首的“创伤经验”，如何用言语对之描述变成一种挑战。在两篇报道中，“历史上最黑暗之一页”令“全庭人士闻之毛骨悚然”“法庭又充满恐怖惊诧之空气”，可见南京大屠杀的严重程度。《大公报》（天津版）在 1948 年 2 月 20 日对检察官提出总公诉书的报道《血海深仇永记弗忘　南京大屠杀惨绝人寰　日寇暴行闻者咸激动　战犯松井石根难逃法网》中，亦有类似的描述："检察官详细叙述日军在华之屠杀、酷刑、强奸及其他不堪想象之暴行时，旁听之外国人士及日本人士咸有惨不忍闻之表情。南京大屠杀时之日军统帅松井石根于被告栏中时露不安之态，脑中显未忘当时之情景。"

为配合远东国际军事法庭和南京审判战犯军事法庭的审判工作，国民政府和南京市相关机构成立了包括"南京大屠杀案敌人罪行调查委员会"在内的多个委员会，对日本的战争罪行进行了全面的调查工作（张连红，2010；张连红，2015），新闻媒体则配合展开宣传动员。1945 年 12 月 21 日，《申报》刊登报道《首都八十万市民获陈诉痛苦机会》，鼓励市民"陈诉其陷敌八年期中所受之种种枉曲与痛苦"，同日《大公报》亦刊登报道称"蒋主席希望得知敌屠城罪行及民众在敌伪压迫下所受枉曲"[30]。

《中央日报》的动员信息则更为明确，它直接引述国民政府主席行辕秘书处的公告，号召"凡我同胞，其有身经当日大屠杀惨祸暨在敌伪暴力压迫之下，受有各种枉曲者，余均愿详知其事实及屠杀压迫之主谋，并目击事实基于正义感而作负责之检举者，余尤乐于接受。一经查明属实，定处分别以战罪提付审判，或依惩治汉奸条例从严惩处，以谢同胞，而伸法纪"[31]。《申报》1946 年 1 月初刊发报道称，收到的 1 036 件陈诉函件中"有六十七件是检举南京大屠杀案中之日寇暴行，所陈敌军奸杀掳掠种种非常残酷行为，令人惊心怵目，想见当年面目狰狞之兽军与惨极人寰之呼声"[32]。1946 年 4 月，远东国际军事法庭派员到南京调查大屠杀案事实，《申报》刊文动员"现在南京或已移居外埠之人士，曾于南京沦陷当时亲见南京大屠杀情形，且能举出真确事实，足以为证者，可向马鲁上校等之办公室处详报”[33]。

媒体对各委员会的工作进展和调查结果也及时地进行报道和披露。早在1945年12月15日，《大公报》即刊登简讯《南京城陷八周年纪念　敌人屠城罪行调查中　官方估计被害者十六万人》，《申报》随后也报道了首都日寇罪行调查委员会的工作，强调“此一南京大屠杀之惊人罪行，将以最确凿之证件说明其残酷疯狂”[34]。随着调查的开展，一些重要的人证被挖掘出来。例如，1946年9月21日，《申报》头版报道《南京大屠杀案罪行加紧调查　有力三人证死里逃生》称：

南京大屠杀案主犯谷寿夫解抵首都前夕，京市调查敌人罪行工作加紧进行中，俾于最短期内将调查所得呈报国防部，供审讯战犯时作证。截至目下，所调查之二千五百余案中，以三案为最惨，而被害者又皆死中得生，实为最强有力之人证，第一案受难者最多，当时被日寇捆赴刑场者达九百人，于四挺机关枪扫射下，幸免者极少，被害人之一般有余虽免于难，亦已受惊不浅矣。[35]案中有国人五十余名，遭日寇用机关枪、步枪及刺刀杀戮，当时幸免之柏鸿恩，至今左耳后仍留弹痕，双耳已失聪，生活极困苦。第三案被害者为一身怀六甲之孕妇，因拒奸受刀伤卅三处，六月婴儿亦被刺中，至今每逢阴雨常感疼痛，关此种恶行大都为中岛部队所为，而谷寿夫又为当时入城司令，故首都人士咸望此一血仇能早日洗雪。

其中最后一位受害者即李秀英，《申报》在1946年另外两篇关于调查进展的报道中提到其姓名和经历，但都相对简略，如“此类案件中较重大者，有柏鸿恩，陆李秀英等十一案”[36]或“被敌欲行强奸而格斗受伤之陆李秀英等之案件”[37]。这几个“最强有力之人证”除了作为南京审判的证人之外，还曾被“送交我国驻日检察官向哲濬氏，提请东京战犯法庭征调作证”[38]。

六、南京大屠杀纪念：“永不宜忘的一日”

与集体记忆建构更为相关的是，此阶段中国报章出现有意识的纪念报道。从1938年至1945年抗战胜利，纪念活动及其报道更多地围绕“首都沦陷”（即“南京沦陷”），延续战时报道的基调，主要是借沦陷纪念激发抗战斗志。需要指出的是，在抗战期间的纪念日当中，“九一八”、“七七”和“八一三”（淞沪会战）等纪念日相对更为重要。1931年“九一八”事变之后，1932年至1940年，国民政府每逢“九一八”均组织大型纪念大会，及至1941年，“九一八”纪念日合并到“七七”纪念日当中。而在卢沟桥事变一周年前夕（1938.6），国民政府决定将七月七日确定为“抗战建国纪念日”，全国各地建立“抗日阵亡将士纪念碑”，是日停止一切娱乐，蒋介石发表讲话，各地举行纪念活动追悼阵亡将士和死难同胞。[39] 相应的，从1938年到1945年，《中央日报》《大公报》和《新华日报》等均会在抗战建国纪念日刊登社论。[40] 这一国家仪式调用“七七”记忆符号，旨在进行抗战动员。（刘云虹，2016）“八一三”淞沪会战纪念日也具有一定的重要性，在一周年和三周年之际，蒋介石都曾发表《告沦陷区同胞书》，《大公报》《新华日报》等均刊登相关报道。[41]

相比之下，首都沦陷则更多地以民间团体纪念的形式出现[42]，新闻媒体报道多是短篇消息，例如《川中纪念　首都沦陷》（《申报》，1938.12.14）、《首都沦陷周年　旅渝同乡昨举行纪念　并致电蒋委员长慰问》（《新华日报》，1938.12.14）、《南京旅渝同乡纪念首都沦陷三周年　马超俊勉同乡国人团结抗战》（《新华日报》，1940.12.14）。1942年12月13日，《新华日报》刊登短评《南京沦陷五年了》，开篇写道“五年前的今天南京沦陷敌手”，算是新闻媒体有意识的纪念报道。文章意在“怀念五年来在敌寇汪逆铁蹄下的人间地狱中生活的同胞，敬悼五年来牺牲在敌寇汪逆魔手中的英勇烈士！”，并“告慰在敌寇汪逆摧残压迫下的同胞：光明是一定要到的！更加紧努力奋斗吧！”

这些纪念活动和报道很少直接提及南京大屠杀，其主旨基本是慰问抗战将士，勉励国人团结抗战。不过，一个罕见的例外是《浙江潮》杂志[43]在1939年第90期（12月10日）发表的社论《准备反攻收复圣地！纪念首都沦陷二周年》（社论第一页参见图2-8），以两页的篇幅描述了首都沦陷的惨状并发出“反攻”的号召：

龙蟠虎踞的南京，总理陵寝所在的圣地，沦陷于日本强盗的铁蹄下，到今天已整整的二周年了！同胞的被凌辱，圣迹的被洗劫，“六朝金粉”的南京，今天已成为最惨酷的人间地狱了，今天已成为贩毒、奸淫、嫖赌、劫掠的“东洋文明”的陈列馆了。日寇浪人伪组织的公开贩毒，吸食毒物的占全城人口三分之一。奸淫、抢掠，层出不穷，敌伪且视此为发横财的“终南捷径”。更而残杀劫夺我难胞，蹂躏我总理陵墓，甚至连杀人比赛的野蛮惨举，

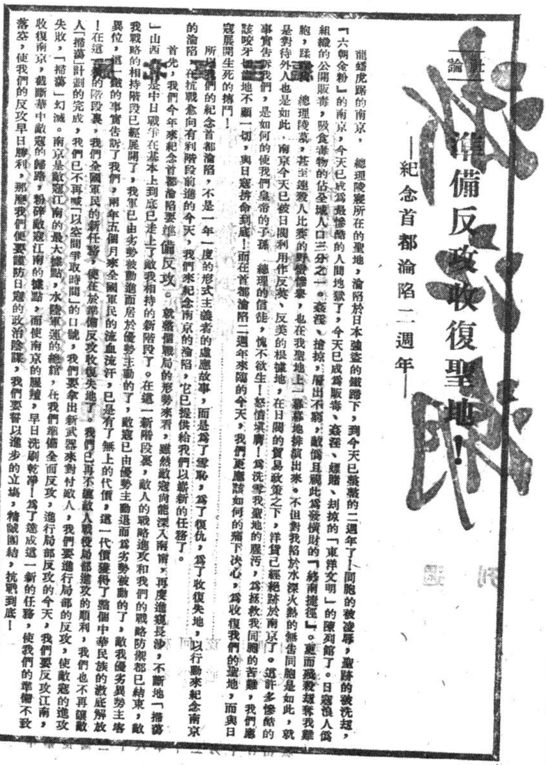

社論 準備反攻收復聖地！

——紀念首都淪陷二週年——

龍蟠虎踞的南京，總理陵寢所在的聖地，淪陷於日本強盜的鐵蹄下，到今天已整整的二週年了！同胞的被淩辱，聖跡的被洗刼，「六朝金粉」的南京，今天已成爲最慘酷的人間地獄了，今天已成爲販毒、姦淫、嫖賭、刦掠的「東洋文明」的陳列館了。日寇浪人僞組織的公開販毒，吸食毒物的佔全城人口三分之一。姦淫、搶掠，層出不窮，敵僞且視此爲發橫財的「終南捷徑」。更而殘殺刦奪我難胞，蹂[illegible]總理陵墓，甚至連殺人比賽的野蠻慘舉，也在我聖地上一幕幕地排演出來。不但對我陷於水深火熱的無告同胞是如此，就是對待外人也是如此，南京今天已被日閥利用作反英、反美的根據地，在日閥的貿易政策之下，洋貨已經絕跡於南京了。這許多慘酷的事實告訴我們，是如何的使我們皇帝的子孫 總理的信徒，愧不欲生！怒憤填膺！爲洗雪我聖地的屈污，爲拯救我同胞的苦難，我們應該咬牙[illegible]地不顧一切，與日寇拚命到底！而在首都淪陷二週年來臨的今天，我們更應該如何的痛下決心，爲收復我們的聖地，而與日寇展開生死的搏鬥！

所以[illegible]們的紀念首都淪陷，不是一年一度的形式主義者的虛應故事，而是爲了雪恥，爲了復仇，爲了收復失地，以行動來紀念南京的淪陷[illegible]在抗戰愈向有利階段前進的今天，我們來紀念南京的淪陷，它已提供給我們以嶄新的任務了。

首先，我們今年來紀念首都淪陷要準備反攻。就整個戰局的形勢來看，雖然敵寇尚能深入南甯，再度進窺長沙，不斷地「掃蕩」「山西[illegible]」是中日戰爭在基本上到底已走上了敵我相持的新階段了。在這一新階段裏，敵人的戰略進攻和我們的戰略防禦都已結束，敵我戰略的相持階段已經展開了，我軍已由劣勢被動進而居於優勢主動的了，敵寇已由優勢主動退而爲劣勢被動的了，敵我優劣異勢主客異位，這[illegible]鐵的事實告訴了我們，兩年五個月來全國軍民的流血流汗，已是有了無上的代價，這一代價獲得了整個中華民族的澈底解放！在這[illegible]的階段裏，我們全國軍民的新任務，便在於準備反攻收復失地了。我們已再不讓敵人戰役局部進攻的順利，我們也不再讓敵人「掃蕩」計劃的完成，我們已不再喊「以空間爭取時間」的口號，我們要拿出新武器來對付敵人，我們要進行局部的反攻，使敵寇的進攻失敗，「掃蕩」幻滅。南京是敵寇江南的最大據點，水陸軍運的總樞，在我們準備全面反攻，進行局部反攻的今天，我們要反攻江南，收復南京，截斷華中敵寇的歸路，粉碎敵寇江南的據點，而使南京的屈辱，早日洗刷乾淨！爲了達成這一新的任務，使我們的準備不致落空，使我們的反攻早日勝利，那麼我們便要謹防日寇的政治陰謀，我們要督以進步的立場，精誠團結，抗戰到底！

图 2-8 《浙江潮》社论《准备反攻收复圣地！纪念首都沦陷二周年》首页

也在我圣地上一幕幕地排演出来……为洗雪我圣地的腥污，为拯救我同胞的苦难，我们应该咬牙切齿地不顾一切，与日寇拼命到底！而在首都沦陷二周年来临的今天，我们更应该如何地痛下决心，为收复我们的圣地，而与日寇展开生死的搏斗！

所以我们的纪念首都沦陷，不是一年一度的形式主义者的虚应故事，而是为了雪耻，为了复仇，为了收复失地，以行动来纪念南京的沦陷，在抗战愈向有利阶段前进的今天，我们来纪念南京的沦陷，它已提供给我们以崭新的任务了……我们今年纪念首都沦陷的三大任务是：准备反攻，反汪肃奸，和筹备宪政。

这篇社论不仅概括性地提及日军各种奸淫掳掠的暴行，更具体提到“杀人比赛”这一野蛮惨举，并将之与汪伪政府的“丑态”并置。其立意与1938年的战时报道类似，均是以南京暴行激起国民“雪耻”“复仇”“收复失地”之抗战斗志。

抗战胜利之后，对南京大屠杀的纪念与军事法庭审判相呼应，其论述发生了一定变化。1945年12月13日，《中央日报》推出南京大屠杀纪念专刊[44]，这应该是国内媒体战后最早的南京大屠杀纪念报道。专刊刊登社论、专稿，以及对祭奠仪式的报道。当日社论《永不宜忘的一日——旧的血债 新的警惕》不仅概括了日军暴行，更在抗战胜利的背景下探讨纪念南京暴行的意义：

八年前的今天，我们的首都南京，沦入日军的魔掌。从这天的清晨起，日军就在南京开始进行惨绝人寰的大屠杀……死于这一大屠杀的人民究竟是多少，现在虽还没有正确的统计数字可查，但至少总也在二十五万以上。

……一提起日军在南京的大屠杀，谁也都会切齿痛恨这些比虎豹豺狼还要凶残的野兽——松井石根和桥本欣五郎。现在时间相隔已八年，但往事则犹历历在目……日军的暴行，实罄竹难书。他们的残忍手段，简直是历史上面所不曾有的……

我们虽永远不忘日军在南京大屠杀的暴行，我们却也没有以其人之道还诸其人之身的意思……中国没有割取日本领土的野心，没有奴役日本人民的企图，中国但希望日本经这次战争失败之后，能够一改其侵略邻国奴役他民族的作风，不再轻启战衅而已。

……我们对于日本，固不欲采报复的手段，但也不愿国人失去痛定思痛的警觉性……不容忘却八年前今天的惨痛日子。这血腥上冲霄汉的八年前的今天，我们应该永远铭诸于心，刻诸于骨，作为促我们自己的警惕的薪胆。警惕罢，国人！一寸山河一寸血……如果我们不愿再面对惨烈的战争，不愿再遭侵略者的屠杀，那我们就要使我们自己成为力能遏止任何侵略的国家……必建国能成功，然后我们才不会再面对惨烈的战争，再遭受侵略者的屠杀。（田桓，1996）[24-26]

这篇社论带有纪念报道的明显特征，首先表现在对“记忆责任”的强调：一方面，在社论撰写的当下，我们没有忘记（“往事则犹历历在目”“应该永远铭诸于心，刻诸于骨”）；另一方面，在将来我们也不会忘记（“永不宜忘”“永远不忘”“不容忘却”）。其次，社论明确点出加害者。最后，社论强调在战后展开南京大屠杀叙述和纪念的意义，一是让日本自省，二是作为国民自强的“警惕的薪胆”。

纪念专刊中由邵慎之撰写的长篇通讯则更详尽地记述了日军暴行，并明确将南京大屠杀纪念日与战后审判联系起来：

日本法西斯在南京的暴行是空前的。所有卑劣残忍，阴险无耻的行为，被创造到最高峰。这些罪恶故事，同南京连结在一起，无疑可以作为日本法西斯侵华暴行的典型，也是人类史上极大的污点。这种卑鄙无耻的残酷虐杀，同样在华北、华中、华南以及其他各处被滥用着。珍珠港事变之后，又扩大到东西南太平洋……

这些并不是旧事，我们的记忆十分鲜明。关于“南京大屠杀”的罪行故事，中国人民是永远不会忘记的……罪犯松井石根是直接的屠杀指挥官，裕仁及近卫内阁的阁员都满手血腥，他们在一九三七年的年尾，开始把中国首都南京，造成暗无天日的恐怖世界。

罪行是无法掩盖的，而罪犯必须审判……现在还可以举出人证，指控在罪犯松井石根直接指挥下进行的暴行。南京市民应该有权利来审判松井石根，并且宣布他的末日。

……下面的屠杀正是日寇陆海军的杰作。刽子手松井石根以及重要助手桥本欣五郎指挥着中岛部队、胁坂部队、长谷川部队、清水部队、伊藤部队、桧皮部队、竹川部队、柳川部队、冈本保部队、冈本镇部队、金谷宪兵队，一大群野兽踏入南京，留下仇恨和血腥故事。这些罪犯都要加以审判的，为了彻底明了罪行，要严厉审判他们，为了复仇，要严厉惩处他们。（田桓，1996）27–32 [45]

这篇通讯亦附带提及日军在中国各地和太平洋战场上的暴行，但它强调将南京暴行视为“日本法西斯侵华暴行的典型”。通讯与战后审判的关联表现在两个方面。第一，其记述的暴行素材皆来自南京战罪调查委员会所搜集的材料和人证证言，包括日军编纂的宣传册，红十字会和崇善堂的报告，各机构统计的户口资料，以及崇善堂堂长、职员、警察厅督查、被害人或目击者向南京战罪调查委员会提供的具结书和口述资料。第二，通讯更明确地列出加害者，并要求通过审判来谋求正义。该通讯的删改版刊登在1945年12月16日的《申报》上，题目改为《血的日子 · 血的案子　南京大屠杀铁证》（参见图2–9）。该文随后被收入《日军暴行备忘录》（联美图书公司，1946年，2015年收录于《抗日战争史料丛编：第二辑》），并改名为《举世震骇　日本刽子手的“杰作”南京大屠杀　二十万人惨死》（参见图2–10），成为抗战胜利后详尽记录南京大屠杀暴行的重要纪实文本。

1945年《中央日报》的纪念专刊更多的是自发之举，而无论是官方还是民间，“南京城陷八周年纪念日，静悄悄的过去”[46]。1946年5月5日，在首都各界庆祝还都大会上，蒋介石在致辞中同时提到南京大屠杀与“九一八”事变，他说：

回想到民国廿六年十二月十三日南京沦陷时，首都同胞惨遭

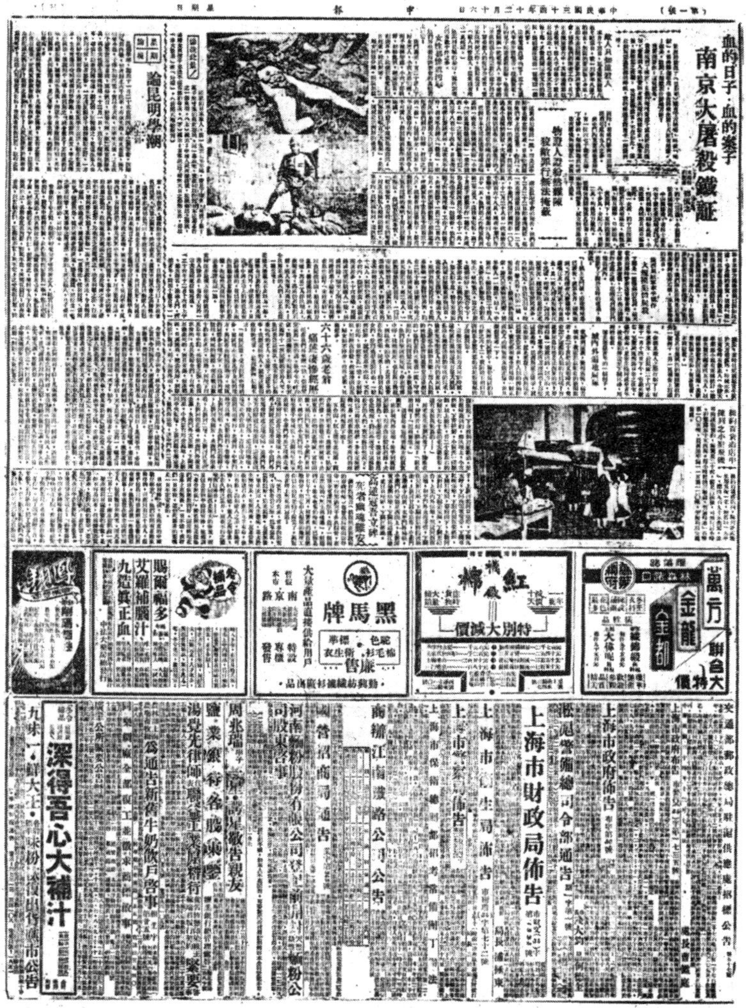

血的日子·血的案子
南京大屠殺鐵証

上海市財政局佈告

上海市政府佈告

深得吾心大補汁

黑馬牌

特別大減價

图 2-9 《申报》刊登《血的日子·血的案子　南京大屠杀铁证》(图右上)

大屠杀的悲剧，我们就应该痛定思痛，时时不忘我们八年来在敌人铁蹄之下所受的奴隶、牛马，暗无天日生活更不能不惊惕黾勉，自立自强了。尤其是十五年前九一八东北沈阳被侵之时，整个民族的奇耻大辱，更应深切牢记，作为我中华民族世世代代永久的历史教训。[47]

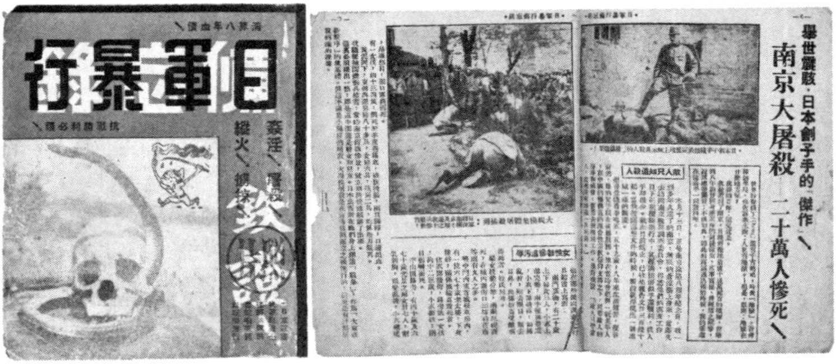

图 2-10 《日军暴行备忘录》书影（封面及报道页）

1946 年，南京市参议会将 12 月 13 日设立为“京市忠烈纪念日”，1947 年 12 月 13 日南京大屠杀十周年之际，由参议会组织在毗卢寺举行“首都陷敌殉难忠烈同胞纪念大会及公祭典礼”，来自参议会、政府各部门、市党部和中小学 40 多家单位的代表参加纪念大会。蒋介石为大会书挽词“永念国殇”，南京市长沈怡在致辞中提出希望，“不仅要我们南京市民牢牢记住，全中国人民都不能忘记这历史上惨痛的日子”。（刘燕军，2009）由此可见，当时这一纪念活动更多停留于南京市层面，而《申报》《大公报》等媒体也只刊登了简讯，没有做更多的纪念报道。[48]

从 1937 年的战时报道到 1945 年战后的国际、国内审判和媒体报道与纪念，南京大屠杀完成了从“暴行”到“大屠杀”的转变。这种转变不仅表现在媒体用词方面，还表现在它在官方和媒体话语中的定位与意义。第一，在战争时期，南京暴行所获得的大篇幅报道与在京外国人士的作为有很大关联，某种意义上说，他们提升了南京暴行在国际和国内舆论空间中的能见度。南京大屠杀被与其他战争暴行并置，用来凸显日军的残暴，并进行抗战动员。第二，在抗战胜利之后，南京大屠杀的话语地位因为国际、国内审判而有所提升，此时它已经成为最具代表性的日军在华暴行。第三，南京大屠杀从地方创伤事件变成全国性的创伤事件，战时对“复仇”的强调和战后对“正义”的寻求，都将地方暴行受害者与全国人民联系在一起。

1948 年 12 月 13 日，第二个“京市忠烈纪念日”到来之际，国民党政权已是风雨飘摇，是次纪念日几乎没有媒体报道。纪念日前后，媒体更多地聚焦于当年 11 月 22 日在淮海战场上自杀身亡的黄百韬及“殉国”将士，政治情势对纪念活动的影响或扭曲由此可见一斑。在某种意义上，这也预示着南京大屠杀记忆在随后几十年中的消长沉浮。在下一章中，我们将把目光投向二十世纪五十年代到二十一世纪的第一个十年，以《人民日报》为核心，考察南京大屠杀在官方纪念话语中的变动轨迹。

第三章

耻化叙事与创伤建构

记者格尼尔卡：看看周遭，你看到什么？

检察官莱德曼：奥斯维辛。

记者格尼尔卡：不，你看到了一片草场，有花、兵库、一道围栏。奥斯维辛是在这里发生过的一段往事，它被埋葬在这里……在这里发生过的事，任何惩罚都配不上。重要的不是惩治（罪犯），而是牺牲者和他们的故事。

—— 德国电影《缄默的迷宫》（2014）对白

自从一八九四年以来的半个世纪中，由于日本军国主义者侵略中国，使得中国人民遭受重大灾难，日本人民也深受其害。前事不忘，后事之师，这样的经验教训，我们应该牢牢记住。中国人民遵照毛泽东主席的教导，严格区分极少数军国主义分子和广大的日本人民。

——周恩来（1972）[1]

第三章　耻化叙事与创伤建构

一、引言

在上一章中我们看到，1937年12月至1938年，在南京大屠杀发生之时和之后，国内媒体就进行了报道，这些报道多半借日军暴行来动员民众“一心抗日”，而国际人士的目击报告和国际媒体的报道则进一步令南京大屠杀的真相为世界所知。而在战后有关罪行调查和战争审判的新闻报道中，“南京暴行”也逐渐转变为“南京大屠杀”。

1949年之后，南京大屠杀记忆进入一个新的阶段。正如我们在绪论中所述，既有的研究对于南京大屠杀在当代中国所遭遇的记忆和遗忘的曲折历程多有回顾，并试图从社会政治、意识形态和外交关系等多个层面来寻求解释。然而，集体记忆并不全然是社会政治等外部环境的折射，它同时也是一个复杂的文化再现和实践的过程。

文化创伤理论为我们审视南京大屠杀的集体记忆提供了一个新的视角。它所关注的既非“本体论”（即特定的诉求是否与本体真实相对应），也非“道德论”（即诉求的道德合理性）。它强调创伤再现过程中的“认识论”问题，即“谁在何种情势下提出何种诉求，如何提出，有何后果？”（Alexander，2012）[14]在此意义上，如果说南京大屠杀在二十世纪六七十年代的湮没无闻是文化创伤的一个反面案例，那么它在八十年代之后又是如何被“重新发现”并“呈现”出来的呢？

从这一问题出发，本章延续上一章的讨论，试图在更长的历史时段——新中国成立后的一甲子——内把握南京大屠杀媒介叙事的变迁。具体的经验问题包括：南京大屠杀是否以及如何被建构为文化创伤？新闻媒体借助于哪些行动主体来建立其创伤叙事？加害者、受害者和见证人如何扮演集体记忆的承携者角色？纪念文章中所浮现出的主导叙事是什么？它们是否以及如何随着时间而变化？

本章的分析以《人民日报》为主体，因为它是党、政府和人民最权威的媒介话语平台，在攸关党、政府和人民最重要的利益的问题上往往扮演着“定调者”的角色。因此，我们希望通过对该报上的南京大屠杀纪念话语的系统分析，来展现南京大屠杀集体记忆在我国主流话语空间中的基本面貌，并追踪它的变迁轨迹。与以往概览式或例证式的爬梳不同，我们将运用内容分析和文本分析的方法对《人民日报》在1949—2012[2]年间刊登的341篇南京大屠杀纪念文章进行系统的描述和分析：既呈现描述性的内容（例如，纪念文章数量的年度分布、标签的运用、纪念情境与记忆之所），也结合文本细读和不同维度（时间维度、主题维度）的比较。

二、研究方法

本章采用内容分析为主、文本分析为辅的分析策略。下面，对于内容分析的样本、变量、编码和信度等几个方面稍作说明。我们的研究对象是一个特定的历史事件，关于它的文章在数量上自然不会太多，因此，目的性样本应该是一个最佳的方案。抽样过程包括检索和筛选两个阶段，这是一个客观和主观相结合的过程。

我们以“南京大屠杀”作为关键词，利用在线数据库“《人民日报》图文数据全文检索系统”先后对文章的标题和正文进行检索，得到了两个子样本。子样本I中落在1949—2012年间的文章有169篇，子样本II中落在该时段的文章有876篇。随后，我们依次按照以下两个标准进行了筛选。标准一，文章必须主要是关于南京大屠杀的。子样本I中的文章全部符合该标准，而子样本II中大约五分之四的文章都被剔除了，剩下194篇（22.1%）。标准二，排除所有不是报道或言论的文章。结果，子样本I和II分别被剔除了4篇和18篇。最终，我们得到了一个由341篇文章所组成的样本，即新中国成立以来（1949—2012年）《人民日报》南京大屠杀纪念文章的样本。

本章的分析单位和观测单位均为“文章”。为了系统地揭示南京大屠杀纪念文章的基本面貌，我们在深入阅读这些文章的基础上，建构了一系列变量，主要包括：发表年份，发表日期，是否为头版（1/0），是否为头条（1/0），国内版还是国际版（1=

国内版，2= 国际版），是否配图（1/0），图片类型（1= 新闻照片，2= 漫画，3= 历史资料图片），文章体裁（1= 报道，2= 言论），文章主题（1= 纪念事件，2= 否定南京大屠杀的言行及有关回应，3= 日本各界的反思和忏悔，4= 南京大屠杀的证据），是否提及南京大屠杀证据（1/0），是否提及正确认识历史（1/0），是否提及反战和平（1/0），是否提及国家间的关系（1/0），是否提及爱国主义，（1/0），是否提及纪念语境（1/0），是否出现记忆之所（1/0），是否提及否认、歪曲或篡改等行为（1/0），是否提及南京大屠杀的加害者（1/0），是否提及南京大屠杀的抵抗者（1/0），是否提及南京大屠杀的受害者（1/0），是否提及南京大屠杀的见证人（1/0），是否出现“军国主义”标签（1/0），是否出现“法西斯”标签（1/0），是否出现“右翼”标签（1/0），是否出现社会团体及其代言人（1/0），以及是否出现政府机构及其代言人（1/0）。在这些变量中，大多数都是二分变量。

在正式进行编码之前，本书两位作者对于所有变量的操作化进行了充分的讨论。然后，我们从样本中以系统抽样法选取了 40 篇文章，各自独立编码，进行信度检验。结果发现，文章体裁、文章主题和是否提及加害者、是否提及受害者，以及是否提及见证人等几个变量的信度系数偏低（<0.85）。于是，我们对这几个变量的操作化再次详加讨论，最后进行正式的编码工作。为了确保编码的质量，两位作者各自独立地将整个样本编码了一遍，再逐个变量进行比照。对于少数不一致的地方，再次讨论之后进行赋值。

三、“重新发现”南京大屠杀

《人民日报》南京大屠杀纪念文章数量的年度分布极不均衡(参见图 3-1)。我们不妨将 1949—2012 年这 63 年划分为三个时期：新中国成立后的十七年、“文化大革命”时期，以及改革开放时期。在第一个时期，以南京大屠杀为主题的文章凤毛麟角（3 篇)，其中，1951 年 1 篇，1960 年 2 篇。[3] 尽管它们都将南京大屠杀作为话语资源，然而却并非缘于有意识的纪念目的，其目标指向甚至也不是日本，而是以“历史控诉”作为工具，批判美帝国主义武装日本和与日本签订安保条约。在第二个时期，《人民日报》上没有出现一篇以南京大屠杀为主题的纪念文章，甚至在抽样的检索环节，这一时期也未发现任何符合条件的文章。可见，

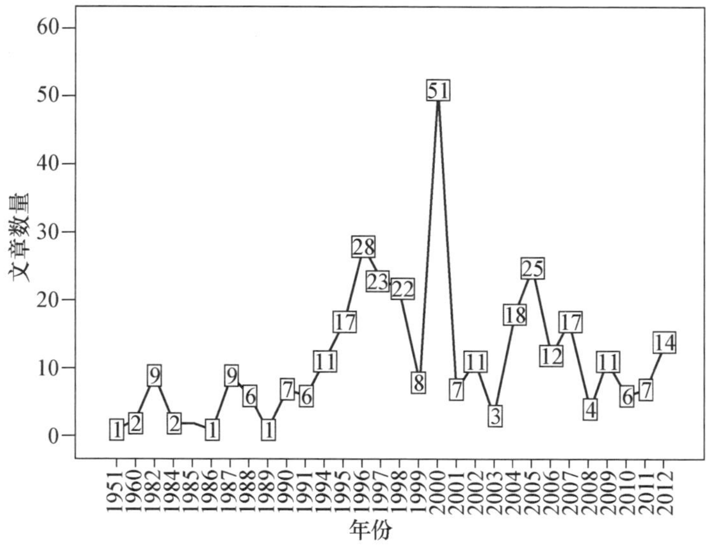

图 3-1 《人民日报》南京大屠杀纪念文章数量的年度分布（1949—2012 年）

这是南京大屠杀纪念话语在《人民日报》上彻底湮没无闻的十年。

1982年是南京大屠杀纪念文章的转折点。这一年，以日本文部省审定历史教科书事件为契机，《人民日报》将南京大屠杀重新发掘出来，共发表了9篇文章[4]。在1982—2012年期间，年均发表10.9篇。没有发表相关文章的年份仅有3年（1983年、1992年和1993年）；发文10篇以上的年份有13年（41.9%）；发文20篇以上的年份有5年（16.1%）。1995年是中国人民抗日战争暨世界反法西斯战争胜利五十周年，《人民日报》上的南京大屠杀纪念文章数量迎来了第一个高峰（17篇）。二十世纪九十年代后半期，南京大屠杀纪念文章的数量稳定地维持在一个较高的水平上。2000年，发文量达到顶峰（51篇）。在接下来的三年里，发文量又急剧跌落，甚至有两年跌到了平均水平以下。在将新时期以来的文章数量按照年代进行分段之后，我们发现，1980年代不足一成（8.9%），1990年代和2000年代分别占36.1%和47.1%，2010年代前三年不到一成（8.0%）。

在南京大屠杀被《人民日报》"重新发现"以来，每年的纪念文章数量处于一种起起落落的状态。是什么因素在影响着这种起伏呢？一方面，新闻媒体的纪念文章带有很强的周期性，它们通常把"整十"的纪念日看得更为重要。(Forrest，1993）因此，特定年份是否处于"整十"这种关键的纪念时刻，可能会影响一个历史事件进入新闻媒体的强度。另一方面，一个具有相关度的当代事件也能为新闻媒体创造出重返某一历史事件的由头或话语契机。鉴于此，我们建构了三个变量——是否为南京大屠杀整十周年（是／否）、是否为抗日战争胜利整十周年（是／否）和当年中日两国摩擦事件数量——来预测新时期以来《人民日报》纪念文章的数量变化。需要说明的是，第三个变量是以纪念文章中所提及的摩擦事件为依凭，而并不是指两国之间实际发生的摩擦事件的数量。此外，关键纪念时刻所发生的摩擦事件或许比其他时刻的同类事件有更大的机会进入新闻媒体的视野，这也正是我们会在下面的分析中考虑交互效应的基本理由。

多元线性回归分析结果显示（参见表 3-1），回归模型具有统计显著性（F=6.153，p=0.001），它解释了《人民日报》南京大屠杀纪念文章数量接近一半的变差（48.8%）。在五个自变量中，只有南京大屠杀整十周年（p=0.041）和当年中日两国摩擦事件数量（p=0.000）具有统计显著性。比较起来，前者（β=0.469）对于回归模型的贡献比后者（β=0.743）小得多，可见南京大屠杀纪念文章的年度数量受当年中日摩擦事件的影响比受南京大屠杀的关键纪念时刻的影响要大得多。这一方面说明南京大屠杀在很大程度上仍然是一个“当代”议题，另一方面也显示出新闻生产常规——聚焦新闻热点事件、强调新闻价值——对创伤叙事产生的影响。

版面处理是纪念文章呈现方式的一个重要侧面。通过将版面区分为国际版面和国内版面，我们想知道，南京大屠杀纪念文章在多大程度上被建构成“国内问题”抑或“国际问题”？此外，它们有多大的机会登上头版头条或者其他版面的头条？统计结果显示，首先，六成文章（59.8%）刊发在国内版面，四成

（40.2%）在国际版面，这说明南京大屠杀纪念文章牵涉了较多的国际元素。其次，有9篇文章（2.6%）出现在《人民日报》头版，但没有一篇是头版头条。在9篇头版文章中，有5篇是关于中国政府机构及其代言人（4篇）或者日本政府机构及其代言人（1篇）批驳日本右翼的否定言行的。最后，它们登上其他版面头条的机会也非常渺茫（7.2%）。这说明，南京大屠杀纪念文章在《人民日报》的话语空间中并未占据显著的位置。

表3-1　《人民日报》南京大屠杀纪念文章年度数量的多元线性回归分析

	标准化的回归系数	p值
关键的纪念时刻		
南京大屠杀整十周年	0.469	0.041
抗日战争胜利整十周年	0.178	0.313
具有相关度的当代事件		
当年中日两国摩擦事件数量	0.743	0.000
交互变量		
交互变量1（摩擦事件数量*南京大屠杀整十周年）	−0.330	0.139
交互变量2（摩擦事件数量*抗日战争整十周年）	0.179	0.295

F=6.153，R^2=0.583，*Adjusted* R^2=0.488，p=0.001

集体记忆不是一种抽象的存在，它往往发生于特定的社会框架之下（Halbwachs，1992），与特定的“记忆之所”[5]联系在一起（Nora，1989）。纪念语境和记忆之所分别指向集体记忆的时间和空间维度。统计结果显示，35.5%（121篇）的文章明确地提及了纪念语境，个别文章甚至提及了不止一个纪念语境。在被提及的全部129个纪念语境中，有一半（51.9%）都是南京大屠杀周年纪念日。与抗日战争有关的周年纪念日（包括抗战胜利周年、世界反法西斯战争胜利周年、卢沟桥事变周年和“九一八”事变周年）也占了较大的比重（37.2%）。这清楚地表明，对于南京大屠杀的纪念是在“抗战”这一大叙事之中展开的。其实，在“抗战”大叙事的笼罩之下，“九一八”事变、卢沟桥事变、南京大屠杀等发生在不同时空的事件就可以自然而然地彼此关联，从而一个事件的纪念语境也就能轻而易举地“溢出”到其他事件上。其他被提及的纪念语境还包括中日邦交正常化周年（1.6%）、清明节（1.6%）、中丹建交周年（1.6%）、国际大屠杀周年（0.8%），以及中国共产党建党周年（0.8%）等。

在所有的纪念语境中，最奇特的一个是关于个人的，即“南京保卫战司令殉国50周年”。而对于南京大屠杀最不具有直接指涉性的一个纪念语境当属中国传统的祭祀节日“清明节”，然而它与南京大屠杀之间的联系却又是如此的自然而然。此外，纪念语境有两种不同的话语方式。一种是内在化的，就是将语境明确写进文章之中。另一种则是外在化的，就是以语境作为统摄一个版面或栏目的主题，它可以在一个较长的时段里重复出现。第二种方式是关键纪念时刻的惯用手段。统计结果显示，绝大多数南京大屠杀纪念文章都采取了内在化的话语方式。

再来看记忆之所。在长达半个世纪的时间里，南京大屠杀都没有一个制度化的、有形的记忆之所，这恐怕也是造成它后来所面临的创伤叙事缺席或集体记忆困境的一个重要原因。1985年，侵华日军南京大屠杀遇难同胞纪念馆落成。同时修建／发掘的还有一系列分散于南京市各处的纪念地，诸如燕子矶江滩遇难同胞纪念碑、中山码头遇难同胞纪念碑、东郊丛葬地纪念碑等。由此形成以南京大屠杀纪念馆为核心、纪念碑或丛葬地为辅助的记忆场所系统。自此，“南京市民创伤记忆的通道，由于受到日本否定论者言行的激活，在民众强烈呼吁之下，经过近半个世纪历史的激荡终于得以畅通”（张连红，2003）[148]。这些制度化的记忆之所，也理所当然地变成了承载各种纪念活动的新闻现场。

1997年，南京大屠杀纪念馆被中宣部列入首批全国爱国主义教育示范基地的名单。如此一来，上述记忆之所也就形成了一个以南京大屠杀纪念馆为顶端的等级结构体系。这种等级体系的一个重要的未预后果也许是，上述记忆之所进入新闻媒体的话语机会开始变得失衡，原因在于：一方面，人们往往更倾向于选择地位更高的记忆之所来作为纪念活动的新闻现场；而另一方面，当很多记忆之所同时都在开展纪念活动时，记者们的新闻选择机制同样更偏向于地位更高的记忆之所。这里，话语机会也正是我们所感兴趣的问题。

统计结果显示，四成文章（39.9%）明确地提及了记忆之所。在被提及的全部155处场所中，南京大屠杀纪念馆占据绝对优势（72.9%），南京市其他纪念场所则被高度边缘化（9.0%），而拉贝故居等与历史见证人紧密相关的遗迹更是处于一种可有可无的地位（1.9%）。在文本写作策略上，那些被边缘化的记忆之所往往出现在以南京大屠杀纪念馆作为报道主体的纪念文章的末段，充当一个扩展性的注脚。例如：

同一天，南京市民还分别在燕子矶纪念碑、中山码头纪念碑等处举行了悼念活动。(《纪念南京大屠杀同胞遇难71周年》，2008.12.14，第4版)

当日，南京市民还分别在普德寺、燕子矶、中山码头等地举行了悼念活动。(《南京悼念三十万同胞遇难七十三周年》，2010.12.14，第4版)

同日，南京市民还分别在普德寺、燕子矶、中山码头等侵华日军南京大屠杀遇难同胞纪念碑所在地举行了悼念活动。(《南京悼念30万同胞遇难75周年》，2012.12.14，第4版)

值得指出的是，与纪念语境的情形相似，其他抗战记忆之所对于南京大屠杀也表现出了某种溢出效应。统计结果显示，中国人民抗日战争纪念馆（北京）、中国国家博物馆（北京）、中国革命博物馆（北京），以及九一八历史博物馆（沈阳）等记忆之所的纪念文章加在一起也占了一成多（12.9%）。这种溢出效应不仅再次清楚地表明了南京大屠杀纪念与“抗战”大叙事之间的紧密联系，而且更是将南京大屠杀纪念放入“近代史”（中国革命博物馆）乃至“华夏文明史”（中国国家博物馆）的叙事框架之中。在这个意义上，记忆之所焕发的溢出效应比纪念语境更加强大。

四、耻化叙事与双重创伤

《人民日报》对于南京大屠杀的呈现贯穿着两条叙事线索：一

条关注过去，通过对纪念事件的报道和对历史事件的再挖掘来将之重构为文化创伤；另外一条则关注当下，焦点是“如何对待历史”——是否定篡改还是反思忏悔。我们把全部341篇文章归入四个主题之下，结果发现，落入“纪念事件”主题下的文章最多（43.1%），其次是“否定言行及其回应”（27.0%），而“日本各界的反思和忏悔”和“南京大屠杀证据”分别占17.6%和12.3%。

在各个主题之下，我们都能够看到对历史创伤或详尽或简略的描述。1982年日本“历史教科书事件”发生后，为了反击日本文部省的决定，《人民日报》对南京大屠杀进行了较为详尽的“追述”。当年8月，《人民日报》先后刊登两篇标题完全一样的文章（《历史岂能篡改——日军南京大屠杀实录》），前一篇是新华社电文，简述南京大屠杀史实，如下：

惨绝人寰的南京大屠杀发生在1937年12月，日军侵占南京城后，在华中派遣军司令松井石根和第六师团长谷寿夫的指挥下，日军刽子手逢人就杀，见房就烧，进行了长达6周的血腥大屠杀。据远东国际军事法庭调查报告说：中国军民被集体枪杀和活埋的达19万多人，零散被杀害的居民仅收埋的尸体就有15万多具。（1982.8.2，4版）

这篇文章刊登了5幅图片，其中4幅描绘了日军暴行，1幅再现了谷寿夫受审的场景。另一篇文章（1982.8.13，5版头条）

长达 2 400 余字，以时间为顺序，详细记述了日军在南京的暴行，兼及战时舆论和战后审判概况。当月该报还刊登数篇文章，由幸存百姓[6]、南京保卫战将士[7]、东京审判检察官[8]和侵华日军老兵和目击者[9]等作为“承携者”，讲述亲身经历，谴责日本文部省的错误。

这些或长或短的文章，清晰地界定出创伤事件的性质、加害者和受害者的身份。它们具有“定调”的意义，类似的表述在之后的三十年间不断重复，由此建立起创伤叙事的基本架构。它们还通过勾连南京大屠杀与日军其他暴行、联系历史与现实（“当人们看到四十五年前日本侵略者是怎样屠杀我无辜同胞时，不能不想想今天日本文部省篡改侵华历史的真正目的是什么”）（《历史岂能篡改——日军南京大屠杀实录》，《人民日报》，1982.9.2，4 版）来实现符号扩展，进而将南京大屠杀建构为第一个层次上的文化创伤。这套创伤叙事确立之后，以更为简略的方式出现在纪念文章当中，不断被再生产出来。

在纪念文章的四个主题当中，尽管“纪念事件”所占比重最大，但此类文章往往都是常规化和仪式化的，特别是在南京大屠杀纪念日前后刊发的例行报道，通常篇幅短小，文本单薄。与之形成对照的是，以“否定言行及其回应”为主题的文章则具有更强的新闻性和戏剧性，经常是连续报道，文本也往往更富张力。例如：

新年伊始，日本右翼势力又在为军国主义招魂：一伙右翼分子23 日在“大阪国际和平中心”上演了一场否认南京大屠杀惨案的反华闹剧。他们打着"彻底验证南京大屠杀"的旗号，公然把南京大屠杀说成是"20世纪最大的谎言"，极大地伤害了中国人民的感情，全体中国人民不能不对此表示极大的愤慨！……墨写的谎言掩盖不住血写的事实。(《是谁在制造谎言》，2000.1.24，第4版)

文中言及的大阪国际和平中心右翼集会是当年的中日摩擦事件之一。这一事件引发了广泛的关注，《人民日报》共刊发相关报道23篇，本报评论员文章2篇，几乎占到当年发文量（51篇）的一半。这些文章生动地展现了《人民日报》如何将南京大屠杀记忆的当代困境——日本右翼的否定言行及其伤害——建构为第二个层次的文化创伤，或用张纯如的话来讲，"第二次大屠杀"(Chang，1997)。这当中的加害者是"日本右翼势力"，而受害者并不限于南京大屠杀幸存者和遇难者家属，而是直接扩展到"全体中国人民"，还涵盖了"遭受战争惨祸"的"亚洲各国和人民"(《南京举行国际和平集会纪念抗战胜利67周年》，2012.8.16，第3版)，"包括广大日本人民在内的一切爱好和平的人民"(《当代青年人勿忘过去》，1996.12.31，第6版)，甚至"中国人民和世界人民，也包括日本人民"(《历史岂能篡改》，1982.8.13，第5版)。

在上面这段引文中出现了两个标签："右翼"和"军国主义"。从字面上讲，军国主义指向过去战争时期日本之恶，而右翼则指向日本当下否定战争之恶，它们分别与过去和当下的创伤相关联。这里，"为军国主义招魂"这一表述把过去和现在联系在了一起，其批判对象仍然指向右翼。统计结果显示（参见表3-2），这两个标签分别出现在28.2%（96篇）和26.7%（91篇）的文章中。卡方检验显示，右翼标签（x^2=38.07，p=0.000）和军国主义标签（x^2=42.14，p=0.001）在四个文章主题下的分布均存在显著的差异。右翼标签在以“否定言行及其回应”为主题的文章中出现比例最高（48.9%），而在“纪念事件”主题下的比例最低（13.6%）。军国主义标签也同样是在“否定言行及其回应”主题下的出现比例最高（52.2%），在“纪念事件”主题下的比例最低（16.3%）。可见，《人民日报》仰赖这两个标签来建构冲突语境，而“当下之恶”甚至比“过去之恶”更为重要。

表3-2　右翼和军国主义标签与文章主题的交互表

		文章主题				合计
		纪念事件	否定言行及其回应	日本各界的反思和忏悔	南京大屠杀证据	
右翼	未出现	86.4（127）	51.1（47）	63.3（38）	78.6（33）	71.8（245）
	出现	13.6（20）	48.9（45）	36.7（22）	21.4（9）	28.2（96）
合计		100.0（147）	100.0（92）	100.0（60）	100.0（42）	100.0（341）
军国主义	未出现	83.7（123）	47.8（44）	80.0（48）	83.3（35）	73.3（250）
	出现	16.3（24）	52.2（48）	20.0（12）	16.7（7）	26.7（91）
合计		100.0（147）	100.0（92）	100.0（60）	100.0（42）	100.0（341）

右翼＊文章主题：x^2 =38.07，df=3，p=0.000

军国主义＊文章主题：x^2 =42.14，df =3，p=0.001

第三个主题“日本各界的反思和忏悔”在部分程度上是由日本右翼势力的否定篡改言行所触发的。反思和忏悔的主体既包括具体的个体（如东史郎等侵华日军老兵），也包括社会团体（如“绿色赎罪”植树访华团），甚至还包括了泛化的“日本人民”，他们对于右翼的言行做出一种批判性的表态。与仪式化的“纪念事件”不同，这一主题与“否定言行及其回应”相互呼应，具体表现在，一方面，它落实并强化了“日本右翼”与“日本人民”之间的区分。（Alexandar，2012）而这种区分，实际上也正是《人民日报》南京大屠杀纪念文章所常用的话语策略。例如，“南京大屠杀幸存者夏淑琴老人告诉记者：‘我只恨那些侵略者，恨那些歪曲历史的日本右翼，但是这些人只是一小撮，多数日本人民是友好的’”（《3300件文物诉说沉痛记忆》，2007.12.14，第5版）。另一方面，它也为南京大屠杀的记忆困境——由否定和背叛所造成的“文化创伤”——提供了解决的“参照”，即右翼可以像其他爱好和平的日本人民一样进行反思和忏悔。

最后一个主题是“南京大屠杀证据”，在全部341篇文章中占到一成多（12.3%）。其实，多达六成的文章（60.1%，205篇）都或多或少地提及了南京大屠杀证据的问题。之所以“为历史作证”成为紧迫的要求，正是因为在现实的社会政治中有人在试图“否定历史”。因此，这一主题在很大程度上也是应南京大屠杀记忆的当代困境而生。那么，究竟是哪些行动主体在“为历史作证”呢？统计结果显示，在以“南京大屠杀证据”为主题的文章中，出现比例最高的行动主体是“见证人”（57.1%），其次是“加害者”（45.2%），而“受害者”则很少出现（14.3%）。

我们在细读文本之后发现，《人民日报》把加害者和见证人的“证词”看作更具“分量”的铁证。一篇未被纳入研究样本的副刊文章这样写道：“在回顾历史，反驳那些不认账的日本人时，不妨多引用一些日方当事人的记述，上至总司令官冈村宁次，中至师团长中岛今朝吾，下至普通士兵东史郎，似更具说服力。”（《看看冈村宁次关于日军暴行的记述》，2012.2.28，第 20 版）而受害者的亲身经历因为产自“自己人”，其说服力被认为相对薄弱。一篇“编者的话”在介绍一本史料性质的新书时，摘录了三段史实，分别是日本的外交文件、侵华日军的日记、德国驻华使馆人员的目击证词。（《〈南京大屠杀图证〉出版　向三十万死难同胞致哀》，1995.7.15，第 3 版）大体上，《人民日报》南京大屠杀纪念文章中的证据的重要性等级为：档案文件最高，侵华日军的记录和外国目击者的证词次之，而受害者证词则最低。

此外，对于 1980、1990、2000 和 2010 年代的文章主题的卡方分析显示，不同年代的主题分布存在显著差异（$p=0.024$）。从表 3-3 中可以看到几点变化。第一，南京大屠杀纪念文章越来越呈现出“纪念化”的主题趋势。“纪念事件”主题的比重从 1980 年代的 33.3% 稳步上升到了 2000 年代的 47.8%，到 2010 年代更是高达 63.0%。换言之，针对南京大屠杀的有意识的、仪式化的纪念文章越来越多。第二，与“纪念事件”主题刚好相反，“否定言行及其回应”主题则一路走低，从 1980 年代的 36.7% 降至 2000 年代的 25.2%，再跌至 2010 年代的 14.8%。第三，“日本各界的反思与忏悔”是四个主题中最为稳定的，波动幅度始终没有超过5个百分点。第四，“南京大屠杀证据”主题在1990年代所占比重最大（20.5%），在其他三个时期，其比重在四个主题中均处于垫底的位置，到了2010年代，它几近消失（3.7%）。

表3-3　不同年代的文章主题的分布状况

	1980年代	1990年代	2000年代	2010年代	合计
纪念事件	33.3 (10)	36.1 (44)	47.8 (76)	63.0 (17)	43.5 (147)
否定言行及其回应	36.7 (11)	27.9 (34)	25.2 (40)	14.8 (4)	26.3 (89)
日本各界的反思与忏悔	20.0 (6)	15.6 (19)	18.9 (30)	18.5 (5)	17.8 (60)
南京大屠杀证据	10.0 (3)	20.5 (25)	8.2 (13)	3.7 (1)	12.4 (42)
合计	100.0 (30)	100.0 (122)	100.0 (59)	100.0 (27)	100.0 (338)

$x^2=19.09$，$df=9$，$p=0.024$

除了主题之外，我们也关注《人民日报》对于南京大屠杀的呈现凝聚成了怎样的纪念内涵，这牵涉“为何纪念”和“纪念成什么”等问题。与主题不同，纪念内涵与南京大屠杀直接而紧密地联系在一起，它既可以是一种系统的表达，也可以是只言片语。在对南京大屠杀纪念事件的常规报道中，我们不时读到这样的陈述：

今天，我们在这里重温历史，悼念遇难同胞，就是为了警策世人，以史为鉴，永远不让历史的悲剧重演，就是为了揭露和批判日本一小撮右翼分子否定侵略、妄图翻案、重走军国主义老路的图谋，就是为了教育广大人民群众特别是青少年不忘国耻，深刻铭记“落后就要挨打”的历史教训。（《南京举行国际和平日集会》，2004.12.14，第 8 版）

这是一篇于南京大屠杀纪念日次日刊登的典型的常规纪念报道。而这几句仪式化甚至口号化的表述隐含着上面两个问题的答案。在三个“就是为了”的语句中，南京大屠杀首先被描绘为不能重演的“历史悲剧”，继而是被“一小撮右翼分子”妄图翻案的“侵略（史实）”，最后落脚到不能忘记的“国耻”和“历史教训”。为了系统地揭示出南京大屠杀纪念文章的纪念内涵，我们提炼出一组与南京大屠杀相关联的关键词——包括“以史为鉴”“反战和平”“国家间的友谊”，以及“爱国主义”，并统计了其出现频率。结果发现，有一半（51.6%）的文章提及否认、歪曲或篡改历史的言行；56%的文章提及要正确地认识历史。这再一次表明，“如何对待历史”是南京大屠杀记忆面临的最大困境。

有三成（30.5%）文章提及反战和平。随着南京大屠杀创伤建构和集体记忆越来越走向制度化和仪式化，“南京国际和平集会”也变成了一个仪式常规，包括宣读南京和平宣言、放飞和平鸽、撞响和平钟等环节。四分之一（24.6%）的文章提及国家之间的友谊。尽管“反战和平”和“国家间的友谊”被提及的频率占比不低，然而它们却通常停留于口号层面，并未建立起任何深入而系统的论述。

另外，有 13.2%的文章提及爱国／爱国主义及其相关表述

(例如,“振兴中华”和“实现中华民族的伟大复兴”)。其中,有关爱国主义的表述中有四分之三(75.6%)都出现在以“纪念事件”为主题的文章中,有少数也出现在“否定言行及其回应”(11.1%)和“南京大屠杀证据”(13.3%)这两个主题下。不过,在1990年代中期以后,将南京大屠杀建构为“国耻”,并纳入到爱国主义叙事之中,的确成为一条重要的叙事线索。特别是,当南京大屠杀纪念馆被命名为全国爱国主义教育示范基地,爱国主义叙事也就被正当化和自然化了。

如果抛开抽样时的第一条筛选标准(即文章主要是关于南京大屠杀的),我们会发现更多此类符号化运作。例如:

> “华人与狗不得入内”的招牌和灭绝人性的南京大屠杀,是将中国人踩在脚下、踩入地下的铁证。在三座大山的重压下,满身疮痍的中国人是无力站起,无权站直的。只有在中国共产党的领导下,推翻了三座大山,中华民族才重新昂起头来,获得了新生。(《站起来的感觉》,1999.9.13,第4版)

这篇文章的主旨与南京大屠杀无关,甚至与抗战也无关。通过与“华人与狗不得入内”这一代表屈辱的标语并置,南京大屠杀被建构为近代史上的“国耻”之一;不过,这种并置也严重地削弱了南京大屠杀的独特性和暴行的严重程度。而由这一国耻所引发的历史教训是一个更为经典的表述,即“落后就要挨打”。这一表述似乎暗示着南京大屠杀的某种“必然性”,但问题是,落后是否就一定要遭受“大屠杀”？南京大屠杀是“可理解的战争暴行”，还是“不可理解的人类罪恶”？更重要的是，“落后就要挨打”并不是专门针对南京大屠杀发展出来的论述。经由它，南京大屠杀与整个以“屈辱－复兴”为核心的官方近代史叙事勾连和对接起来，变成了后者的一个有机组成部分。

五、谁在说话？

（一）承携者群体的轮廓

根据文化创伤理论，承携者群体在创伤事件转换为文化创伤的过程中至关重要。他们不但充当着一起可怖事件的解释者，而且也是诉求的伸张者。作为创伤建构的制度化场域，新闻媒体必须倚仗特定的言语行动者（国家、群体、个人）来建立文化创伤的诉求。为了更好地展现南京大屠杀承携者群体的基本面貌，我们做了如下两种区分。一方面，在“国家／社会”的理论框架下，考察国家（操作性地定义为“政府机构及其代言人”）和市民社会（操作性地定义为“社会团体及其代言人”）如何充当承携者的角色及其话语实践。另一方面，我们着力关注四类行动者——加害者、受害者、抵抗者和见证人——在新闻媒体建构创伤叙事和勾勒集体记忆轮廓中所扮演的角色。我们感兴趣的问题是：《人民日报》南京大屠杀纪念文章如何再现政府机构及其代言人和社会团体及其代言人？又如何再现加害者、抵抗者、受害者与见证人？这些行动者参与到怎样的话语实践当中？

统计结果显示（参见表3-4），将近一半（48.4%）的文章明确提及政府机构及其代言人，其中，既有中央政府及其代言人，也有地方政府及其代言人。可见，国家在南京大屠杀纪念文章中扮演着很重要的角色。对文章主题和政府机构及其代言人进行的交互分析发现（参见表3-4），接近八成（79.3%）以“否定言行及其回应”为主题的文章中都出现了政府机构及其代言人，这说明《人民日报》南京大屠杀纪念文章中所再现的话语冲突主要发生在中、日两国政府层面上。而以“南京大屠杀证据”为主题的文章中则很少出现政府机构及其代言人（21.4%）。卡方检验显示，政府机构及其代言人在四个主题上的分布差异显著（p=0.000）。

略多于三分之一（35.8%）的文章明确提及社会团体及其代言人，但其中只有一次被放在了头版，且是与由政府机构打头的一系列行动者并置。对社会团体及其代言人和文章主题进行的交互分析发现（参见表3-4），接近六成（58.3%）以“日本各界的反思和忏悔”为主题的文章中出现了社会团体及其代言人，而他们出现在以“纪念事件”为主题的文章中的比例不到三成（27.9%）。可见，在日本，主要是社会团体在表达对于南京大屠杀的反思和忏悔。卡方检验显示，社会团体及其代言人在四个主题上的分布存在着显著差异（p=0.001）。

为了揭示政府机构及其代言人和社会团体及其代言人在南京大屠杀纪念文章中的出场或缺席状况，我们也对他们进行了交互分析。第一，在全部341篇文章中，这两类行动者只在五分之一（19.9%）的文章中同时出场，而在超过三分之一（35.8%）的文章中同时缺席。第二，在有政府机构及其代言人出场的文章中，有四成（41.2%）出现了社会团体及其代言人；而在没有前者出场的文章中，有三成（30.7%）出现了后者。第三，在有社会团体及其代言人出场的文章中，55.7%也出现了政府机构及其代言人。卡方检验显示，这两类行动者在出场和缺席的分布上存在着显著差异（p=0.043）。

表 3-4　文章提及政府机构及其代言人和社会团体及其代言人的状况

		文章主题				合计
		纪念事件	否定言行及其回应	日本各界的反思和忏悔	南京大屠杀证据	
政府机构及其代言人	未出现	63.9 (94)	20.7 (19)	50.0 (30)	78.6 (33)	51.6 (176)
	出现	36.1 (53)	79.3 (73)	50.0 (30)	21.4 (9)	48.4 (165)
合计		100.0 (147)	100.0 (92)	100.0 (60)	100.0 (42)	100.0 (341)
社会团体及其代言人	未出现	72.1 (106)	65.2 (60)	41.7 (25)	66.7 (28)	64.2 (219)
	出现	27.9 (41)	34.8 (32)	58.3 (35)	33.3 (14)	35.8 (122)
合计		100.0 (147)	100.0 (92)	100.0 (60)	100.0 (42)	100.0 (341)

政府机构及其代言人＊文章主题：x^2 =56.55，df =3，p=0.000
社会团体及其代言人＊文章主题：x^2 =17.41，df =3，p=0.001

下面，再来看纪念文章中的加害者、抵抗者、受害者和见证人的情况（表 3-5）。抵抗者几乎处于一种缺席状态。仅有 5 篇（1.5%）文章明确提到了三名抵抗者，即南京卫戍军司令唐生智、南京保卫战司令肖山令和国民党军旅长陈颐鼎，其中以提及唐的文章最多（4 篇）。只有 2 篇文章分别把抵抗者陈颐鼎和肖山令作为报道的主角（《南京大屠杀是日本军国主义一手制造的》，1982.8.8，第 4 版；《血染南京 名垂青史》，1988.1.21，第 5 版）。抵抗者的缺席使得人们对于南京保卫战的将士们知之甚少，甚至连最基本的史实也互有抵牾。例如，一篇文章称唐生智率守军“5 万”（《历史岂能篡改》，1982.8.13，第 5 版），另一篇则说“约 14 万”（《石原公然虚构历史》，1999.4.27，第 6 版）。在这些抵抗者中，只有陈颐鼎这位幸存的将士扮演“承携者”角色，他“用亲身经历谴责日本文部省的错误”。

分别有 25.2% 和 17.3% 的文章明确提及加害者和受害者。富有意味的是，加害者和受害者宛如两股道上的车，极少同时出现在一篇文章中（3.8%）。此外，五分之一（20.2%）的文章提及见证人。把这三类行动者分别与文章主题进行交互分析，我们发现（参见表 3–5）：第一，加害者出现在以“南京大屠杀证据”为主题的文章中的比例最高（45.2%），而出现在“纪念事件”主题下的比例最低（8.2%）；第二，受害者在四个主题下出现的比例都很低（<20%），且彼此之间差距也很小；第三，见证人出现在以“南京大屠杀证据”为主题的文章中的比例最高（57.1%），而出现在“日本各界的反思和忏悔”主题下的比例最低（3.3%）。卡方检验显示，受害者在四个主题下的分布无显著差异（$p=0.841$），而加害者（$p=0.000$）和见证人（$p=0.000$）在各主题下的分布均有显著差异。

表 3-5　不同主题的文章提及加害者、受害者和见证人的状况

		文章主题				合计
		纪念事件	否定言行及其回应	日本各界的反思和忏悔	南京大屠杀证据	
加害者	未出现	91.8 (135)	64.1 (59)	63.3 (38)	54.8 (23)	74.8 (255)
	出现	8.2 (12)	35.9 (33)	36.7 (22)	45.2 (19)	25.2 (86)
合计		100.0 (147)	100.0 (92)	100.0 (60)	100.0 (42)	100.0 (341)
受害者	未出现	82.3 (121)	80.4 (74)	85.0 (51)	85.7 (36)	82.7 (282)
	出现	17.7 (26)	19.6 (18)	15.0 (9)	14.3 (6)	17.3 (59)
合计		100.0 (147)	100.0 (92)	100.0 (60)	100.0 (42)	100.0 (341)
见证人	未出现	78.9 (116)	87.0 (80)	96.7 (58)	42.9 (18)	79.8 (272)
	出现	21.1 (31)	13.0 (12)	3.3 (2)	57.1 (24)	20.2 (69)
合计		100.0 (147)	100.0 (92)	100.0 (60)	100.0 (42)	100.0 (341)

加害者 * 文章主题：x^2 =41.30，df =3，p=0.000
受害者 * 文章主题：x^2 =0.83，df =3，p=0.841
见证人 * 文章主题：x^2 =49.08，df =3，p=0.000

（二）见证人、加害者与受害者

由于多数见证人已经作古，因此他们在纪念文章中并非充当承携者，而是更多地扮演“为历史作证”的角色。这当中最重要的历史人物大概是南京安全区国际委员会主席、德国人约翰·拉

贝，其人生传记，不仅负载着特定的历史片段，更折射出南京大屠杀在公共文化空间中的浮沉轨迹。拉贝等人和安全区的事迹在战时即得到中外媒体的广泛报道，拉贝本人也将亲眼目睹的日军暴行写入日记。抗战胜利之后，南京政府曾努力寻访这位“南京好人”的下落。1947 年 3 月 4 日《申报》刊文《德籍善士艾拉培南京沦陷时拯救我难胞 沈市长拟邀其来华养息》，艾拉培即拉贝，文章称，“德侨艾拉培曾于南京沦陷之际，不避艰险，竭尽所能，拯救难胞，此种合乎人道、伸张正义之善举，实堪崇敬”，于是“乃转请有关当局探询艾氏居址，拟设法接渠来华安居，以度余年，由市政府供养，聊作当年其伟大同情之报答”。遗憾的是，直到 1950 年去世，拉贝都没能再踏上南京的土地，不过，在 1948–1949 年间，“衣食均艰”的拉贝一家一直得到南京政府的救助。

半个世纪之后，在张纯如为撰写南京大屠杀收集资料时，辗转寻访到拉贝的后人。1996 年 12 月 12 日，在拉贝故居阁楼上尘封了近六十年的日记得以重见天日。当年 12 月 14 日，《人民日报》刊发文章《日军暴行又一铁证》报道拉贝日记的“再发现”，并配发“编者的话”指出，“2 000 多页日记，实录了 500 多个惨案，拉贝先生向历史提供了证词”。从 12 月 24 日至 12 月 28 日，该报刊发五篇“关于拉贝日记的连续报道”[10]，并刊登两篇读者来信[11]。1997 年，《人民日报》又就《拉贝日记》出版刊登了多篇报道或文学作品。

拉贝日记被发现带有偶然性，但也反映了 20 世纪 90 年代中后期官方和民间对南京大屠杀的深入关注。差不多同时，其他一些有关南京大屠杀的人证、物证也经历了“再发现”过程。例如，《人民日报》于1997年1月8日刊登《日军暴行记录　南京血案见证　安徽发现外国记者记述南京大屠杀原版书》，文中提到的原版书即由英国记者田伯烈编撰、1938年出版的《外人目睹中之日军暴行》[12]，报道指出“该书再一次向世人昭示59年前发生在南京的血腥的一幕”。2000年8月4日，《人民日报》刊登通讯《南京屠城新血证》，讲述国际红十字会南京分会主席约翰·马吉拍摄的珍贵影像及其事迹。

与受害者和见证人不同的是，南京大屠杀发生之际，加害者的面目是模糊的，除了极少数例外（例如杀人竞赛主角），他们更多以群像的形式出现。抗战胜利之后，特别是东京审判和南京审判期间，最著名的加害者是受审的战犯，例如松井石根和谷寿夫。在南京大屠杀的当代记忆图景中，加害者的面目日渐复杂，它不仅包括曾犯下罪行的侵华日军老兵，还包括否认南京大屠杀的右翼势力和参拜靖国神社的政治人物。其中，由加害者转变而来的承携者群体的代表人物，或许是东史郎。这位侵华日军老兵在1987年于日本出版了部分战时日记《我的南京步兵队》，该书在中国出版则是12年之后，中译本出版的直接诱因是日记中有关“邮袋事件”的记录（东史郎，1999）[13]引发的诉讼和东史郎的败诉。

1998年前后，从官方（外交部发言人）到媒体再到民间，都对东史郎诉讼案给予了广泛关注。东史郎还于1999年接受中央电视台《实话实说》栏目的采访（崔永元，2001）[14]，一时“成为触动中国市民战争创伤记忆的焦点性人物”（孙歌，2000）[12]。回到《人民日报》，该报于1996年4月27日刊登报道《东京地方法院在一判决中 竟鼓吹“南京大屠杀未定论”》，这应该是对东史郎诉讼案的最早报道。《人民日报》随后于当年8月17日刊登通讯《他揭露侵华日军暴行——记东史郎先生的觉醒》，这些报道开启了其后几年该报对东史郎报道的序幕。以1998年为例，该报刊登10余篇相关报道，多数刊于12月二审宣判败诉之后。2000年，日本高院驳回东史郎等上诉，《人民日报》当年刊登数篇报道。

这些报道以审判／判决和对“不顾史实，颠倒黑白”“封杀正义之声”的法院的批评抗议为主线，以中日两国爱好和平人士对东史郎的声援以及证据搜寻为辅线[15]，以东史郎对战争的忏悔为核心主题。而“与日本右翼势力作顽强斗争的东史郎先生”“以自己的行动完成了由侵华士兵到一名和平战士的转变”，他被描绘成“无数有良知的日本人中的一位”“反战人士”，“代表了日本人民的良心”。来自中国的承携者群体则会通过谴责日本司法当局或右翼势力等的言语行动，来与东史郎形成一种道义上的联合或者结盟。在日本国内，站在承携者群体对立面的不但有极力否认史实的老兵，更有与其合谋并不时挑起事端的右翼权力精英。因此，加害者往往卷入到强烈的言语行动之中。最模式化的言语行动模板是，“愤怒谴责”“强烈抗议”“天理难容”“严词批驳”“终将遭历史唾弃”“坚决支持”或“和日本右翼斗到底”等。

需要说明的是，本研究将南京大屠杀的遇难者和受害者做了严格的区分，而受害者和幸存者含义相同。在《人民日报》南京大屠杀纪念文章中，受害者是一个基本的承携者群体，他们偶尔会讲述亲身经历或提出个体化的诉求；不过，在绝大多数时候，他们却是以“中国人”这一集体身份来申张诉求的。我们注意到，纪念文章未能充分运用受害者这一承携者群体。就量而言，记者们仅仅把极少数受害者作为消息来源，尤其是习惯性地依靠夏淑琴和李秀英等人来伸张诉求。以李秀英为例，她在南京大屠杀中的经历（张纯如，1998）[73-76]在战后审判阶段即曾被媒体报道。[16] 而在南京审判战犯军事法庭对谷寿夫的审判中，她也曾作为证人出庭作证。半个世纪之后，李秀英再度因“走上法庭”起诉诬称她为“假证人”的日本右翼作者而受到全国关注。例如，2002 年 5 月，在她胜诉后，《人民日报》刊登文章《史实战胜谎言——李秀英名誉权案东京一审胜诉之后》(2002.5.21，第 3 版)，但其关注度远远不及东史郎诉讼案。

更重要的是，幸存者的出场和发声在很多情况下是“仪式化”乃至“工具化”的。例如：

南京大屠杀幸存者、今年 84 岁的李秀英老人愤怒地说：“我身上 37 处刀疤还在，日本却有人再三否定南京大屠杀历史，我们坚决不答应！”(《强烈抗议小泉再次参拜靖国神社》，2002.4.23，第 4 版)

前来参观的群众纷纷在“勿忘国耻”的横幅上签字，认为日本不仅要正视当年的侵略历史，更要正视钓鱼岛作为中国固有领土的事实，不要在钓鱼岛“国有化”闹剧中越走越远。南京大屠杀幸存者、84岁的夏淑琴老人表示，绝不允许我们的国土受人侵犯。(《缅怀先烈 警钟长鸣》，2012.9.19，第18版)

我们在其他报道中亦能够看到，幸存者代表出现在纪念仪式现场；与到访的日本领导人座谈或展示“身体上的伤疤”，作为控诉者／声讨者抨击日本右翼的言行；就新近的社会政治事件进行表态等等。

六、结语

本章运用定量的内容分析方法，辅之以定性的文本分析，从文化创伤和集体记忆的理论出发，分析了新中国成立以来(1949—2012年)《人民日报》对于南京大屠杀的呈现。我们发现，自1982年南京大屠杀被“重新发现”以来，纪念报道的重心就被放在当下。这表现在三个方面。第一，纪念报道的文章数量更多是随着中日之间摩擦事件的数量而起伏，一桩右翼集会事件可能引发接连不断的报道。第二，在主题分布上，尽管“纪念事件”比例最大，然而日本右翼势力的“否定言行及其回应”提供了更为丰富的文本，由此《人民日报》得以将日本右翼势力篡改历史的行径建构为当代的文化创伤。在建构创伤诉求的时候，国家尤为重要，而受害者和加害者——特别是东史郎等与日本右翼势力作斗争的老兵——也有可能充当承携者。此外，“日本各界的反思和忏悔”和“南京大屠杀证据”这两个主题在很大程度上也与南京大屠杀记忆的当代困境相呼应。第三，在标签的运用上，指向过去的“军国主义”也更多地被用来批判当下的右翼行径，显示出“当下之恶”的话语优先性。

随着岁月的流逝，《人民日报》对于南京大屠杀的呈现显示出一种“纪念化”的趋势，这在某种程度上意味着叙事重心在未来或许会发生转移。但问题是，这套南京大屠杀叙事可能仍然欠缺最为核心的部分，即对受害者的呈现，尤其是受害者的自主言说。在我们所分析的几类主要行动主体中，受害者的出现频率低于加害者和见证人。在“为历史作证”方面，见证人和加害者的“地位”远比受害者来得重要。而在“批驳右翼言行”这一目标之下，加害者所扮演的承携者角色更为积极，形象更为立体，而受害者则主要是以“中国人民”的代言人身份在表达“集体性”（口号式）的诉求。在“纪念事件”中，受害者也更多的是仪式化地出场。概而言之，在聚焦当下的诉求目标之下，受害者的叙事及其主体性都遭到了压抑和削弱。对于一起几十年前的“历史事件”，没有受害者叙事作为内核的创伤叙事恐怕很难焕发出强大的符号力量，也难以将情感和身份认同扩展到更广阔的受众中去。

在文化创伤的建构过程中，南京大屠杀更多地与抗战乃至更广阔的近代史叙事勾连在一起。首先，抗战框架构筑了《人民日报》纪念南京大屠杀的时间和空间维度。在纪念语境方面，除了南京大屠杀纪念日之外，抗战胜利、日本投降、“九一八”事变、卢沟桥事变等抗战中的其他重要时间节点也提供了纪念契机。在记忆之所方面，尽管南京大屠杀纪念馆成为最便利、等级最高的制度化场所，但纪念报道也自然而然地“溢出”到了其他抗战记忆之所乃至国家级的记忆之所，从而将南京大屠杀建构成了抗战叙事的一个有机组成部分。更重要的是，近代史及其相关的叙事框架还深深地影响着南京大屠杀的纪念内涵。作为历史惨剧和过去的创伤，南京大屠杀被建构为“国耻”，并与其他或近（如“七七”事变）或远（如“华人与狗不得入内”）的“国耻”并置，落实在“落后就要挨打”这一高度功利性和意识形态化的历史教训上。这种建构思路，一方面借重了近代史主导叙事的话语资源，但另一方面则弱化了南京大屠杀的独特性，局限了历史创伤的意义空间。相应的，在创伤的“解决”方面，当下的创伤需要日本的道歉和反思来抚平，而历史的创伤则要通过“民族复兴”来“一雪前耻”。然而，无论是哪一个解决之道都无法跳脱外交政治和意识形态的藩篱，因此无法针对南京大屠杀发展出特定的叙事，也未能为替代性的叙事方式（例如，“人性之恶”或“救赎”）留下空间。

第四章

以数字标识“记忆之所”

正是凭借场所作为经验容器的稳力撑持，才有力地造就场所固有的可记忆性。……我们甚至可以说，记忆自然具有场所面向，或者至少由场所来支撑。

——爱德华 · 凯西（Edward Casey，1987）[186–187]

一切场所都是集群。

——金 · 多维（Kim Dovey，2010）[16]

一、引言

集体记忆除了存在于媒介文本和再现当中，也“锚定”于各种物理性和非物理性的“记忆之所”（sites of memory）。对于南京大屠杀而言，1985 年落成并开放的侵华日军南京大屠杀遇难同胞纪念馆便是最核心的记忆之所。如上一章所论，南京大屠杀纪念馆中的常规纪念活动经常会被媒体报道，自 2014 年被定为南京大屠杀死难者国家公祭仪式的场地后，它已成为展演并更新中华民族集体记忆的纪念场所。在纪念馆当中，存在着文字、图片、影像资料等各种用以表征和再现南京大屠杀的媒介物。建馆之初，“遇难者 300000”便被采用为数字标识，以中、英、日三种文字镌刻在南京大屠杀纪念馆入口处的一堵石壁墙上。

南京大屠杀纪念馆的修建，肇始于一场外交风波。1982 年 6 月，日本文部省审定通过新版的高中历史教科书，书中刻意淡化日本在亚洲的侵略战争性质，对于南京大屠杀的陈述，则删除了“进行强奸、掠夺、放火”和“据说中国牺牲者达 20 万人之多”等关键史实。（李秀石，2013）[160] 这次的日本“历史教科书事件”

促使中国“重新发现”南京大屠杀（Brook，2009）[5]，南京大屠杀纪念馆也成为我国第一座抗战纪念馆，一大批有关抗战的“记忆之所”也随之涌现出来，由此改变了中国土地上的“抗战记忆”景观。

纪念馆是地理意义上的场所，其独特性在于，它是记忆的场所，即法国历史学家诺拉（Pierre Nora，1989）所言的“记忆之所”。[1] 具体到南京大屠杀纪念馆，它坐落于南京城西南的江东门。在 1985 年之后，历经 1995—1996 年和 2005—2007 年的两次扩建。它是南京市一处特别的都市空间，其特别之处在于，它是一个观展、游历、集会、悼念等活动得以展开的空间，承担着保护、挖掘、抢救和传播南京大屠杀的历史记忆的社会功能。

南京大屠杀纪念馆的地理位置与文化意义紧密相连，难以分割：馆址是当年遇难者的丛葬地，而“万人坑”遗址是南京大屠杀纪念馆的历史叙事之组成部分，它使得观众可置身这一地理和叙事的空间，通过凝视、冥思、摄影、献花／旗、集体仪式等方式展开记忆实践。也就是说，“物质性”“意义”和“实践”这三个维度的特定元素，以及它们之间的相依相生，共同构成了南京大屠杀纪念馆这一记忆之所。在人文地理学家克雷斯韦尔（Tim Cresswell，2014）[8] 看来，“一切场所皆可视为集群”，因为它们总是由某些要素所组成的一个集群，拥有特定的物质性，表达特定的意义，激发或容纳特定的实践。

采用“场所作为集群”（Cresswell，2014）的理论视角，本章将集中考察构成南京大屠杀纪念馆这一记忆之所中的独特的集群元素：遇难者的数字标识。从前面提到的那一堵石壁墙开始，同样的数字，经过两次扩建，以不同的材料、设计和置放在馆内增添了六处，交织成一个独特的数字标识网络，参与建构南京大屠杀纪念馆所承载或物化的一组记忆话语，激发或容纳观众、讲解员和导游等各种行动者特定的记忆实践或展演。南京大屠杀纪念馆中数字标识的这种浓墨重彩之展示，不仅在国内的抗战纪念馆当中显得独特，而且与世界上其他大屠杀纪念馆（如美国华盛顿犹太人浩劫纪念馆、波兰的奥斯维辛集中营纪念馆）相比，也可谓独树一帜。

据此，本章将考察这些数字标识在记忆之所里的分布，它们被赋予和焕发的意义，以及它们在集体记忆建构中的话语功能。具体而言，本章试图运用田野观察、深度访谈、文献档案等多种经验材料，回答如下问题：第一，这些数字标识如何经由不同行动者的介入而逐步地被生产，并成为南京大屠杀纪念馆的空间界定与区隔之标识？第二，这些标识如何被置放于南京大屠杀纪念馆中特定的集群，并与集群中其他物质的和表征的元素互动，从而赋予该集群特定的意义，生产出特定的话语？第三，这些标识如何激发或容纳行动者们各自的记忆实践或展演？第四，这些记忆实践各自如何受到展演脚本的形塑，并表现出何种脚本效应？通过回答这些问题，本章力图阐述南京大屠杀纪念馆这一“记忆之所”镌刻、宣讲并借由记忆实践而再生的民族集体记忆。在此基础上，本章力图检视数字标识如何被用作符号，参与空间的界定与区隔，成为界定“记忆之所”、物化集体记忆、孕育记忆实践的工具。

二、集群及其镶嵌与“场所作为集群”

二十世纪八十年代，德勒兹（Gilles Deleuze）和瓜塔里（Felix Guattari）提出了“集群”(assemblage)的概念(Deleuze，Guattari，1987)。后来，德兰达（Manuel DeLanda，2006）将其系统化为一个集群理论。该理论的核心，是以社会构成的元素及其关联的动态、互换和多样功能等来考察社会的复杂性。一个集群由一些特定要素组合而成，但它并非一个“有机的整体”，而是从这些元素的互动中“涌现”出来的整体。这些要素如何组合，取决于它们各自的“特征”和“互动潜力”如何在特定场景下得以发挥。

德兰达指出，不仅任何事物都可被视为一个集群，而且该集群还必然存在一个不同的分析层次：若置它于宏观层次，其组成要素则相对为微观层次；而一个要素与其自身的组成要素之间也同样构成了宏观与微观的关系。他把要素与集群在不同层次的嵌套关系称为“集群的镶嵌”(embedding of assemblages)(DeLanda，2006)[17]。通过连续的集群镶嵌，微观层次的事物（如一个乡村集市）就与宏观尺度的事物（如整个国家的市场）之间关联在了一起。这就是集群理论为理解社会现实中的“微观－宏观”层次的问题所提供的一种独特思路。

对于一个特定的集群，德兰达强调要素所具有的“表意性”和“凝聚性”。一方面，一个要素可能是纯粹物质性的，也可能是缺乏物质外观的纯粹表达性的，更常见的情形是借助某些物质来承载和表达意义。另一方面，一个要素对于集群可能发挥“领地化”的作用，也可能发挥“去领地化”的作用。领地化既可通过界定或锐化一个集群的空间边界来实现，也可通过增加一个集群的内部同质性来实现；反之，削弱一个集群的空间边界或者增加其内部的异质性，则可使之去领地化。

在德兰达的集群理论的基础上，人文地理学家克雷斯韦尔提出一个专门针对“场所”的地理学理论，即“场所作为集群”(Cresswell，2014)[3]。该理论主张，一个场所是由“物质性”“意义”和“实践”三种基本要素共同组成的一种集结。其中，物质性与意义彼此依存，并且“意义始终居于场所的地理分析之中心”(Cresswell，2014)[11]。同时，这些具有强烈“空间”面向的要素，每一个都在“时间”之中展露，并受“时间”之束缚。对于某些场所而言，这种时间性可能既表现为线性的、前后相继的“时期性”，也表现为按年、按周或按日交替循环的“周期性”，譬如围绕某个节日而来的神圣时间与世俗时间之交替，可能成为一个组织机构周期性地展开某些常规化的实践的作息表之交替。总之，克雷斯韦尔将场所理论化为一种由物质性、意义与实践共同组成的“时空”集群。

德兰达和克雷斯韦尔的集群理论对本章的讨论提供了如下启示。第一，上述“物质性”“凝聚性”与“集群的镶嵌”的思想，可用以理解数字标识与微观集群（如“序厅”和“灾难之墙”）、中观集群（如“集会广场”和“悼念广场”），以及宏观集群（即“南京大屠杀纪念馆”）之间如何形成跨层次关联。为此，我们将考察数字标识如何参与空间之“界定”与“区隔”。第二，集群理论中“表意性”和“凝聚性”的思想，适用于考察每一个具有自身特征的数字标识如何基于一个微观集群的特定物质性而生产出某些意义，以及诞生于不同时期、占据不同策略性位置的数字标识如何交织成一张“意义之网”。据此，我们将揭示一种使意义从物质性中生产出来的认知机制——“隐喻”(Lakoff，Johnson，1980)，也就是揭示每一个标识所镶嵌其间的那个微观集群的“物质意象”与其“文化意象”之间的隐喻关系，譬如“墙”的物质意象被隐喻为“墓碑”的文化意象。第三，我们将根据“场所作为集群”的思想，来解读数字标识所激发或容纳的那些常规化实践，考察它们如何在世俗时间和神圣时间里展开，以及它们又如何被各自的展演脚本所形塑。

三、研究方法

为了呈现和解读数字标识对于记忆之所的构型（configuration）作用，本章综合运用了参与式与非参与式观察、非正式访谈、深度访谈，以及档案材料等方法来收集经验材料。

第一，田野观察。我们于 2016 年六月、七月和十月在南京（主要是南京大屠杀纪念馆）进行了三轮田野观察，分别为期 11 天、12 天和 10 天。最初两三天，为充分熟悉南京大屠杀纪念馆空间的基本情况，我们使用的是参与式观察，更接近于观众的角色：仔细打量馆内一切引起我们注意的事物，从空间布置、雕塑、树木、展品到解说员，等等。随后，我们在馆内展开了大量非参与式观察，并在田野笔记中详细记录了这些观察。

第二，访谈。当我们发现观众、讲解员以及导游等人做出某些我们认为值得关注的言行举止时，我们就会不失时机地对他们进行非正式访谈，通常是寥寥数分钟。同时，我们先后对现任馆长张建军、早期副馆长段月萍、老馆设计师齐康院士，以及三期扩建设计师何镜堂院士进行了半结构化的深度访谈，内容均主要围绕与数字标识的物质性、意义和实践有关的问题而展开。对两位馆长的访谈都在两小时左右，而两位设计师由于工作繁忙，访谈时间分别在半小时左右。对前三人的访谈在南京进行，对何的访谈在广州进行，访谈地点分别是南京大屠杀纪念馆办公室（访谈一）、家里（访谈二），以及学院办公室（访谈三和四）。

第三，文献材料。前馆长朱成山撰著和主编的几本书提供了很多背景资料乃至原始档案，包括讨论南京大屠杀纪念馆展陈艺术的《鼎力铸史》（朱成山，2008），记录建馆历程的《侵华日军南京大屠杀遇难同胞纪念馆馆史（1985—2010）》（朱成山，2010），书写南京大屠杀纪念馆从地方公祭走向国家公祭的纪实文学《第 21 次是国家公祭》（朱成山、李慧，2015），以及集纳观众观后感的《外人看纪念馆》（朱成山，2013）和《中外观众的回音壁》（朱成山，2014）。同时，根据在馆史中寻得的线索，我们向南京大屠杀纪念馆索取了一组与数字标识有关的照片档案。此外，我们还检索了两种内刊：一是由南京大屠杀编史建馆立碑工作领导小组办公室编辑的一部分《工作简报》；二是由南京大屠杀纪念馆编辑的全部 414 期《侵华日军南京大屠杀遇难同胞纪念馆简报》（1985 年 8 月 16 日—2007 年 12 月 10 日）。

四、数字标识的空间化与意义生成

（一）南京大屠杀纪念馆的空间构型

面对篡改历史事实和误导历史记忆的日本“历史教科书事件”，中国政府、媒体与民众形成合力，为南京大屠杀纪念馆的修建提供了正当性。当时主持中央工作的邓小平指示，要通过“到处搞日本侵略之碑”，来“教育人民，教育青少年和子孙后代”。[2]随后，江苏省和南京市两级党委和政府开始展开“建馆立碑编史”的记忆行动，成立由南京市长张耀华任组长的领导小组，下设“建馆立碑组”。[3] 经过考古发掘和建馆论证等准备工作后，南京市政府最终决定在江东门丛葬地遗址建馆。[4]

南京大屠杀纪念馆从一开始就是一个具有明确边界的地理空间。树立边界不仅是在领地化纪念馆，更是为了赋予和标示该地的神圣性，即凸显南京大屠杀纪念馆作为昭彰南京大屠杀这一“神圣之恶”（Alexander，2003）[50] 的记忆之所区别于其他世俗之地的场所认同。南京大屠杀纪念馆最初占地面积很小，仅 21 亩。经过二、三期的扩建，先后增至 50 多亩和 111 亩。无论是初建还是扩建，南京大屠杀纪念馆的生产者们（尤其是设计师）都是在把一系列各具特征的物质——建筑、围墙、石子、雕塑、符号、展品、植物、动物、灯光、声音、人，以及其他物品——加以空间化的过程。

宏观层次的空间化是要为南京市构筑出一处独特的都市空间和物质地景，它起初呈一座正方形的“墓冢”形状，如今呈一艘东西走向的“大船”形状，名为“和平之舟”（参见图 4-1）；中观层次的空间化是通过对场地、墙体、石碑、雕塑等具有表意潜能的材料的创造性配置，来界定和区隔出一组空间区域，形成一种起承转合的空间“韵律”；而微观层次的空间化则是制造出某些具有高度识别性，甚至加以命名的单体物件，如一件雕塑、一堵墙、一个厅或一座桥。以“墙”为例，两位设计师都有精辟的阐释：

图 4-1　南京大屠杀纪念馆全景的“和平之舟”造型

资料来源：南京大屠杀纪念馆。

除了陈列作品外，首先要借助于“场地”，这是一个有情感的“场”，能表达的“场”；其次要借助于“墙”，一个有感染力的“墙”；再就要借助于空间的氛围，特殊的序列，给参观者一种历史灾难的显现空间。总之建筑物、场地、墙、树、坡道、雕塑等要成为整个表达环境氛围的要素。

要形成特有的氛围，墙的围合与组织是不可缺少的。它是一种限定的“界”，一种从无序中创造出有序的空间引导，采用残缺和破损的墙围合遮挡，是创造空间氛围的特定手段……墙是一种封闭和开放的过渡，是一种视觉的引导。（齐康，1999）[7、8、121]

断垣残壁、累累弹孔正是那场空前灾难的记忆载体。在入口广场，在新建纪念馆的两侧，在纪念公园的水池旁，我们都设计了长长的墙体。这些墙体或以文字，或以浮雕，或以扭曲转折的形态，或以围合的绝望封闭空间来无声诉说这块土地上发生过的悲剧故事，传递当年遇难者无处逃避的绝望心情。（南京市规划局，2007）[28]

在何镜堂院士主持三期扩建时，其设计方案不仅尊重原有的建筑格局，而且“通过统一的尺度、连贯的空间流线、统一的秩序和统一的空间意境”，来塑造特定的场所精神。（南京市规划局，2007）[22] 竣工后，南京大屠杀纪念馆的空间格局如下：船头处为入口，接着是东西向狭长的雕塑广场，外侧为水西门大街，内侧为史料陈列厅的南立面石墙，雕塑广场末端与集会广场接壤，并以“冤魂的呐喊”凸显空间区隔，集会广场东侧邻接陈列厅，西侧以一堵“灾难之墙”隔开老馆的墓地广场。墓冢状的老馆盘踞于中部，再往西依次是祭场、冥思厅，以及和平公园（参见图 4–2）。

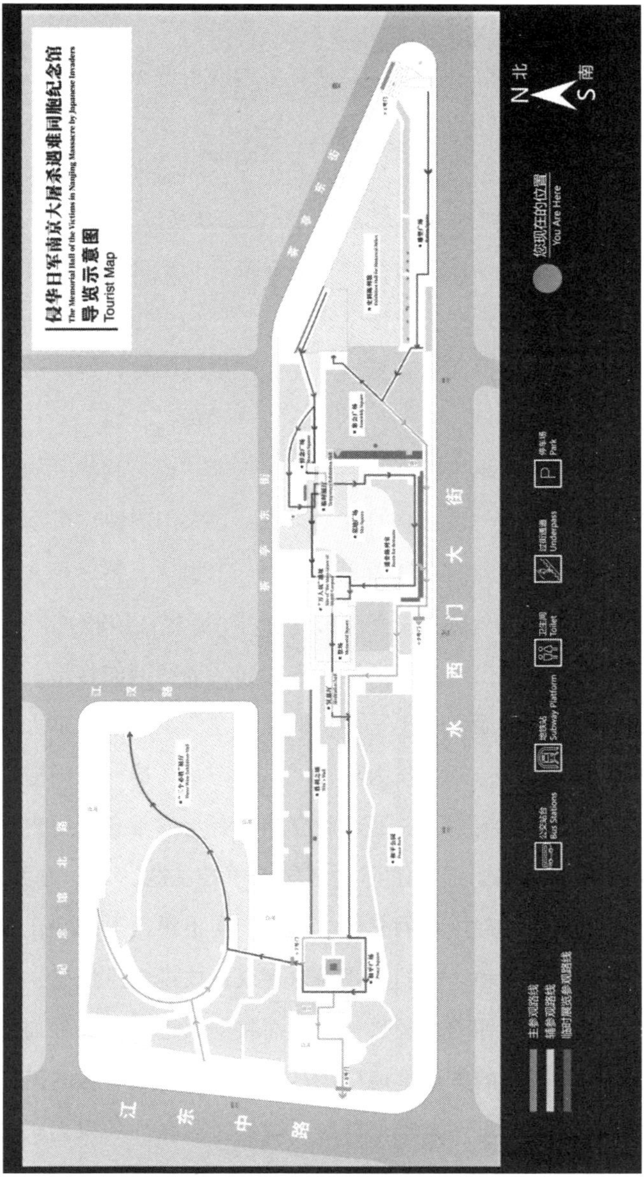

图 4-2　南京大屠杀纪念馆导览图显示的空间格局和参观路线

资料来源：南京大屠杀纪念馆。

（二）以数字标识空间

在过去三十多年的时间里，遇难者数字标识被渐次地添加到南京大屠杀纪念馆空间之中，成为其中的点睛之笔。每一个标识的出现，都不同程度地参与了空间的界定和区隔，都在不同程度上夯实了作为记忆之所的南京大屠杀纪念馆之意义体系。

其实，设计师齐康最初的设计方案并没有一个展示遇难者数字的构想，南京大屠杀编史建馆立碑工作领导小组组长张耀华市长在竣工之际致电他，提议在墓地广场上“用红颜色，鲜血的颜色”刷上数字“300000”。（齐康，1999[8]，李伶伶，2012[18]）[5] 设计师运用自己的专业思维和技能，来完成这项“记忆政治”的任务，最终落实为这样一道物质的视觉景观：在大门内悼念广场右侧台阶处一堵方正有力的石壁墙上，镌刻一个用中、英、日文书写的“遇难者 300000”标识（参见图 4-3）。（齐康，1999）[8]

标识一旦被生产出来，就发挥着界定和区隔空间的作用。一方面，它与旁边石壁墙上邓小平手书的馆名“侵华日军南京大屠杀遇难同胞纪念馆”一起，作为界定“悼念广场”这一空间围合的两个互补性的语言要素，并通过确立加害者与遇难者、历史与记忆这两对基本关系，揭示了记忆之所的中心主题。另一方面，标识位于参观流线图起始端的必经之道上，与拾级而上的观众由远及近地进行视觉互动，由弱而强地对观众造成视觉压迫感。当观众左拐，告别数字标识，经过一段短而狭的甬道，来到陈列厅的屋顶平台时，巨大的方形墓地广场尽收眼底：密密麻麻的鹅卵石，几截枯树，一座母亲雕塑，再次对观众造成强烈的视觉压迫

图 4-3　镌刻遇难者数字的石壁墙

感。在镌刻“遇难者 300000”之前，那堵石壁墙就已经具备一种空间构型的辩证法：正面参与界定和区隔悼念广场，背面参与界定和区隔遗址广场，并且对置身于悼念广场上的观众造成一种视觉阻断，无法提前观看遗址广场区域的景观，从而取得一种审美延宕效果。镌刻于石壁墙的数字标识，非但未减损这一辩证法，还为观众解码遗址广场的象征意义提供了最直接的语言线索。

二十世纪九十年代中期，南京大屠杀纪念馆南侧围墙外的水西门大街已在快速的城市化进程中繁荣起来，南京大屠杀纪念馆二期扩建时遂将大门由朝北改为朝南。设计师又为南京大屠杀纪念馆增添了两处数字标识，分别处于“古城的灾难”组合雕塑和钟架雕塑，它们一高一矮地遥对大门。组合雕塑由“残破的城墙”“折断的军刀”“历史的桥梁”以及遇难者的“头颅”和“手臂”等单体组成。其中，“折断的军刀”雕塑上镌刻着一个硕大的黑色数字“300000”，断面血迹斑斑。组合雕塑的空间界定功能主要表现在命名上，先后被选择的措辞是“人民的灾难”“金陵劫难”和“古城的灾难”（齐康，1999）[9]（参见图 4–4）。组合雕塑自出现以来，一直作为一处独立的景观而存在，并得到一份单独的讲解词。它还具有两个方面的空间区隔功能：一方面，它被建得很高大，旨在遮挡馆外一栋民房，从而进一步领地化南京大屠杀纪念馆这一记忆之所；另一方面，由于作为空间集群要素之一的“历史的桥梁”——先是叫作“入口引道”（齐康，1999）[43]——的存在，使观众得以在此纪念与缅怀遇难者，也使得他们象征性地穿越时空而抵达历史现场。

钟架雕塑位于一个由细沙石铺面和水泥沙石铺面相结合而组成

图 4–4 “古城的灾难”组合雕塑

的长形广场上，其中一些铺面上用隶书和篆书镌刻着硕大的“祭”字。钟架是广场的主角，是一道独特的景观：三根黑色的三棱柱，由“人”字形的水平横梁相连，顶部有五个褐色圆圈，共同寓意“倒下的300000人”（参见图4-5）。这种委婉曲折的“体块组合”的表达方式，需要观众投入更多想象力和思考才能正确地解码。钟架雕塑的空间界定功能表现在，它作为“集会广场”而存在，每年12月13日的悼念遇难同胞仪式在此举行。在这里，设计师与其说是想利用钟架雕塑来“区隔”空间，倒不如说是希望它发挥空间“融合”作用：一方面，既通过它与组合雕塑及其上的数字的遥相呼应，也通过它与大门内侧刻有南京大屠杀起止时间的十字架形标志碑的遥相呼应，将被连续凸凹的花坛条块化的空间进行视觉上的融合；另一方面，钟架雕塑的整个造型有可能激发出观众凝视时的

图4-5　“和平大钟”与钟架雕塑

“天－地”意识。一位诗人写道：“三根黑色的棱柱／托着五个褐色的圆环／挺拔伟岸／屹立在天地之间”，“一根根棱柱／是挺直的脊梁／砍不断／摧不垮／压不弯／撑起我们民族的浩浩蓝天。”（陈永昌，2001）[124−125]

三期扩建，设计师为南京大屠杀纪念馆再添四处标识，分别位于外景区集会广场上的灾难之墙，以及史料陈列厅地下空间——亦即历史时空——里的序厅、献花台和12秒展厅。它们各自都被命了名，行使着空间界定之功能，作为一处独立景观而存在。并且，除献花台之外，其余三处还都各自获得一份独立的讲解词。在空间区隔方面，灾难之墙、序厅和12秒展厅三处都表现得很鲜明。

灾难之墙（参见图4-6）是一堵既方正有力又庄严压抑的黑色大理石墙体，将集会广场与背后的旧馆（尤其是遗址广场）相区隔。墙面左侧自上而下整齐地排列着中、英、日、德、葡、荷、

图4-6　集会广场上的灾难之墙

法、韩等十二种语言的“遇难者 300000”标识，右侧靠上的位置以一种变体的方式，援引了石壁墙上的那个标识，其他部位还零星地点缀着几个外文标识。

序厅（参见图 4–7）是一个具有清晰边界、封闭而空灵、灰暗阴森的坟墓状地下空间，这里拥有整个记忆之所最密集而多元的符号元素，包括坍塌城墙状的顶棚、黑色大理石地面、地坪光纤灯、电子屏小展台、电脑模拟的江水、遇难者的遗像、白色石质花圈、长明火祭台，以及遇难者名单墙等。其中，顶棚被设计为一块坍塌的城墙，上绘当年的南京地图，用一系列小红灯标明集体屠杀点，一个字号巨大的中、英、日文“遇难者 300000”标识纵贯地图，被嵌于标识背后的光纤灯映照得雪白夺目。观众必须穿过序厅，才能观看“人类的浩劫”陈列展。序厅的空间区隔

图 4–7　顶棚上镌刻数字标识的序厅

功能相当明确：让刚刚通过一座“历史之门”拾级而下的观众告别当下，穿越到历史时空，然后才能观看“人类的浩劫”基本史实展。

由一家美国公司所创意的“12 秒”集群（参见图 4-8）位于结束大厅出口的左侧。这是一个近似于三角体的逼仄灰暗空间：在滴滴答答紧迫的读秒声中，每 12 秒钟便从高空坠落一滴水珠，并伴随墙上一盏嵌有遇难者遗像的筒灯之闪灭。这个数字标识具有两个独特性：首先，它不是一个“总和”概念，而是一个“速度”概念，即每 12 秒就有 1 人被屠杀；其次，它并非凝固不变的，而是在“流动”中生成的。这里的空间区隔功能在于，在一个逼仄空间里“重现”那一段大屠杀的历史时间。

图 4-8　12 秒展厅

资料来源：南京大屠杀纪念馆。

每一次扩建，都不仅拓展了南京大屠杀纪念馆的地理边界，也是对组成要素的特征以及互动潜力——尤其是与观众互动的潜力——的重构，还会伴随设计师对于参观流线图的重构。其中，南京大屠杀纪念馆的组成要素与观众互动的潜力在很大程度上又是由参观流线图所形塑的。二期扩建后，三个数字标识共存，但它们的地位差异明显：组合雕塑和钟架雕塑分别处于流线首尾两端，而石壁墙上的标识不仅由“唯一”降格为“其一”，更被边缘化到流线中部的一个角落；同时，环形流线使观众可以两度从不同视角、或远或近地凝视组合雕塑和钟架雕塑。而三期扩建后，灾难之墙位于流线前半程，黑底白字和巨大体量容易对观众造成强烈的视觉压迫感。而在序厅，一个雪白夺目的标识在灰暗压抑的空间里，同样能制造出这种视觉压迫感。献花台激发或容纳记忆实践的能力尽管强大，却未得到一份讲解词，因而遭到讲解员的忽视。当观众从陈列厅出来后，他们可以从另一个视角或远或近地再度凝视灾难之墙、钟架雕塑与组合雕塑。至于石壁墙上的标识，已是最边缘化的一个了。

（三）以数字生产意义

这七处数字标识的集群，每一处都绝不只是一组特定要素的物质组合，而是高度活跃的表意组合。除了钟架雕塑一处集群之外，其余六处都明确使用了“遇难者 300000”“300000”或“12秒”的语言符号。同时，通过物质材料的质感、颜色、形状和体积等的配置而构造出来的“物质意象”，对于生产数字标识的意义尤其重要。

作为最早的遇难者数字标识，石壁墙上的“遇难者300000”一经出现，就蕴含着下列四套意义：对抗话语、谴责话语、起源话语和纪念话语。它们共同构成南京大屠杀的集体记忆。后来渐次出现的每一个数字标识也同样传达着这些意义，并通过不同的空间区隔和界定，以不同的侧重参与到这些意义的生产过程中来。我们可以从“话语范畴”“时间指向”“对象指向”“话语作用方式”以及“话语稳定”五个方面，来比较这四种话语的异同，如表4-1所示。

表4-1　四种话语的比较

	话语范畴	时间指向	对象指向	话语作用方式	话语稳定
对抗话语	政治	现实	记忆谋杀者	反应性的	低
谴责话语	伦理	历史	侵华日军	非反应性的	高
起源话语	法律	历史	侵华日军	非反应性的	高
纪念话语	记忆	历史	遇难者	非反应性的	高

第一，南京大屠杀纪念馆的修建是我国党和政府对于1982年日本“历史教科书事件”的一种直接回应，而在石壁墙上镌刻“遇难者300000”的标识就变成了一种针锋相对、旗帜鲜明的对抗话语，其针对的目标是一切试图否定南京大屠杀的当代“记忆谋杀者”（Vidal-Naquet，1992），尤其是日本右翼，因而属于政治话语的范畴。对抗话语是对间歇性发作的否定行为的一种反应，

因而其具体构成和凸显程度具有很强的波动性。

第二，在南京大屠杀纪念馆中借由一种鲜明的视觉方式来展示或强调遇难者数字这一做法，也代表了当代中国社会对于当年侵华日军犯下的南京大屠杀之“神圣之恶”所持有的一种基本伦理评价，更准确地说，是对它加以道德谴责。这种道德谴责超越了民族国家的政治立场，是一种站在“人类”立场上的话语，基本陈列展入口外面墙上的“人类的浩劫”几个大字便明确地表达了这一立场。不过，从“民族”立场向“人类”立场的升华，并非来自馆方的认识转变，而是来自于中央领导的推动。2005 年，为纪念抗战胜利暨世界反法西斯战争胜利六十周年，南京大屠杀纪念馆到北京办展，时任中央政治局常委的李长春在审查该展览时指出：“你们把展览定位于‘民族的灾难’，应该是准确的，但是显得高度不够，南京大屠杀是‘民族的灾难’，同时也是‘人类的灾难’，或者说是‘人类的浩劫’。”（朱成山，李慧，2015）[145] 不管具体的记忆谋杀行为是否发生，这种谴责话语都会相对稳定而持续地发挥作用。

第三，作为南京大屠杀编史建馆立碑工作领导小组组长的南京市长关于在馆中刷一个“300000”数字的提议，也带出了数字标识的历史起源话语。这是一个“合法的”历史起源。如我们在第二章中所述，1947 年 3 月 10 日，南京审判战犯军事法庭在对日本战犯谷寿夫的判决书中，认定南京大屠杀的“被害总数达三十万人以上”（胡菊蓉，2006）[389]。第二年 11 月 4 日至 12 日，同盟国设在东京的远东国际军事法庭也对南京大屠杀遇难者数字给出了一个结论，即“总数达二十万人以上……这个数字还没有将被日军所烧弃了的尸体，投入到长江，或以其他方法处分的人们计算在内”（张效林，1986）[486]。这两个结论有着明显的差异。首先，南京审判的结论彻底、简洁，而东京审判的结论既不彻底，也不简洁。其次，南京审判不仅早于东京审判做出判决，而且还是由一个从“受害国”转变为“战胜国”的主权国家依法得出的结论。面对两个都合法的数字，纪念馆选择把“300000”作为物质视觉性的标识，这当中有旗帜鲜明地申明一种“中国立场”、判定历史事实的考量，也许还有便于记忆的考量。可见，起源话语属于法律范畴，是对历史文件的陈述和援引，当前的任何政治－社会变动都无法改变它本身的历史性特征，起源话语拥有高度的稳定性。

第四，南京大屠杀纪念馆修建的一个基本目的，是落实党中央和中央政府关于树立日本侵略之碑来“教育人民，教育青少年和子孙后代”的指示，这就表明南京大屠杀纪念馆所致力的是一种“记忆工作”。而在馆内建立某些展示和强调遇难者数字的景观，自然有出于纪念遇难者的基本考量（参见图 4-9）。这种纪念话语属于记忆的范畴，是当代人对于一起早已远去的历史事件中的遇难者之祭奠、缅怀与纪念。这种话语主要折射了作为受害国的中国对于自身历史－文化连续性的需求这个面向，因而是非反应性的，其稳定程度也比较高。

这四种话语在与不同集群的物质性之间的依存关系上，紧密程度有所不同。其中，对抗话语和起源话语表现出低依存度，换

图 4-9　侵华老兵东史郎长跪于石壁墙下忏悔罪行

注：对东史郎的介绍参见第三章相关讨论，照片中记录的场景发生于 2000 年 2 月 27 日。
资料来源：南京大屠杀纪念馆。

句话说，如果把现有这些集群更换成其他的材质、颜色、造型、体量等特征，这两种话语依然可以得到较好的表达。而谴责话语和纪念话语对于集群物质性的依存度则高得多，也就是说，这两种话语的表意过程在很大程度上依赖于某些整体性或局部性的“物质意象”，然后经由“隐喻”的认知机制，转化为相应的“文化意象”。

组合雕塑中的“折断的军刀”雕塑和钟架雕塑的圆圈都利用“褐色”来隐喻“鲜血”，表达对南京大屠杀的“谴责”。而 12 秒展厅的创意是，将一个特定的时间段（六周）加以算术平均化，并具体落实为“水滴”，由高处间隔地坠落，这与计时工具“漏刻”——更准确地说是“水漏”——的物质意象相契合。不仅如此，每一次水滴的坠落伴随旁边墙上一幅遗像的闪灭，由此不仅在“水滴”的物质意象与“生命”之间建立了直接的隐喻关系，而且本体与喻体几乎同步地被具象化，将谴责表达得淋漓尽致。

而“纪念”之意，主要借助三种物质意象而生产出来：“方整有边的墙”“凸凹不平的墙”和“青铜钟”。前两种物质意象是由设计师齐康所做的区分，他写道：“一种方整有力，如入口处方整有边的墙上刻着邓小平同志对纪念馆的题字‘侵华日军南京大屠杀遇难同胞纪念馆’，紧接着入口迎面的墙上用中、英、日三国文字刻着‘遇难者 300000’的黑色字样，庄严而凝重，代表了中国人民向世界公布的实证和不忘国耻的决心……另一种墙凸凹不平，如残破起伏、高低错落的遇难者的浮雕墙。”（齐康，1999）[8] 另三处“方整有边的墙”见于灾难之墙、献花台和序厅，其中，序厅内侧塑的那一截江堤也是一堵方整有边的墙，中间镶嵌着一个硕大的白色石质花圈，花圈的电子屏每 12 秒切换一幅遗像，花圈前还摆放着一个长明火祭台。人们可以轻易地将这种物质意象隐喻为“墓碑”的文化意象，从而祭奠、缅怀、纪念死者的含义自然就得到了表达。

第二种物质意象“凸凹不平的墙”见于组合雕塑和序厅。前者的整体物质意象是一座残破的古城，而序厅顶棚也被做成残破的城墙形状，两者都很容易被隐喻化为“废墟”的文化意象。在中国古典文化和建筑中，该文化意象是表达“纪念碑性”的一种基本手法。（巫鸿，2008）

第三种物质意象“青铜钟”见于如今被称作“和平大钟”的景点。这里的“纪念”意义表现出了鲜明的时期性，甚至也对究竟该把“青铜钟”的物质意象隐喻为何种文化意象产生了微妙影响。钟架树立起来后，兀立馆中八年，一口仿明式青铜古钟才作为主角姗姗登场。在“有架无钟”时期，钟架本身并无明显的“纪念”之意，主要靠它与所在广场上刻有硕大“祭”字的水泥铺面之间的互动关系，来表达纪念意义。而在“有架有钟”时期，该雕塑又演绎出了微妙的情节：从 2003 年 12 月 12 日挂上“和平大钟”到三期扩建拆除其所在广场以前这段时期，由地面的“祭”字与青铜钟所表达的告慰死者之意共同生产出纪念话语；而从扩建竣工以来，直露的“祭”字的物质意象消失，钟和架转而主要通过与近旁灾难之墙上的“遇难者 300000”标识的互动关系，来表达纪念之意。值得指出的是，倘若当初由中国佛教协会前会长赵朴初题写的“警世钟”没有因为与南京市下关静海寺正在为纪念香港回归所铸的大钟撞名而被市政府叫停（朱成山，李慧，2015）[219-222]，那么我们现在所看到的自然不是“和平大钟”。这一偶然性的变化导致的表意后果是，一方面使得青铜钟不再与宗教——准确地说是佛教——相关联，因此“和平大钟”也就不再与“佛钟”的文化意象发生关联，尽管它仍然具有“警示钟”的基本意义。而另一方面，若从更宏观的空间尺度和叙事关系来看，位于集会广场上的“和平大钟”与位于和平公园里的高大“和平女神”雕塑之间就形成了遥相呼应的互动关系，强化了记忆之所的和平主题。

由前述分析可见，序厅是唯一建构出双重物质 - 文化意象的集群：它既以“方整有边的墙”隐喻“墓碑”，也以“凸凹不平的墙”隐喻“废墟”。不仅如此，这里的数字标识还表达了一种独特的宗教含义。与扎根于“地上”的其他标识不同，它飘荡于“空中”，耀眼又压抑，不仅对遇难者集体的“在天之灵”这一层神圣的宗教含义进行了物质视觉化，而且也给人一种他们穿越历史依然在“照亮”当下的观感。在此，升天的“神圣性”与南京大屠杀的“世俗性”勾连在一起，其中世俗性借由一系列物质性来表征：坍塌的城墙、南京地图、集体屠杀点、江堤、遗像、钟声以及名单墙。该标识作为纪念话语，主要通过与花圈、祭台、名单墙、遗像、坍塌的城墙等物质的互动来实现。

五、记忆实践及其脚本化

对于纪念馆、博物馆、名人故居等记忆之所，生产出特定的“物质性”及其特定的“意义”只是完成了一半的记忆工作，而另一半则要靠记忆社群的成员来到这些场所，通过特定的“记忆实践”来完成。

具体到南京大屠杀纪念馆，包括纪念馆领导、解说员、导游、执勤人员、政治人物、中外观众、幸存者及其家属、遇难者家属以及小贩在内的各种行动者共同组成了一个庞大的记忆社群，他们在这里展开各种记忆实践，或曰展演。南京大屠杀纪念馆每周和每日的工作时间表形塑出了基本的节奏性，这种节奏性只有在“五一”“十一”等国家法定假日时，才会被适度地打破，以便尽可能地接纳更多观众。

这些记忆实践围绕了解历史真相、感受民族痛苦、缅怀遇难同胞、展示民族认同、表达对人类未来的承诺等目的而展开。这些实践的正式和复杂程度悬殊，可以像身体的移动与停顿一般简单平常，也可以像国家仪典一般庄重严肃和设计精细；有些实践严格遵循馆方制定的脚本而展开，有些是观众自我设定的脚本，还有些干脆无本可依。

本节并非要对整座南京大屠杀纪念馆里的一切实践进行全面系统的考察，而只是聚焦由数字标识激发或容纳的典型记忆实践或展演，它们如何受到展演“脚本”的形塑，并表现出了何种脚本效应。按照克雷斯韦尔的观点，不同场所作为特定的集群，也是不同实践的集群。例如，史料陈列厅是一个观展空间，观众只能或快或慢地向前移动，不可能坐下休息，这就与可以在草坪和石凳上坐着休息和交谈的和平公园形成了鲜明对照。同样，数字标识所在的那些集群也上演着各自的剧目。可以说，正是经由各种行动者的实践，这些数字标识才构成了一个活生生的、具体可感的文化记忆体系。

（一）记忆实践的展开

对于数字标识所激发或容纳的记忆实践／展演，我们可辨析其中四种典型的形式：讲解、摄影、献花／旗，以及集体仪式。

首先，讲解员和导游与普通观众之间构成了一种最基本的“互动展演”(Goffman，1959) 关系——讲解。讲解员和导游在讲解空间上，有着比较明确的区隔。目前，讲解员每天提供的免费讲解通常是从外景区的雕塑广场末端开始的，从远处的第一座雕塑“家破人亡”一直讲到集会广场和组合雕塑，陈列厅是重点，讲到“结束语”为止。陈列厅是讲解员的专属话语领地，在这里，导游必须收起旗帜，不能使用耳麦，只能以普通观众的身份进入。除讲解员的专属领地之外，导游至少还有一半的参观流线可以讲解。

讲解员和导游在集会广场上的讲解，把观众的注意力引向数字标识。尽管灾难之墙、和平大钟与组合雕塑上的数字标识都在视野范围内，讲解员和导游却几乎只讲前两处的标识。对第一处，他们仅指出多语言书写这一事实，不解释其意义；对第二处，他们在讲解中明确揭示雕塑的表意手法；对第三处，他们仅提及断刀，但忽略其上的数字。同时，“讲解员－观众”和“导游－观众”这两种互动展演基本是一种“讲→听”的单向关系：讲者的传播行为是一种经过反复操演的独白，而听者几乎不会打断或提问讲者，任由讲者遵照脚本展开表演。

摄影作为“游客凝视”(Urry，Larson，2011)，在纪念馆中也是一种基本的记忆实践。当时的南京市委宣传部长在二期扩建时曾对馆长说：“你这个馆给人‘照相留念’的地方太少了。”(朱成山，李慧，2015)[121] 这说明，有关管理部门看重摄影对于维持和传播南京大屠杀记忆的社会功能。三期扩建后，拍照机会大为增加。

外景区的三个数字标识在摄影机会上相去甚远。首先，灾难之墙是最佳摄影点，但墙上不同位置的摄影机会却差异明显。以十二种语言书写的标识的左侧作为左半区的视觉中心，有石壁墙上那个标识之变体作为右半区的视觉中心，这两个位置是最受欢迎的取景点。中部墙体除了底部零星点缀的几个外文标识之外，呈单调的黑色，相对受冷落。不过，由于国家公祭鼎在首个国家公祭仪式之后被置于中部墙体前面，明显增多了该区域的留影诉求。导游有时会明确鼓励观众去拍摄公祭鼎。[6] 其次，组合雕塑的摄影机会在很大程度上取决于观众类型及其记忆实践的性质。对于散客，它相对受冷落，主要有两方面的原因：一是雕塑前空间相对局促；二是坐在雕塑前石沿上休息的观众造成取景困难。然而，对于来馆举行悼念、宣誓等仪式的集体观众，这里却是理想的摄影背景。他们通常以组合雕塑前面的小祭场为主持台，自带的摄影师、馆方的摄影师，以及受到吸引的其他观众往往都在摄录仪式，以及作为背景的组合雕塑。可见，集体仪式创造出了多重的拍照机会。但是，在这里举行仪式，也有一个缺点：受参观流线的限制，由陈列厅出口而来的观众往往成为仪式过程中不经意的闯入者，其走动、驻足、说话、观看等行为都会破坏仪式感和照片的表意性。最后，刻有数字标识的石壁墙一度是馆内最重要的取景点之一，但每次扩建都导致了其摄影机会的减少。现在，它仍处于由悼念广场至墓地广场的流线上，但观众通常匆匆走过，很少对就在眼前的它驻足观看，拍照者更少，并且人流越大，拍照者越少。

献花／旗虽不如摄影频繁，视觉能见度却很高（参见图4-10）。馆方只指定了两种展演道具：菊花和小国旗。其中菊花是塑料花。然而，出于趋利动机的小贩们通过售卖真菊花和比小国旗还小得多的心形国旗贴纸等商品，进一步“丰富”了展演道具，而纪念馆对此持宽容的态度。我们在田野观察中发现，最受青睐的献花／旗之地是陈列厅内有数字标识的那个献花台。它是参观流线上第一个指定的且理想的献祭场所，其理想性源于，数字标识前面的平台高度契合于观众所熟悉的祭奠意象“墓碑”。通常，观众把花／旗放到台上后，就继续观看展陈，但也有少数人很有意识地或很认真地把献花／旗当作一次“表演”，甚至还可能先做一下“排

图 4-10　工作人员正在整理献花台上的花和旗

练”，然后将表演摄录下来。譬如，一位母亲让约莫八九岁的儿子去献花，让他双手慢慢斜伸出去，保持将放未放的姿势，妈妈在一旁摄下这一幕。[7]

其实，馆方也开发并制作了一个贴纸道具——紫金花贴纸，它与紫金草徽章、紫金草印章、紫金草国际和平纪念章等一起，代表了南京大屠杀纪念馆为打造紫金草这个符号元素之记忆潜力的努力。紫金花贴纸呈圆形，白底上面一朵紫金花，一段紫色花梗，四个花瓣，六根黄色花蕊，特别又醒目。讲解员和摄像师等工作人员几乎都在胸口贴着它，然而观众贴之者却极少，主要原因在于，他们不知道在何处领取。有一天，我们去领了一整版贴纸，拿着它在十二种语言的数字标识前拍照留念，这是两位作者围绕数字标识最独特的一次记忆展演。[8]

相对于讲解、摄影和献花／旗，集体仪式尽管发生频率最低，然而其视觉能见度却最高，仪式感也最强。这里，有必要对世俗时间和神圣时间里的集体仪式分别加以讨论。在世俗时间，集体观众与散客杂然并存。集体观众来自于社会各界，其中人数最多、出现频次最高的是学生，他们是南京大屠杀纪念馆履行全国爱国主义教育示范基地功能的核心目标群体。集体观众往往会刻意经营其“个人前台”（Goffman，1959）[23-24]，尤以衣着、姿势和表情为突出。首先，集体观众（特别是中小学生）统一着装的比例很高。统一着装虽能因鲜明的视觉性而增强仪式感，并吸引其他观众的注意力，但如果衣着色彩过于鲜艳明亮就会与纪念馆基调和氛围不相协调。其次，身体操演几乎总是集体仪式的一部分，需要参与者以低头、举手、握拳等动作来表达情感和意义。最后，三者中，统一表情的表演难度最大。譬如，在一群小学生的宣誓仪式过程中，一位老师就大声提醒：“脸上的表情要是沉重的，悲哀的，我们是来缅怀的！”[9] 这种现场规训通常有立竿见影之效，但也暴露出集体仪式的展演性。

神圣时间里的仪式就是公祭仪式，它经历了从“地方公祭”向“国家公祭”的升格。12月13日是南京大屠杀纪念日，从1994年开始，每年的这一天都在南京大屠杀纪念馆里举行公祭仪式，最初二十年，公祭是地方层次的。在地方公祭时期，形成了一种“大小年公祭”的展演模式。所谓大年，就是“每逢抗日战争胜利和南京大屠杀遇难同胞祭的五周年或十周年的年份”（朱成山，李慧，2015）[19]。大年公祭由省市两级“五大班子”的正职领导出席，而小年公祭则由副职领导出席，大、小年参与仪式的社会各界人士分别在1万和5 000人左右。（朱成山，李慧，2015）[19] 2014年全国人大常委会以国家立法的形式，将这一天设为国家公祭日。国家主席习近平出席了首届国家公祭仪式，随后两届也都有中央政治局委员级别的党和国家领导人出席。

历届公祭仪式都与数字标识紧密联系在一起。最初的三次仪式是在悼念广场举行的，我们浏览当时一些主要报刊对公祭活动的报道时发现，它们无一例外都提及遇难者数字这一核心信息，但石壁墙上的数字标识却往往并不见于新闻照片。（朱成山，朱同芳，2014）[16-19] 也许，悼念广场局促的空间客观上限制了摄影记者的取景幅度，但也有可能数字标识不被认为有新闻价值。在二期扩建后的十年（1997—2006 年）间，公祭改在组合雕塑前面举行，新闻照片中几乎总会出现雕塑上的数字标识。（朱成山，朱同芳，2014）[20-37] 三期扩建后，灾难之墙成为地方公祭的固定祭坛，如今的国家公祭依然在此举行。

世俗时间里的绝大多数记忆实践都未能引起新闻媒体的关注，而神圣时间的公祭仪式却每一次都会得到媒体的报道。不过，地方公祭较之于国家公祭，所获的报道幅度逊色很多。此外，对国家公祭的报道也已表现出了明显的等级秩序。前三届国家公祭虽然都是被电视直播的“媒介事件”（Dayan，Katz，1992），但只有首届是由中央电视台直播的。电视直播极大地扩展了公祭表演的观众数量，让海内外的电视观众得以与现场观众几乎同步参与。不仅如此，电视观看还有可能转化为实地参观。譬如，观看了首个国家公祭仪式电视直播的赵先生出差途经南京，来馆参观，他记得“当时就是以这个墙为背景”[10]。总之，电视直播极大地拓展了南京大屠杀记忆的文化社群的规模。

（二）记忆实践的脚本化

讲解、摄影、献花／旗与集体仪式这四种记忆实践都在某种程度上牵涉到展演“脚本”的问题。不同的实践有不同的结构，不同程度地表现出脚本效应。

讲解员和导游的讲解不同程度地受到脚本的制约。他们只在讲解中提及部分数字标识，这便是脚本效应的一种具体体现。不过，这种效应在他们身上的强烈程度并不相同。首先，脚本效应在讲解员身上表现得非常强烈：脚本中若有数字标识的内容，讲解时就会提及；若没有，则不提。在馆方目前的讲解词中，有两个数字标识未出现在讲解词中：一是组合雕塑虽得到了一份独立讲解词，但其中并未提及数字标识；二是陈列厅内的献花台上的数字标识根本未以任何方式进入讲解词。我们留意到，老师们在对新讲解员进行现场培训时，会纠正他们的各种小错误，诸如站／走位错误、展品顺序的错误、所讲与所指不相匹配、对讲解词措辞的更改，以及对讲解词内容的增删。[11] 其次，导游身上的脚本效应要弱得多，原因主要在于：一方面，他们当初考取导游资格证时，面试官强调基本素养，并不苛求照本讲解；另一方面，他们的讲解往往在“知识性”与“娱乐性”之间寻求平衡。[12] 甚至，知识性有时也无法得到保证，譬如一位男导游在讲解钟架雕塑时说，“这是由梁思成的徒弟齐康所设计的”[13]，而这与事实不符。

摄影的脚本化则是另一番情形。馆方并未对外景区的摄影制定任何明文的脚本，不过这并不意味着观众的摄影就是随心所欲的。我们发现，摄影是一种“情境定义”的活动。具体而言，观众对于南京大屠杀纪念馆是或不是什么、具备或不具备某种特征，何谓恰当或不当行为持有一些主观认知，譬如“这是一个很庄重的地方”[14]“这是一个很特殊的纪念地点”[15]，以及“南京大屠杀纪念馆不是一个旅游景点”[16]，这些认知会在很大程度上影响他们的摄影方式和照片的社会用途。这里，我们将“情境定义”的认知部分看作每个人自我设定的脚本。

脚本效应的一种行为表现是摄影方式。我们观察发现，观众大致以三种方式拍照：(1) 以数字标识为中心；(2) 以数字标识为核心背景；(3) 以数字标识为边缘背景（参见图 4-11）。这些

图 4-11　参观者拍摄数字标识

摄影方式在凝视和表意的方式上颇不相同。拍第一种照片时，摄影者以数字标识为焦点，刻意避免旁人落入镜头。这类照片基本上是一种“历史独白”式的凝视，仿佛摄影者在聆听遇难者的集体诉说，摄影者刻意不借助数字标识之外的其他人或物来将自己当下的哀思等情绪加以客体化。第二、三类照片都是“古今对话”式的凝视，但分别偏重于“古”或“今”，并借助于身体、花或红旗等事物来将情绪客体化。然而，要恰当地操控身体的姿势和表情却并非易事，尤其是如果入影者是孩子。

脚本效应的另一种行为表现是照片的社会用途。有些人明确

表示，会把照片分享至社交媒体。一位赵先生对着十二种语言的数字标识拍照后说："我就是要发（微信）朋友圈，让朋友们都来了解和重视这段惨痛的历史。"[17] 有些人却正好相反，不打算在社交媒体上分享。四位男青年以灾难之墙右侧的数字标识为核心背景拍照后，都说不会在微信朋友圈发这幅照片，其中一人的理由是："毕竟这是中国近代史上的一次灾难，很沉重，分享到朋友圈感觉有点像是在炫耀自己来过这里。我们拍照只是用于留念，以后看到照片时记忆就会更加清晰。"[18]

我们发现，集会广场上有时存在一个摄影的否定式脚本：不准踩踏碎石。尽管设计师对碎石子的设计初衷是，通过踩踏所发出的沙沙声来表达纪念，一些导游和执勤人员却错误地把遗址广场上鹅卵石的寓意"照搬"到这里，说碎石代表遇难者，不能随便踩踏。[19] 结果，一些人就不（敢）走近灾难之墙拍照了，甚至还可能将那些走近拍照者视为规则破坏者。

馆方倒是对陈列厅明确制定了一个否定式脚本：不准拍照。馆长的解释是，在局促的陈列厅里拍照，会影响观众的正常移动。[20] 导游和执勤人员都会明确地口头下达"不准拍照"的指令。在序厅，仍有少数观众会违禁拍摄顶棚上的数字标识，这主要发生在人流量大的情况下，那时特勤的职责重心转向了催促观众"往前走，边走边看，不要停留"。[21] 但总体而言，这个否定式脚本具有很强的规制效应。

献花／旗也存在有趣的脚本效应。首先，入口小广场上的告示牌和安检机旁的广播共同提供了一个"献花"的展演脚本，即通过在指定的三处献花台献花，来缅怀遇难者和表达爱国之情。其次，告示牌和广播均未提供关于“献旗”的脚本。最后，真菊花和心形国旗贴纸是小贩们所卖，也无脚本。我们发现，对于缺乏脚本的献旗，观众们直接“照搬”献花的脚本，认为献花台亦即“献旗台”，献旗也可以缅怀遇难者和表达爱国情感。他们几乎完全不觉得真菊花与塑料菊花在“献花”用途上有何差别。对于国旗贴纸，他们无“本”自通，将它贴在脸上、手臂、胸口等处。值得指出的是，对献旗的“照搬”思维有悖于馆方的初衷。馆长明确表示，不应献祭国旗，正确做法是把它留作纪念。[22] 可见，南京大屠杀纪念馆的本意是，通过观众与国旗的亲密接触，激发爱国主义情感，并且让他们将其带至其他场所（尤其是“家”），持续地发挥记忆／纪念作用。

总体而言，献花／旗的脚本效应有限，因为观众自行地发展出多个献祭点，有些与数字标识发生了关联。有些人将花／旗献在公祭鼎、和平大钟及标志碑的标牌上。由于碑、鼎、钟就在灾难之墙前面，也就完全可将这些献花／旗的行为理解为向灾难之墙的灵魂——“300000 遇难者”——的献祭。另一处颇受欢迎的献祭点是刻有数字标识的石壁墙背后房顶平台上的石碑，很多人将花／旗摆放或插在上面。

世俗时间里的集体仪式的脚本复杂程度不一，却几乎总是遵循某种预设的展演脚本，有些高度程式化，参与者只能按照主持者的指令按部就班，有些则表现出一定的创意。譬如，一群中学生在悼念广场举行悼念遇难者仪式，刻有数字标识的石壁墙落入广场右侧同学的视线，也不时落入摄影镜头。馆方代为准备了花圈，仪式由一位女讲解员主持，她先后发出“献花圈”“默哀”和“三鞠躬”三道指令，整个过程完全按照馆方的脚本展开。相比之下，一组小学生的仪式就表现出了一定的创意。他们取名“先锋雏鹰小分队”，其中“雏鹰”系南京市教育主管部门为本市小学生社会实践规定的主题，是展演脚本不可更改的“框架”，但他们通过增加“先锋”一词来彰显个性。不仅如此，他们在十二种语言的数字标识前拍照时，后排三人各举一个南京市“城墙宝宝”卡通公益形象的卡片[23]，进一步增强了创意性。

有些仪式脚本是由旅行社或其他商业机构制定的。例如，一群高中生在和平大钟前，面对灾难之墙宣誓。默哀 30 秒后，一位男生领读宣誓词，到最后两句（“勿忘国耻，振兴中华；以史为鉴，步步向前”）时，大家齐诵。[24]这份宣誓词的标题为“南京大屠杀遇难同胞战争纪念馆宣誓仪式流程——纪念反法西斯战争胜利 71 周年”，显然不是来自馆方。馆长说，馆方从未制定过这种宣誓词脚本。[25]一群小学生以灾难之墙为背景宣誓，仪式的核心环节为集体朗诵《少年中国说》。[26]这两份仪式脚本都是旅行社制定的。

在所有记忆实践中，当属神圣时间里公祭仪式的脚本程式化程度最高。在地方公祭时期，仪式程序总体上相当稳定：一位地方官员担任主持人，一位官员——大多数时候不是中央官员——担任致辞人，一位市民代表作为《南京和平宣言》[27]宣读者；其间穿插向遇难者敬献花圈、鸣放防空警报、敲响和平大钟，以及放飞和平鸽等环节。宣读和平宣言的环节于2002年引入，宣读者为青年模范，即“每年由南京团市委从当年南京十大杰出青年中指定一位”（朱成山，李慧，2015）[292]。当升格为国家公祭后，先前的很多仪式程序得到继承，不过差异也很明显：主持人和致辞人都是中央级官员；和平宣言由散文体变为诗经体，内容由每年不同变为固定，并由个人宣读变为集体朗诵。除了这些主要角色之外，还有数量多得多的现场观众，他们被用来转喻“社会各界人士”。此外，与南京大屠杀历史相关的人群（如幸存者及其家属、遇难者家属）也是国家公祭中的重要角色，南京大屠杀纪念馆每年都会邀请部分代表来观看仪式，他们甚至会成为重要的台上“表演者”。在首次国家公祭仪式上，国家公祭鼎的揭幕就是由一位幸存者代表和一位遇难者家属代表跟习近平一道完成的。

六、结语

1982年的日本“历史教科书事件”直接导致中国南京崛起了一座大屠杀纪念馆。正如波兰人将奥斯维辛集中营“变成了他们民族受难历史的一个核心纪念地”（阿莱达·阿斯曼，2016）[330]一样，中国人也将南京大屠杀纪念馆——尤其是作为大屠杀丛葬地的“万人坑”——视为我们民族受难史的核心纪念地。南京大屠杀纪念馆在实际运行过程中，已成为回击日本右翼篡改教科书的主要阵地之一，它甚至还组织中、日、韩三国学者共同编撰了东亚历史读本。(朱成山，2005) [3-4] “教科书”和“纪念馆”都是诺拉所言的“记忆之所”的具体且重要的表现形式，但它们以不同的方式展开记忆工作。

本章以“300000”作为研究对象的最初动机，源于两位作者各自以普通观众身份第一次去南京大屠杀纪念馆时的参观体验，遇难者数字标识给我们留下了深刻印象。我们后来发现，很多其他观众也拥有类似的体验。参与南京大屠杀线上纪念活动焦点小组访谈的多名大学生说，一想到南京大屠杀，最先浮现出的意象就是“300000”。[28] 一位 90 后记者在“开往南京的高铁上……拼命调动着自己关于南京大屠杀残存的记忆，却发现空空荡荡”，“4 个多小时过去了，脑子里依旧只有一个冰冷的数字——30 万”。[29] 可以肯定，“冰冷”只是它留给一部分观众的情感体验。而在前馆长眼里，“30 多万不是一个冰冷的数字，而是一个个曾经鲜活的中国人的生命。这些死难者的背后，是一个个曾经温暖的家庭”。(朱成山，李慧，2015) [50] 这种不同的体验与观众对奥斯维辛的体验具有相似性。阿斯曼（Aleida Assmann）就发现，波兰人、幸存的犹太人、受害者的家人、德国人及其后裔对奥斯维辛集中营有着不同的情感，而正是“这些固着在同一地点的不同情感造成了奥斯维辛的复杂性”(阿莱达 · 阿斯曼，2016) [330，333]。

本章采用“场所作为集群”的理论视角，从“物质性”“意义”和“实践”三个方面，系统地考察南京大屠杀纪念馆中的遇难者数字标识，力图将看似微不足道的数字符号放到它所置身其间的微观集群、作为中观集群的空间区域，以及作为宏观集群的南京大屠杀纪念馆这一动态递进的镶嵌关系之中，来理解“由人创造的空间”和“空间中的人”共同编织的一幅记忆图景。

遇难者数字标识既不具有一幅历史照片或一件历史遗物那样的证据价值，也不具有“万人坑”那种神秘的场所气氛，然而它却表现出了融入空间和场所的巨大潜力。要将一串数字置于记忆之所内，就需要面对将它书写于何处、以何种方式书写等一系列技术、审美与政治问题。唯有解决了这些问题，数字标识才不仅仅是遇难数字的简单展示，而是转变为记忆之所中一道表意性的“景观”，激发或容纳特定的情感、认同与行动。

正是在此意义上，“场所作为集群”理论为我们提供了一个恰切的分析视角。首先，在时间层面，数字标识变为“集群”的过程是一个历史性的生成过程。它并非建立在通盘设计的基础上，最初数字标识被纳入南京大屠杀纪念馆有着政治行动（即反击日本右翼）的考量，而随着后续扩建中的空间改造和符号添加，它也逐步构成了一个数字标识的网络。其次，在空间层面，数字标识及其变体作为石壁墙、灾难之墙、组合雕塑、序厅、12 秒展厅等一系列清晰可辨，甚至被明确命名的微观集合的重要或核心要素，参与到空间的界定和区隔过程之中。对于纪念建筑的设计者而言，集群的物质性和空间区隔，皆为一个“编码”的过程。[30]编码的必要性在于，“正如戏剧里的婉转起伏，纪念性建筑也往往通过空间序列起承转合的张力来强化场所精神……将历史事件、知觉体验、文化信息与集体记忆有效地组织在一起，让参观者在空间的开合之中进一步触摸历史、感受文化，在情感的跌宕起伏里焕发出一种由衷的归属与认同”[31]。

数字标识、集群以及它们对于空间的构型，这一切都成为表意过程和记忆实践的物质性根基。我们发现，数字标识生产出对抗话语、谴责话语、起源话语和纪念话语这四套话语，它们之间在话语范畴、时间指向、对象指向等方面各有特点。同时，虽然对抗话语和起源话语对于集群的物质性的依存度低，但谴责话语和纪念话语的表意过程却明显依赖于集群的物质性。具体而言，设计师创造出“方整有边的墙”和“凸凹不平的墙”等“物质意象”，然后借由“隐喻”的认知机制，激活出相应的“墓碑”和“废墟”等“文化意象”，从而实现表意之功能。

此外，这些镶嵌着数字标识的集群激活或容纳着包括讲解员、导游、观众在内的各种行动者的记忆实践或展演，讲解、摄影、献花／旗和集体仪式是其中几种典型的形式。与数字标识的四种意义相呼应，行动者们的记忆实践更多地是默认起源话语——很多人未必确知“300000”的法律来历，他们更多地依赖它的重复性来默认其正当性，沿着谴责话语，最终落脚于对逝者的“纪念”，其间酝酿出的各类情感或情绪，经由“献花”等个体行为或者宣誓、公祭等集体仪式而得以释放。在对记忆实践的分析中，我们看到数字标识激发出的行动可能性和各种脚本对行动的“规制”之间的辩证关系，这在一定程度上折射出人类记忆活动的特性：记忆展演是在遵循脚本设定的前提下，展开的富有创造性的“有限”发挥。

本章的分析以“300000”数字标识为核心，但它并非南京大屠杀纪念馆中唯一的物质性符号。除此之外，馆中还有不少富有寓意的数字，譬如，雕塑广场的第一座雕塑“家破人亡”高12.13米；集会广场入口处被劈成两半的“冤魂的呐喊”雕塑也高12.13米；冥思厅门口列出了30个遇难家庭的成员名单；和平公园里的“和平女神”雕塑高30米；陈列厅结束大厅里的档案墙高12.13米，长20.08米；集会广场上的和平大钟高3米，钟面上部纹饰为30朵梅花和56个祭字，下摆口直径为1.937米；公祭仪式上放飞3 000只和平鸽等。前文已指出，“场所作为集群”这一视角有助于我们把握特定标识或符号与微观、中观以及宏观层次的集群之间的“跨层次关联”。从本章的个案讨论出发，这种“跨层次关联”还可以带入更多的元素和集群，并探讨一系列有趣的问题：300000这一数字标识与其他符号/标识之间构成了怎样一种竞争或互补关系？这些符号/标识怎样发掘或利用本地或外地的物质-文化元素？例如，和平大钟和国家公祭鼎上都运用了南京市花“梅花”图案、“和平女神”雕塑以一个东北女性的身体作为原型。（施金挺，2016[10-11]；朱成山，2008[107]）某些与南京大屠杀或遇难者数字紧密相关的物质性元素（如“万人坑”）在记忆地景中扮演着何种角色？在记忆之所内，抽象符号和具象标识各自发挥何种记忆或纪念功能？总体性的数字概念（300000）、局部性的遇难者意象（遇难者名单墙、档案墙、遇难者遗像），以及个体化的遇难者、幸存者及“道德见证人”（夏淑琴、倪翠萍、彭玉珍、张纯如）（Margalit，2002）如何相互编织缠绕，构成南京大屠杀集体记忆的不同面向，激发出不同的记忆实践和认同过程，并塑造南京大屠杀纪念馆这一“记忆之所”的整体意义？

不仅如此，“跨层次关联”还可以跳出南京大屠杀纪念馆的物理边界，与更广阔的记忆再生产机制和日常生活脉络相对接。毕竟，南京大屠杀纪念馆里没有永久居民，所有观众都来自“别处”。这个事实表明纪念馆与其他场所——可能近到围墙外的小区，可能远至地球另一端——之间，存在必不可少的“连结性”或“移动性”。同时，它也提醒我们，研究南京大屠杀纪念馆（包括数字标识在内）的集体记忆时，不能将视线局限于馆内空间，还有必要考察该空间如何“连结”观众的日常生活，例如，考察观众经由何种社会力量或机制而生产出来，他们回归日常生活之后在认知、态度和行为上又有何变化。

第五章

线上公祭空间的生成

您来到的是国家公祭网

彰显国家对同胞死难者的缅怀

牢记中华民族屈辱与抗争的历史

表达人民奋发图强与和平的心愿

——国家公祭网说明文字[1]

传媒是局促的历史舞台。一方面，历史的画卷在传媒这一载体上展开……传媒为我们提供了特定的历史叙事……另一方面，历史并不能在传媒上无拘无束地公演……镶嵌在一定政治、经济体制和发展环境中的传媒不经意地限定了历史事件的脚本。

——潘忠党，《历史叙事及其建构中的秩序》（2000）

第五章　线上公祭空间的生成

一、引言

2014 年 12 月 13 日是首个南京大屠杀死难者国家公祭日。国家公祭日前后出现了各种各样的媒体纪念仪式与活动，它们为国家公祭日合力构筑出了丰富的媒介纪念形态和实践。这包括国家公祭日当天在侵华日军南京大屠杀遇难同胞纪念馆举行的国家公祭仪式这样的“媒介事件”；电视媒体所做的现场直播，如江苏卫视当天从早 8 点到晚 8 点历时 12 小时现场直播的“国之祭”；各报纸组织的“日本寻证”“国家公祭 · 10 城联动”和“知识界的抗争”等报道活动；国家公祭日当天的大量黑白纪念报道，等等。作为媒介再现，它们是相对封闭的文本或影像系统，因此普通公众只能“阅读”“收听”或“观看”，很难直接而积极地“参与”其间。

相较之下，互动式的线上记忆形式则具有较强的开放性和参与性。2014 年 7 月 6 日，由新华网和南京大屠杀纪念馆共同筹办的国家公祭网上线。网站在提供大量信息与历史知识的同时，还允许网民展开“在线公祭”：通过“点烛”“植树”“献花”“敲钟”“献祭文”“献诗词”和“献楹联”等方式，祭奠南京大屠杀死难者以及其他抗战死难者。[2] 如果说国家公祭网大体上还是线下祭奠方式的线上版，那么国家公祭日前后由新华报业传媒集团、江苏省广播电视总台和南京广电集团三家媒体机构所推出的“国家公祭·众志成城——为了永不忘却的国家记忆”虚拟城墙捐砖行动（简称“捐砖行动”），“我们的和平树——亿万民众点亮世界最高和平之树”全媒体公益行动（简称“我们的和平树行动”），以及“紫金草行动”则体现出了自觉而强烈的创意性。

这些线上纪念活动是以新媒体为手段开展的南京大屠杀集体记忆生产，其载体是网页或移动端的HTML5页面，以二维码或链接为识别标志。这些线上纪念活动可以被视为以社交媒体为核心的“连结性文化”(culture of connectivity)（Van Dijck，2011）的具体表现：它在社交媒体上呼吁网友参与；它让人们只需要挪动手指，轻触按键便能完成纪念过程；它号召参与者将某些相关符号换作社交媒体的头像或者将活动链接转发至微博或微信。在线上平台捐一块砖，植一棵树，或者种一株草，这不仅不同于观看一部纪录片或阅读一篇纪念报道，更不同于线下的纪念活动。它们是“虚拟”的，人们或许会因此怀疑其分量；然而，它们又是“真实”的，因为数以万计的人们进入这些线上公祭空间表达哀思之情。

不过，这种自发连结和网络化生存的预设和想象，或许遮蔽了数字记忆生产的真实面貌。这类线上纪念活动构造出什么样的祭奠空间（memorial space)？生产出哪些历史和纪念叙事？这些叙事和主导纪念文化及符号系统有何关联？这类线上纪念活动如何体现新媒体时代集体记忆的生产过程？如何与传统媒体的运作以及线下公祭活动的展开相呼应？这些正是本章所要探讨的问题。

具体而言，本章以“捐砖行动”“我们的和平树行动”和“紫金草行动”这三项互动式在线纪念活动为研究个案，探究南京大屠杀主导创伤叙事如何从线下向网络空间扩散，以及线上公祭空间如何生成。纪念空间不是空洞的社会场所，其“生成”是一个动态的过程，它首先牵涉到空间的“构筑”，即如何搭建空间的基本架构，并调用视觉和文字符号来填充这一空间，营造出与祭奠相契合的纪念场景和氛围。其次，纪念空间不是静止的纪念碑，其目的不是供人们瞻仰，只有将公众带入这一空间并开展富有意义的祭奠或记忆活动，线上公祭空间才算真正生成。因此，本章的经验分析牵涉两个相互关联的层面：一是纪念空间的构造及纪念叙事；二是线上纪念活动的展开方式，特别是推动公众参与的修辞与行动策略。

本章从数字记忆的“镶嵌性”（embeddedness）这一理论视角出发，旨在理解传统媒体与纪念文化如何与线上世界相勾连，形塑数字纪念空间，并在此空间中展开记忆实践。对三个个案的分析表明，在线纪念空间的构造和生产既具有开放性也具有封闭性，其“生成”逻辑，不只是——甚至主要不是——网络或社交媒体的自发连结，而是建立在传统媒体的组织化运作及其背后的主导纪念文化之上。我们发现，数字和网络技术的运用，一方面使得集体记忆的实践更富有创意，拓展了参与的主体范围和空间疆域；另一方面，也使得传统媒体得以增强其组织和动员能力，拓展其意识形态基础设施的作为。这两个方面的结合，使得线上公祭空间成为带有民众自发参与表象的国家权力空间，或者说是支配性的线下公祭空间的延展。在此展开、经此建构的集体记忆，由此成为带有强烈民族国家色彩的数字化记忆。

二、数字记忆的"镶嵌性"

无论是个体记忆还是集体记忆，都在一定程度上受制于"记忆的技术以及相关的社会－技术实践"。(House，Churchill，2008)[296] 学者们研究发现，"9·11"恐怖袭击事件发生之后，人们除了在世贸大厦废墟展开纪念活动外，也在网上表达对遇难者的悼念。(Hess，2007；Walker，2007) 而网页、博客，以及Youtube和Facebook等社交媒体，则为各国人民纪念战争中殉职的军人提供了新的渠道和平台。(Knudsen，Stage，2012；Danilova，2015) 其结果是，催生出"网络纪念"这一独特的记忆形态，即"正在浮现的一整套由计算机网络所中介的社会实践，在其中，数字化纪念客体、结构与空间得以生成"。(Foot，Warnick，Schneider，2006)[73] 在数字化空间当中，个体聚集起来并展开纪念活动。

对于数字记忆的研究显示，与传统的纪念形式不同，线上纪念的开始与被纪念的事件的发生之间的时间差更短暂 (Foot，Warnick，Schneider，2006；Hess，2007)，甚至事件还没有结束，人们就已经开始忙不迭地展开纪念了。（Hoskins，2011）由于“数字数据的时间性、流动性和易得性”（Hoskins，2009）[102–103]，线上纪念往往具有很大的灵活性，其形式和内容可以轻易改变，但也可能随着时间的流逝而不再更新、无人维护，乃至不复存在。（Hess，2007；Danilova，2015）有些学者认为，网络记忆空间的形成和运用推动了记忆生产的民主化。首先，互联网变成一座数字档案馆，巨量的历史资料在点击之间便唾手可得。（Knudsen，Stage，2012）其次，它赋予一般大众工具和主动权，让他们得以参与到记录和叙述记忆与历史的过程中去，而无须仰仗国家及其档案机构。（Liew，Pang，Chan，2014）网络记忆空间对网络纪念话语的运用具有赋权作用，它让普通人有机会在纪念中分享个体经验，表达私人情感，由此“强化了纪念社群中的民间声音（vernacular voices）”。（Hess，2007）[828]

再者，以战争纪念为例，与强调民族一心、上下团结的传统纪念形态不同，网络记忆空间能容纳更多的争议和分歧。丹麦学者布里特·努森（Britt Knudsen）和卡斯滕·斯特奇（Carsten Stage）在分析Youtube上纪念丹麦士兵殉职的视频及其评论后发现，视频中建构的民族英雄形象招致评论者的异议和反对。换言之，Youtube这个“民主空间”催生出一种新的纪念实践，即允许对战争现状及其合法性提出质疑。（Knudsen，Stage，2012）而在对美国新闻博客和中国互联网的研究中，研究者们也发现，互联网会生产出有别于官方或机构化记忆的民间记忆、另类记忆乃至反记忆（counter memory）。（Robinson，2009；Yang，2010；

Zhao, Liu, 2015)

新媒体与数字技术的运用使得社会记忆“既不是对过往的检索与恢复，也不是对过往的再现”，而是“镶嵌于社会技术实践当中，并经由这些实践而传布开去”。(Hoskins, 2009)[92] 当然，新媒体技术对记忆生成的影响并非发生于真空之中。英国学者艾米丽·凯特利（Emily Keightley）和菲利普·施莱辛格（Philip Schlesinger）指出，首先，在数字记忆及其形构的过程中，“主流媒体远没有消亡，它们与线上世界的关联仍在不断演变”(Keightley, Schlesinger, 2014)[746]，正是新旧媒体的相互交织拓展了记忆实践的形态。其次，数字化媒介能否催生出另类社会记忆，还取决于它们所镶嵌其间的权力机构、社会系统与支配性的意识形态。因此，凯特利和施莱辛格主张，在探究中介化记忆的本质，它所牵涉到的记忆实践，以及数字化媒介塑造、转化或扩展这些实践的具体方式时，不仅要注意到旧有媒体技术的持续影响，也要考虑到新旧媒体所镶嵌其间的社会政治结构。(Keightley, Schlesinger, 2014)[747]

我们可以采用社会学理论中的“镶嵌性”概念，来理解数字和网络媒体中介的记忆（mediated memories）及其生成。“镶嵌性”这一概念最早出现在卡尔·波兰尼（Karl Polanyi）对经济社会变迁的宏观分析中（Polanyi, 1944)，后来经由美国社会学家马克·格兰诺维特（Mark Granovetter, 1985）的重新表述而成为新经济社会学的核心概念。格兰诺维特运用镶嵌性概念来探讨经济行为和社会结构之间的关系：他一方面反对新古典经济学的理性选择模式，认为它不够重视行动主体的社会性；另一方面，也反对社会决定论的模式，认为它过于强调社会对人的制约。他提出一个介于两者之间的解释模式，认为人的选择以及执行该选择的主体性都镶嵌于特定的社会关系和社会结构之中。从社会网络的视角出发，镶嵌性意味着：市场中的社会成员既不是“游离于社会情境的原子”，也不会“像奴隶一样死守由各种社会范畴所写就的脚本”；相反，“他们做出的有目的的行为镶嵌于具体的、持续运转的社会关系之中”。(Granovetter，1985) 487

除了格兰诺维特所强调的结构镶嵌性之外，美国社会学家莎伦·祖金（Sharon Zukin）与保罗·迪马乔（Paul DiMaggio）还辨析了另外三种镶嵌性：一是“认知镶嵌性”，即聚焦心智过程中的结构性规律；二是“政治镶嵌性”，即经济行动者与非市场机构（国家和法律框架）之间的权力斗争如何影响经济机构与决策；三是“文化镶嵌性”，即共享的集体理解对于行动者策略和目标的影响。(Zukin，DiMaggio，1990；Krippner，Alvarez，2007) [3]

这些讨论的聚焦点都是行动者及其经济行为，而本章的分析对象是网络空间中的记忆实践，它牵涉到一系列行动者及其所在机构在特定文化氛围与制度环境中展开的互动。因此，这里的镶嵌性，首先指向“文化镶嵌性”，探究共同体的共享符号和意义系统对于数字记忆的形塑作用。具体到南京大屠杀，无论是官方还是民间，都存在着一整套文化创伤叙事。在下文的分析中，我们将首先勾勒围绕国家公祭日的线下的、传统的祭奠空间，以及其间浮现的支配性的纪念叙事。在此基础上，我们将考察主导纪念文化与符号系统如何影响线上纪念活动对南京大屠杀的表征，线上的祭奠活动从纪念文化的“工具箱”（toolkits）（Swidler，1986）中汲取了哪些符号、意象和资源，又受到了哪些限制，形成了什么样的祭奠空间。

其次，除了文化镶嵌性之外，我们还有必要关注正式的制度架构与组织关系之影响。（Baum，Oliver，1992；Brinton，Kariya，1998）在论述镶嵌性的研究文献中，市场被看作制度安排或规则，规制个体的行为和行动策略，影响生产常规和市场互动的形式。而在有关制度创新的研究中，“制度镶嵌性”概念也被用来解读创新的路径依赖（Ghezzi，Mingione，2007），或者技术、产业结构和相关制度的协同演化。（Nelson，1994）尽管本章所要研究的既不是经济体制的长时段演化，也不是创新与制度变迁，然而线上纪念活动既带有相当的创新色彩，也的确是在特定历史场景下的媒介体制与制度架构当中展开的。数字记忆生产所镶嵌其间的制度环境，既包括新媒体背后的社会经济与技术基础设施（Reading，2014），也包括与之相关联的传统媒体的政治经济环境，媒体组织之间的关系，以及新旧媒体互动所生成的媒介场景。

三、案例背景与研究方法

本章以国家公祭日前后的互动式线上纪念活动为个案，案例包括“国家公祭 · 众志成城——为了永不忘却的国家记忆”虚拟城墙捐砖行动、“紫金草行动”和“我们的和平树”全媒体公益行动。[4]“捐砖行动”由新华报业传媒集团[5]主办，于2014年9月27日启动，截至2014年12月14日，活动参与人数超过180万。活动页面（参见图5-1）由集团下属的中国江苏网设计制作，并被纳入其国家公祭专题“祭·忆——南京大屠杀死难者国家公祭日”，该专题先后获得2014年度江苏省网络好新闻一等奖、第25届中国新闻奖网络专题类一等奖。

图5-1 “捐砖行动”网页版的开始页面

“我们的和平树行动”由江苏广电总台[6]主办、江苏网络电视台承办，于2014年11月25日上线，截至2014年12月13日17时30分，参与人数逾190万。该活动被纳入网络台“国之祭　和平颂——首个国家公祭日特别策划”，该网络专题获得2014年度江苏省网络好新闻二等奖。

“紫金草行动”由南京广电集团[7]主办、南京网络电视台承办，于 2014 年 11 月 6 日上线，活动参与人数逾 70 万，转发次数 17 万。该活动是南京网络电视台“国家公祭紫金草行动”全媒体特别报道的一部分，该报道获得 2014 年度江苏省网络好新闻三等奖。

图 5-2 展示了“我们的和平树行动”和“紫金草行动”的移动端首页页面。

图 5-2 “我们的和平树行动”和“紫金草行动”移动端首页

为分析线上纪念活动生产出的纪念叙事，我们收集了与三项活动有关的各类资料，包括：(1) 线上纪念活动自身的文本，涵盖网页版和移动端活动页面中的文字与视觉符号；(2) 活动的宣传与推广资料，例如活动倡议书和宣传片，组织者、名人与普通网友在微博、微信等社交媒体上发布的推广信息或活动体会，新闻奖申报资料，以及相关刊物上的活动经验总结；(3) 主办方和其他媒体对相关活动和国家公祭日的报道、直播和评论。

为了解数字记忆的生产过程，我们访谈了活动主办方，以获得与线上纪念活动的设计、组织和执行有关的经验材料。鉴于这些活动都由各媒体集团的新媒体部门承办，我们访谈了江苏网络电视台、中国江苏网和南京网络电视台的负责人与相关工作人员。访谈共四次，牵涉到 11 位访谈对象。第一次访谈是在 2015 年 6 月，后面三次均在 2016 年 7 月进行。其中两次为一对一的访谈，访谈对象为江苏网络电视台内容总监（1 号访谈）和中江网副总编（2 号访谈）。另外两次为集体访谈，一次访谈对象为中江网视频中心主任、编辑中心副主任及两位编辑（3 号访谈）；另一次为南京网络电视台编辑主管及四位编辑（4 号访谈）。访谈围绕各媒体的相关活动展开，聚焦活动创意、与其他媒体的竞争与区隔、纪念意象的意义阐发、纪念活动的内部组织、记忆动员的方式与纪念活动的效果及反思等方面。访谈历时 1 ～ 1.5 小时不等，除了交叉验证访谈对象提供的信息之外，我们也将访谈资料与公开发布的文本资料（文件通知和新闻报道等）相对照并进行印证。

为从参与者角度获得一些对三项线上纪念活动及其组织的反应，我们展开了一次焦点小组访谈。2016 年 6 月初，我们请参与者（南京大学 10 位人文社科领域的学生）在现场完成了三项活动，并请他们围绕参与经验展开讨论。在事实性的问卷调查之外，焦点小组访谈与讨论涵盖下列内容：记忆最深刻的符号或图像，行动传递的信息、表达的意义（寓意），寄语的选择与评价，以及代表南京大屠杀的符号等。

四、构筑公祭空间

（一）国家公祭日与纪念文化

与我们在第三章中所分析的主导创伤叙事相呼应，围绕国家公祭日建立的符号系统与纪念叙事以“勿忘国耻 · 圆梦中华”为核心。“勿忘国耻 · 圆梦中华”是国家公祭日前后南京大屠杀纪念馆周边的标语，或是活动海报的主题（参见图 5–3），同时还是江苏卫视“国之祭”现场直播的主题语。而在此之前，全国各地都举办了以“勿忘国耻 · 圆梦中华”为主题的教育活动，包括全国性和地方性的征文比赛、知识竞赛、演讲比赛、主题队（团）会

图 5–3　2014 年首个国家公祭日前后南京大屠杀纪念馆周边的标语及活动海报

注：左侧图片拍摄于 2014 年 12 月 16 日。

和诗词楹联征稿活动等。例如，北京市在7月初陆续开展了近40项纪念活动，而江苏省和南京市在12月初规划推出了32项宣传教育活动。这些活动不仅是为了纪念南京大屠杀遇难同胞，也是为了纪念抗战胜利69周年、“七七”事变77周年和“九一八”事变83周年。

粗略检索“中华数字书苑－数字报纸库”，结果显示，全文中包含关键词“勿忘国耻·圆梦中华”的新闻报道超过2 400篇[8]，其中2014年度的报道涉及了多个纪念日，包括全民族抗战爆发（“七七”事变）、抗战胜利、“九一八”事变和国家公祭日，以及甲午战争爆发120周年和烈士纪念日。换言之，“勿忘国耻·圆梦中华”并非专门针对国家公祭日所发展出的表述，而是贯穿这一系列纪念活动的主导叙事。这与我们在绪论中对国家公祭对象的讨论和第三章中对南京大屠杀叙事与抗战叙事的紧密关联一脉相承。

在2015年纪念抗战胜利70周年的各类活动中，“勿忘国耻·圆梦中华”同样是最重要的主题。例如，2015年8月25日，中宣部和教育部下发《关于组织开展“开学第一课”活动的通知》，要求“以‘勿忘国耻·圆梦中华’为主题，通过组织开展‘开学第一课’活动，对广大青少年深入进行爱国主义教育和革命传统教育”。

“勿忘国耻·圆梦中华”也为新闻媒体对相关纪念日的报道与评论奠定了基调。例如，国家公祭日当天，《人民日报》头版的社论《构筑捍卫正义的国家记忆》这样写道：

让我们深切哀悼南京大屠杀死难者和所有在日本帝国主义侵华战争期间惨遭杀戮的死难同胞，让这段不屈抗争的历史，成为我们民族的集体记忆，成为捍卫和平的强大意志，成为实现中华民族伟大复兴的力量之源。1937年12月13日，在中国犯下了无数滔天罪行的侵华日军，开始在南京制造一场震惊世界的大屠杀，30多万同胞在长达六周的时间里惨遭杀戮……我们设立国家公祭日，就是为了强化国家记忆，凝聚中华儿女“勿忘国耻、振兴中华”的共同精神信仰，朝着“两个一百年”奋斗目标大踏步前进。

这段文字以极其浓缩的方式重述了历史（核心是“12月13日”和“30多万”）和创伤叙事的核心要素（“侵华日军”与“同胞”），南京大屠杀被视为“无数滔天罪行”中最典型的例证。这篇社论将哀悼对象界定为南京大屠杀死难者和其他死难同胞，悼念的主体是“中华民族”或“中华儿女”，悼念的意义则是“凝聚……共同精神信仰”。大屠杀被界定为“国耻”，抗日战争被看作“不屈抗争的历史”，二者存在一定的论述张力，被共同置于“勿忘国耻”的框架之下，与民族复兴关联起来。

体现同一叙事的还有：新华社在国家公祭日前一天刊发的评论员文章《以正义的名义》倡议“以实现民族伟大复兴的中国梦向遇难同胞献上最深切的哀思和最庄重的祭奠”；南京媒体《现代快报》在国家公祭日的头版更以巨幅文字“祭 以国之名 以家之名 以中华民族之名”将这一叙事整合进“家国同构”的框架内。国家公祭日设立于2014年，但这一“创伤－复兴”的线性宏大叙事却并非新近出现，而是延续了过去三十余年纪念报道和创伤叙事中的核心主题，而“勿忘国耻”也是爱国主义教育运动的核心诉求。（Wang，2012）国家公祭日带来的变化之一首先是强调“国家记忆”，其次则是将“中国梦”和“民族复兴”乃至更具体的“两个一百年”带入叙事，使“振兴中华”等已有的表述具体化。

从人大常委会的决议到国家公祭网的设计[9]，从铺天盖地的主题教育活动到媒体的大量报道，这些前期的线下和线上记忆书写，建构出关于国家公祭日的多层叙事。它们与南京本地多年累积下来的纪念传统、侵华日军南京大屠杀遇难同胞纪念馆和丛葬地等记忆之所相结合，构成了地方媒体置身其间的文化氛围和可资使用的“工具箱”，它为线上纪念活动如何表述历史、建构纪念叙事、设置祭奠脚本提供了基本的素材，也为线上纪念活动的展开搭建了舞台背景。

（二）“虚拟纪念馆”中的南京大屠杀叙事

本章所考察的三项线上纪念活动并非封闭的文本系统，它们共同为参与者创造了一个虚拟的祭奠空间。通过视觉符号的呈现、行动意象的选择和祭奠寄语的设定，它们建立起一套与线下纪念场所／活动和记忆书写相呼应的大屠杀叙事。受制于页面特征和视觉设计的要求，活动页面往往不会出现太多文字。以“捐砖行动”为例，其网页先后出现 110 余字，移动端页面则只有“国家公祭　众志成城”八个字和“加砖”“献花”“点烛”“查询”四个按键。

与上引社论类似，活动页面建构的高度简化的历史叙事也以“30 万”为核心，像“沉痛悼念南京大屠杀 300000 死难者”“南京大屠杀 30 万死难者第一个国家公祭日”“惨绝人寰的南京大屠杀，30 多万生灵涂炭”“30 万无辜者死于惨绝人寰的大屠杀”之类的表述俯拾皆是。鉴于 2014 年 12 月 13 日是首个国家公祭日，同时被强调的还有 1213 和 77 这两个数字：

> 77 年前的这一天，举世震惊的侵华日军南京大屠杀让金陵城生灵涂炭、哀鸿遍野。77 年来的每一年，当那穿越时空的鸣咽响起，你一定也曾在那历史的痛感中默默心祭。（“我们的和平树行动”倡议书《致每一个热爱和平的你》）

这段叙述将持续六周的南京大屠杀浓缩在 12 月 13 日“这一天”，凸显了南京大屠杀纪念日的符号意义。“穿越时空的鸣咽”和“历史的痛感”传递出南京大屠杀创伤中的情感要素，“你”则可能是任何时代的个体。而 77 则是南京大屠杀发生年份（1937 年）与首个国家公祭日年份（2014 年）的时间间隔，它将过往的“历史”与当下的“纪念”连接起来，而对“每一年”的强调则凸显出纪念和记忆的延续性。

与俭省的文字叙事相比，页面中的视觉图像和符号更为丰富。如表 5-1 所示，三项行动的网页版、移动端和宣传片中出现的表征大屠杀或公祭日的视觉符号，无一例外地来自侵华日军南京大屠杀遇难同胞纪念馆。按出现频次的高低，依次是：标志碑（5次）、遇难人数纪念墙（4次）、“家破人亡”雕塑（3次）和“和平女神”雕塑（2次）。其中，只有以中、英、日三国语言书写的“遇难者300000”的纪念墙出现在每一项纪念活动的页面之中，再次凸显出30万的重要性以及纪念墙的符号意义。

表5-1　线上纪念活动中出现的纪念符号与行动意象

行动名称	平台	纪念符号	行动意象
捐砖行动	网页版	遇难人数纪念墙、“和平女神”雕塑	南京城墙、万里长城
	移动端	“和平女神”雕塑	南京城墙、万里长城
紫金草行动	网页版	遇难人数纪念墙、标志碑	紫色背景、紫金草花海
	移动端	标志碑	紫色背景、紫金草花海
我们的和平树行动	网页版	标志碑、灰白色背景墙、遇难人数纪念墙、南京大屠杀纪念馆外观与“家破人亡”雕塑	雪松、和平鸽、梅花状和平树勋章
	移动端	标志碑、灰白色背景墙、南京大屠杀纪念馆外观与“家破人亡”雕塑、红五星	和平鸽、雪松
	宣传片	遇难人数纪念墙、标志碑、“家破人亡”雕塑、浮雕	雪松、梅花状和平树徽章

这与主导纪念文化高度契合，在《人民日报》历年的纪念报道中，南京大屠杀纪念馆即被看作最重要的记忆之所，而这些视觉符号也出现在国家公祭日当天的媒体报道中。以新华报业传媒集团旗下的各报纸版面为例，《新华日报》的专刊封面为“家破人

亡”雕塑，内页使用了遇难人数纪念墙、“家破人亡”雕塑、标志碑及和平鸽等元素；《扬子晚报》的头版题图为遇难人数纪念墙，内页版头的图片为标志碑和“家破人亡”雕塑（参见图5-4）；《南京晨报》头版和内页均使用了标志碑和“家破人亡”雕塑的图片。媒体报道和线上纪念活动使用视觉元素的趋同性说明，它们都是从同一套既有的符号系统中调用经典视觉元素来表征大屠杀的。

图5-4　《新华日报》《扬子晚报》的国家公祭日纪念专刊封面

此外，纪念符号的挪用和凸显以及祭奠空间的视觉构造，都让参与者产生步入“虚拟纪念馆”的感受。例如，“捐砖行动”的网页版“献花”页面就与南京大屠杀纪念馆中的献花墙非常相似，而焦点小组中也有参与者提到，“捐砖行动”的页面“灰暗的感觉”让人联想到“南京大屠杀纪念馆”，“捐砖行动”的页面让人联想到“南京大屠杀纪念馆的那个墙”。

在行动意象方面，三项活动分别选择了城墙、雪松和紫金草等作为线上纪念活动的标志。经由页面的视觉呈现和主办方的阐发，这些迥异的意象表达出高度一致的文化意涵。三个意象中，雪松与南京大屠杀的联系最为直接明晰，“我们的和平树”这一活动的名称将祭奠与“和平”主题相关联，“亿万民众点亮世界最高和平之树”的口号则传递出祭奠者的身份认同。“捐砖行动”的核心意象是“城墙”，《新华日报》称，它“既象征国力国防、又带有南京地域特点”。不过，城墙不单单是一个地方性意象：

> 创意来自新华报业传媒集团的一次“国家公祭日”内部策划会议……集团领导……想到南京城墙，提议制作一个虚拟的城墙，让网友在线添加“爱国砖”，堆砌城墙，寓意“筑起我们新的长城”，展示“众志成城”的意志。(《大家来添“砖”，筑起我们新的长城》，2014 年 9 月 28 日)

这段表述不仅通过“爱国砖”和“众志成城”等词语传递出爱国主义的讯息，还将活动寓意阐发为“筑起我们新的长城”，由此将“城墙”这一地方意象与“长城”这一国家意象连接起来。这种意象联想不仅表现在媒体的阐发当中，也直接体现在活动页面的符号呈现上。“捐砖行动”的网页版和移动端首页背景都是南京城墙，而进入“捐砖行动”页面后，背景则变成了万里长城。

地方符号和国家符号由此联系在一起，地方创伤也得以转变为民族国家的创伤，这一点生动地表现在网页版首页的倡议中："为了痛悼亡灵，为了筑起全民意志的'城墙'／请您动手加块'砖'吧，一块'砖'就是一份祭奠／中华民族有14亿人口，每人加块'砖'／我们就将众志成城——"。在这里，城墙从"实指"转化为民族意志的"隐喻"。"捐砖行动"因而具有双重意义：它既是祭奠，更是"全民意志"的彰显，捐砖的结果是"众志成城"。

"紫金草行动"的核心意象及其寓意建立在一段故事之上：

1939年，一名侵华日军士兵在南京紫金山上采集到一种紫色小花的种子，此后几十年，他和家人致力于推广种植此花，以反对战争，呼吁和平，并将其命名为"紫金草"，从此，又被称为"和平之花"。其实，紫金草就是中国的二月兰，它耐寒、耐旱，在贫瘠的土地上也能顽强生长，蕴含着无穷的草根力量。（"紫金草行动"网页的"行动宣言"）

首先，这则故事表达的是当年的加害一方"对战争的反思和忏悔"（行动宣传片），这是南京大屠杀主导创伤叙事中的核心要素。其次，活动的意义被表达为"用草根的顽强，让世世代代永不遗忘"（移动端首页的"行动宣言"），并由此"凝聚民族的力量"（行动宣传片）。与"捐砖行动"类似，"紫金草行动"不仅是一种祭奠行为，也是中华民族意志和认同的集体表达。

线上纪念活动的"构造"并不是纪念符号与行动意象的静

态展示，它还牵涉到纪念脚本的设定。三项行动设定的纪念方式都是高度程式化的，参与者只能按照提示按部就班地完成整个过程。以“捐砖行动”为例，参与者在首页选择“加砖”，进入加砖页面，填写加砖人姓名，选择“加砖属性”，并在备选的寄语中选择“加砖寄语”，点击“完成”，可以看到砖块的编号，点击“确认”，整个过程在一分钟内即可完成。“我们的和平树行动”和“紫金草行动”的参与过程大同小异，它们并不繁复，也不过于耗时，不会过度渗入人们的线下生活。更重要的是，线上纪念活动构造出一个封闭的纪念空间，其封闭性表现在两个方面：一是预先确定、无法更易的纪念符号与行动意象，即参与者不能更改或自行书写新的叙事；二是程式化、仪式化的纪念脚本，即参与者只能依照事先写好的脚本完成祭奠流程。

在虚拟纪念空间内，参与者自由发挥的余地表现在对寄语的选择和填写上。其中，“捐砖行动”和“紫金草行动”提供了若干选项供参与者选择，这些寄语从另一个侧面勾勒出活动背后的主导价值或叙事。“捐砖行动”在移动端设置了 20 条寄语供参与者选择。寄语中出现两次以上的高频词语包括“中华”（6 次）、“国耻”（4 次）、“先烈”或“烈士”（3 次）、“历史”（3 次）等。寄语以“中华”认同为核心，涵盖祭奠缅怀、国耻雪耻（“勿忘国耻”“实干雪耻，空谈误国”）、振兴中华（“强我中华，扬我国威”和“见证中华之复兴”）等主题。“紫金草行动”只设置了 5 条寄语，但与“捐砖行动”类似，它们也是在爱国主义的宏大叙事框架下，沿着缅怀遇难者、勿忘国耻、振兴中华等叙事线索而展开。

参与者在上述寄语中做出选择，并完成捐砖或种草的过程，这在某种意义上可以被看作主导纪念叙事落实于个体行动的过程。以“捐砖行动”为例，焦点小组中有一半的参与者选择了第一条寄语“勿忘国耻，祭奠英魂”。其中一位这样讲述自己的选择理由：“高中的时候……（历史）老师在课上就跟我们说一些日本人的暴行，当时我特别气愤，我就把那张（课本书页）撕掉了，然后写上了‘勿忘国耻’……所以我这次就选了‘勿忘国耻’。”由此可见，个人经历和爱国主义教育的叠加，使参与者形成了非常深刻的创伤情感或记忆烙印。

概括而言，三项线上纪念活动尽管各有创意，行动意象亦不尽相同，然而借由纪念符号、行动意象的选择呈现，以及寄语的设定，它们所构建出的纪念叙事却趋于一致。首先，它们对于南京大屠杀的历史叙述以“30万”为核心，选择的纪念符号均为南京大屠杀纪念馆中的纪念物。其次，它们都倾向于将行动意象阐发为“既能够表达对死难者的祭奠，又能凝聚民族的情感和力量”。最后，供参与者选择的寄语更多地传递出“勿忘国耻”等爱国主义讯息。这些符号、意象和叙事元素，大多来自于表征南京大屠杀的既有符号系统的“工具箱”，也与国家公祭日的宏大叙事相契合。即便是“紫金草”这样一个相对较新的符号，围绕它的叙事和对其意义的阐发也沿着主导叙事的方向展开。总之，线上纪念活动深深地镶嵌于南京大屠杀的纪念文化和悼念政治之中。

五、“生产”纪念公众

（一）数字记忆的生产逻辑

线上祭奠活动的构造，不仅受到主导叙事和纪念文化的影响，也在很大程度上受制于数字记忆的生产逻辑。举例来说，国家公祭日的纪念活动即便放在线上，也不能够出任何政治差错。其结果是，“捐砖行动”和“紫金草行动”之所以会设定备选项，既是为了让参与者可以更快地完成线上纪念流程，也是为了减少人工审核寄语的工作量。(2 号、4 号访谈）由于参与者可以自行填写姓名，为了确保搜索结果不出现政治错误，主办方设置了关键词过滤机制。例如，中江网就将国家领导人、著名政治人物、二战战犯的姓名等四五百个关键词设置为过滤词（3 号访谈），即便有人输入这些姓名，也无法显示。

为了深入理解线上纪念活动所牵涉到的记忆生产活动，我们就必须考察数字记忆的生产逻辑。我们发现，它与潘忠党所分析的中国媒体生产香港回归的历史叙事遵循同一逻辑，即国家法团主义（state corporatism）体制（张静，1998；Dickson，2000；Gu，2001；Lee，He，Huang，2006；Lee，He，Huang，2007）下的文化生产逻辑。该逻辑的核心是，国家与受市场利益驱动的媒体在建构民族主义叙事中联姻，在报道香港回归当中高歌民族主义既符合国家的政治利益，也受到市场的青睐。因此，围绕香港回归的民族主义叙事的生产既在国家主导的框架之内展开，也

借助于法团主义的互动规则，从而形成了国家与市场、中央与地方之间的利益调适。（潘忠党，2000）

从主办者对于线上纪念活动的定位和命名中，我们可以管窥主办活动的媒体机构的利益诉求。“捐砖行动”被定位为“全媒体互动产品”，而“我们的和平树行动”则被描绘成“大型全媒体公益活动”，其中的关键词首先是“公益”。线上纪念活动并非孤立存在，它们是国家公祭日媒体纪念活动的一部分。以新华报业传媒集团为例，该集团于 2014 年 9 月 27 日启动“国家公祭 · 南京 1213 全媒体行动”，该行动由集团社长、总编辑和副总编牵头策划指挥，持续近 3 个月，被视为“新华报业有史以来报道数量最多、传播效果最佳、社会影响最大的一次重大主题性战役报道”。（顾新东，2015）[10] 其间，集团所属各媒体推出各类专栏 50 余个，共刊发文字报道 2 000 多篇（200 多万字），图片报道 300 多幅，音视频报道 200 多分钟。

线上纪念活动镶嵌于国家公祭日的主题报道，这意味着它们被放在同样的框架之内策划，并与其他报道和宣传活动共享同样的基调和叙事，而线上纪念活动的网页上所提供的报道链接或者公祭背景材料，则将其与线下的祭奠活动和更广阔的祭奠氛围对接起来。此外，集团的其他媒体及其报道也成为线上纪念活动推广过程的重要载体。例如，《江南时报》的“警钟长鸣，众志成城”系列报道在每篇末尾或专栏题图处都附上了捐砖指引或活动页面，而江苏卫视在国家公祭日推出的“国之祭”直播活动则全天滚动播出“我们的和平树行动”倡议书。

线上活动定位的另一个关键词是“全媒体”或“产品”。与香港回归的欢庆不同，国家公祭日的哀悼氛围令商品化或市场诉求显得不合时宜。因此，无论是《新华日报》等党报，还是《扬子晚报》《南京晨报》和《现代快报》等市场化媒体，在国家公祭日当天无一例外地运用黑白版面，且无任何广告。在线上纪念活动中，同样也见不到广告的踪影。然而，这并不意味着公祭报道——包括线上纪念活动在内——完全是自上而下的灌输之产物。实际上，线上纪念活动的开展既符合公益，也符合商业利益。就公益而言，三项线上纪念活动与早前设立的国家公祭网可谓一脉相承，都试图将线下的主题教育向网络空间拓展，努力扩大爱国主义在网民（尤其是年轻一代）中的影响。此外，前面提及的《关于组织开展“开学第一课”活动的通知》专门强调，要“有效发挥新媒体的育人功能”，而 2015 年 4 月中宣部等部门还联合下发通知，要求以“勿忘国耻 · 圆梦中华”为主题在网上开展祭奠英烈活动。就商业利益而言，线上纪念活动被传统媒体视为“台网互动”或者媒体融合的创新之举。这里的商业利益不是指狭隘的广告收入，而是指向媒体的曝光度、公共形象、在新媒体环境中的用户拓展，以及一般意义上的转型探索，所有这些都具备了为媒体机构在未来带来商业利益的某些潜能。

本地媒体与异地媒体、不同媒体集团，以及集团内部新旧媒体之间的多重关系极大地影响了这些线上纪念活动的推行。以“捐砖行动”为例，它对于新华报业传媒集团而言不过是众多活动中的一项，但它对中江网而言却是其“祭 · 忆——南京大屠杀死难者国家公祭日”网络专题的核心一环：在中国新闻奖的参评推荐表中，被列为专题四项特色之一，在三项代表作中排第一位。[11] 中江网负责人指出，宣传国家公祭日对于江苏媒体既是一项义不容辞的责任，而国家公祭日也是一个非常难得的题材，就像 2013 年上海自贸区是上海本埠媒体的“独特资源”一样。[12] 因此，他们从一开始就打算把活动做成精品，“在很多细节上都很严格地把关”，譬如，“捐砖行动”的网页架构就是聘请专业公司搭建的。（2 号访谈）该专题最终也为中江网夺得第 25 届中国新闻奖网络专题类一等奖，成为了非常重要的官方象征。

此外，三家同城媒体之间的竞争也对线上纪念活动产生了影响，这是皮埃尔·布尔迪厄（Pierre Bourdieu，2011）所言的“新闻场域”逻辑的一种具体表现。江苏网络电视台的受访者指出，他们之所以选择“雪松”作为行动意象，一方面是因为“雪松是南京的市树”“雪松和战争与和平本身就有象征意义”。而另一方面则是为了“能和城墙和二月兰区分开来”（1 号访谈）。这里的“城墙”和“二月兰”（紫金草原名）分别指向 9 月 27 日启动的“捐砖行动”和 11 月 6 日上线的“紫金草行动”。“我们的和平树动作”作为最迟启动（2014 年 11 月 25 日）的活动，在意象选择上刻意地与前两项行动区隔开来。

总之，公益与商业利益相重叠的文化生产逻辑不仅塑造了线上公祭空间和南京大屠杀叙事，也影响着线上纪念活动对于纪念公众的“生产”。所谓“生产”，既牵涉到触及公众，将之带入纪念空间并使其转变为活动参与者（记忆动员），也牵涉到对公众及其参与过程的想象和塑造（记忆共同体的建构），进而将线上纪念转化为富有意义的记忆实践。

（二）记忆动员与线上－线下连接

线上公祭空间是“虚拟的”，然而记忆动员工作却是很“现实的”，镶嵌于记忆生产的制度环境之中。鉴于主办媒体在媒介特性、政治经济地位和动员能力方面的差异，线上纪念活动以不同的方式进入公众视野，触及参与人群，连接线上线下，由此营造出不同的集体祭奠氛围。

我们注意到，三项线上纪念活动表现出了不同的纪念时间或周期。新华报业传媒集团主办的“捐砖行动”于9月27日启动，而由广电媒体主办的另外两项活动则分别于11月6日和11月28日上线。“捐砖行动”之所以在那个时间点推出，是因为它要与当天启动的集团全媒体行动保持同步，并借势推广。那一天，距离国家公祭日还有77天，旨在建构出“南京大屠杀77周年”的象征意义。由于新华报业传媒集团——特别是报纸——每天能够传递的信息有限，纪念周期被拉长。以国家公祭日当天为例，尽管多家报纸都推出了公祭特刊，但其版面总归有限。而江苏卫视则在国家公祭日当天推出“国之祭”直播，从早8点至晚8点持续12小时。纪念时间和纪念周期的不同，或许也是为什么“我们的和平树行动”上线最晚却提出了“线上雪松达到百万棵”的目标，而最早上线的“捐砖行动”则将目标设定为象征30万遇难同胞的“30万块砖”。

从理论上讲，线上纪念活动能够触及互联网世界中的任何网民，然而事实上，其能见度受制于主办媒体在空间上的覆盖（地域覆盖和影响力）。三家媒体机构中的新华报业传媒集团和南京广电集团基本都只能覆盖当地，江苏卫视作为卫星频道虽然可以覆盖全国，但在网络空间内，江苏网络电视台的影响力却无法与新华报业传媒集团旗下的门户网站中江网相提并论。为了增强覆盖能力，江苏网络电视台将微博、腾讯QQ、百度、搜狐视频等13家网络媒体列为“我们的和平树行动”的联合发起机构。而中江网则联合北京、上海、重庆等10个城市的重点新闻网站，在国家公祭日前夕发起了“10城联动”网络纪念活动[13]，这恐怕是受10月中旬《新华日报》“10城联动”系列报道[14]的启发。这一做法既增强了地方媒体的国家公祭日报道和线上纪念活动在全国范围内的能见度，也将发生在其他城市的创伤事件（例如旅顺大屠杀、731部队、重庆大轰炸、细菌战，以及“万人坑”）带入国家公祭框架，这与国家公祭日的主导叙事相契合。

与此同时，线上纪念行动的发起者——两家省级媒体，一家副省级媒体——积极地运用组织资源和社会资源来展开线上与线下的推广和动员。除了借助于自身的媒体渠道展开报道之外，微博和微信等社交媒体也成为重要的动员平台。例如，南京广播电视台在活动期间共发布80条与行动相关的微博，日均2.2条。不过，三家媒体机构的动员和生产方式有所不同。

首先，线上与线下的联系强弱使得线上纪念活动呈现出不同的线下景观。新华报业传媒集团囿于媒介形态的差异，其线下纪念更多以新闻报道的形式出现。因此，“捐砖行动”更多停留在线上世界，并不存在线下的对应物。江苏广电总台和南京广电集团则不同，它们在国家公祭日前后策划的各种活动为线上纪念向线下纪念的延伸提供了可能。“我们的和平树行动”和“紫金草行动”都推出了纪念徽章（参见图 5-5），徽章充当线上与线下的中介物，而佩戴徽章则成为一种现实性的纪念 - 记忆展演。“紫金草行动”的主办方在线上倡议网民将紫金草换作社交媒体的头像，在线下则倡议市民在国家公祭日当天寻访丛葬地时佩戴徽章，或者在现场活动时“用紫色的纸来折这个花”（4 号访谈）。“我们的和平树行动”则直接将线上的虚拟种树延伸到线下国家公祭日直播的一个环节中，即“当线上雪松达到百万棵时，‘世界最高和平之树’将在 12 月 13 日国家公祭日当天在南京被点亮”。国家公祭日当天下午 5 点 30 分，点亮仪式在江苏广播电视塔举行，一株和平树在环绕电视塔的 LED 屏上慢慢成长，成为直播当中极富象征意味的线下景观。有趣的是，受制于电视塔和 LED 屏的形状，最

图 5-5　“我们的和平树行动”和“紫金草行动”的徽章

后点亮的并不是雪松，而是橄榄树。(1 号访谈)

其次，不同媒体机构所拥有的资源状况制约着动员方式的选择。政治经济地位相对更高的新华报业传媒集团尽管也通过中江网进行了网络推广，但它主要是通过线下的组织渠道开展动员，其动员带有鲜明的官方色彩。2014 年 11 月初，新华报业传媒集团与江苏省教育厅和江苏省团省委联合举办了“国家公祭新闻行动进校园”活动，这场活动一直持续到国家公祭日前夕。线下的动员过程由省教育厅和团省委主导，与学校合作，采取自上而下的方式，带有非常强的官方色彩。省教育厅官方微博“江苏教育发布”将“捐砖行动”的消息置顶，而团省委则建立相关的工作 QQ 群，同时也在青年手机报和手机短信平台上开展动员工作。[15] 受访者介绍了这一过程：

教育厅、团省委还有宣传部（引者注：应为新华日报社），这三家，下一个文件到学校，还有一些是我们私下联系的，有的是学校里面团委联系的。然后让学校里团委出面，找一个班级或几十个人，让他们到食堂门口或操场，因为一二十、二三十（人）也够了，然后（把）一些宣传册和一张桌子往那一放，找那一二十个人拿着宣传册找同学去扫那个二维码。(3 号访谈)

受访者提及的这份文件名为“关于在大中小学开展国家公祭日相关活动的通知”。该通知甚至为省辖市教育局和各高校设定了应完成的捐砖数量，这足以表明新华报业传媒集团拥有较高官方地位的事实。

至于新华报业传媒集团内部，不同媒体之间也有分工，例如中江网主要负责在8所大学内推广，而《扬子晚报》等媒体则负责在社区的推广。除了官方渠道之外，媒体及新闻记者也利用各自的社会资本来推动公众参与。“开协调会布置宣传推广的时候，就要求跑教育的记者全部来参加，（他们）要利用自己的资源在学校里面推，跑团省委的也来推。”（3号访谈）进校园和进社区等活动在发挥现场动员作用的同时，也制造出了新闻事件，供集团内的媒体报道，进一步产生“媒体放大”的传播效应。更重要的是，在线下举行的“捐砖行动”具有强烈的集体性和仪式性：

> 去学校，好像是南农，我去过……学生反应特别好。几乎过一两分钟就会有人过来扫。其实他们看到是南京大屠杀纪念活动……学生就是自发的，或者说被气氛感染，（觉得）这个是跟南京大屠杀有关，需要我出份力了，他们都会把手机拿出来扫，都不用我们在那边吆喝。（3号访谈）

这种集体参与也将“捐砖”整合到其他仪式性的线下活动中，例如国家公祭日主题班会、团日等。

根据主办方公布的数据，2014年11月14日活动第一站时，捐砖数为53万，而到2014年12月11日校园行结束之时，捐砖数达160万，这在一定程度上印证了线下动员的效力。不过，通过组织渠道展开动员也会带来“硬推”的负面影响。譬如，国家公祭日当天的一条微博就写道，“空间里全是公祭日……秀公祭网添砖截图……一想到要统计一整个班的学号、砖号截图还要做成表……我现在连下床的勇气都没有”（匿名）。

与新华报业传媒集团形成鲜明对照，另外两家媒体机构——尤其是江苏广电总台——则主要依靠自身的媒体资源和社会资本，开展线上推广。以“我们的和平树行动”为例，为了在两周之内完成种植一百万棵雪松进而实现点亮和平树的公祭直播的目标，具体负责该活动的江苏网络电视台负责人提到：

> 调集精兵强将，成立了专门的网络推广小组……有人专门提供“炮弹”……甚至细化到帮助明星名人拟好转发时的推广语。有人专门负责“发送”——根据预先准备好的内容，运用一切可以运用的网络推广手段进行推广。12月13日直播当天，百度、优酷、360新闻、新浪微博、腾讯QQ、腾讯新闻客户端等多家强势媒体都在显著位置对总台的12小时直播和“我们的和平树”活动做了推荐。（江苏网络电视台内部总结材料）

其动员工作并未局限于网络台，而是“动用全台的资源”（1号访谈），把卫视节目贴吧、明星及其粉丝群、定点合作的媒体等渠道悉数调动起来，推广力度堪称“总台历史上最大规模的一次”（1号访谈）。被动员的资源除了合作媒体之外，还包括电视主播、影视明星在内的名人，这跟江苏广电总台拥有的社会资源有很大的关联。借助名人展开的动员取得了较好的扩散效果。例如，知名男演员杜淳在国家公祭日当天下午15:52发布了一则微博"#国家公祭日#百万民众接力点亮和平树 万众齐心有你更完整快来跟我一起接力种树！"，该微博获得了653次转发、1 688条评论、9 486个赞。相比之下，南京广电集团在"紫金草行动"中尽管也运用了类似的策略，动员效果却远不如江苏广电总台，两者的差距在很大程度上折射出了它们在媒体资源和动员能力上的差距。

（三）公众群像和参与图景

在展开线上线下动员的同时，媒体也在新闻报道中积极地描摹公众群像和参与图景，以彰显活动的成功，并进行持续的媒介动员。我们发现，活动页面和相关报道主要强调公众参与的三个侧面：规模、名望和多元性。这种描摹方式，与纪念叙事对家国和民族的想象遥相呼应，也与活动文本对集体性的强调和对纪念活动意义的阐发相契合。

首先，对活动主办方而言，参与人数攀升到某个特定的数字，构成了新闻由头，媒体得以顺理成章地报道纪念活动。从2014年9月27日到12月16日，《新华日报》官方微博共发布10条与活动相关的微博，其中7条提及捐砖者人数。数字意味着什么？该报在2014年11月14日的报道《国家公祭日倒计时一个月：各界虚拟捐砖达533 842块！》中这样阐释：

533 842！这是533 842块虚拟的城墙砖，镌刻着533 842个名字；这是533 842双关注77年前惨痛历史的眼睛；这是533 842颗为过去百年中被侵略者戕害的同胞真诚祈福、为民族的复兴和尊严慷慨自勉的心。

标题中的“倒计时一个月”表述了报纸所看重的一个纪念时间，而庞大的捐砖数字意味着“众志成城”，参与者的规模及其意义则与主导纪念叙事相暗合。当捐砖数超过100万块时，《新华日报》11月29日刊登头版报道《是什么把这么多颗心聚到一起》，称“100多万块虚拟砖的背后，跳动着100多万颗关切南京大屠杀遇难同胞的心”。

另外两项活动也同样强调参与者的规模。以“我们的和平树行动”为例，“上线5天，参与人数超32万”“种树人数达56万，留言人数超过16万”等表述构成了描摹公众参与的核心叙事线。在国家公祭日前夕（12月10日），多家媒体刊发报道《我们的和平树参与人数破百万　和平树即将点亮》。在“国之祭”直播中，随着电视塔LED屏幕上和平树的慢慢长大并逐渐被点亮，其上方的“参与人数”也不断地跃升，127万，179万，最后定格在190万。后来，这一参与人数也被视作活动成功的标志：中江网在填写中国新闻奖参评表时，以“全媒体互动产品得到了全球185万网民的参与，凝聚起复兴中华的民族精神”作为社会效果的证据；而“国之祭”直播节目的中国新闻奖推荐表也强调了190万这一数字。[16]

其次，参与者中的某些特殊人物——党政领导人或文化社会名流——受到了特别关注。与前述动员渠道相关联，新华报业传媒集团相对更强调党政人物，而江苏广电总台则强调名流。“捐砖行动”的第一块砖由江苏省委常委、宣传部长在启动仪式上捐出，这是一个高度仪式化的举动，次日的媒体报道也都强调了这一揭幕式的行动安排，以此展示并确认该活动的权威性与政治合法性。在“我们的和平树行动”启动数日之后，江苏网络电视台的微信公众号推出文章《名导名作家纷纷种下“我们的和平树”》（2014年12月5日），开篇放上3位名人的植树截图，并在文中列举多位文化名人的姓名和心愿。此外，在“我们的和平树行动”的网页上，在按下“我要种树”按键后，该网页先是列出参与者总数，继而展示出一排名人头像及其简介，最下方滚动播出普通的“种树人姓名”与“和平心愿”。这种页面编排方式，刻意强化了纪念空间中的身份政治。名人栏共列举了43位参与者——21位主持人，18位文体名人，4位学者或社会活动家，并在对应页面列出人物简介、种树截图和微博截图。

最后，活动报道也常常强调参与者在地域和身份上的多元性。《名导名作家纷纷种下“我们的和平树”》一文写道，“参与网友不仅来自全国各地，还有众多身在英国、美国、加拿大等海外地区”。对“捐砖行动”的报道也指出，“全国4个直辖市、23个省、5个自治区、2个特别行政区的参与者，还有海外同胞、友人共添加了533 842块砖”[17]。虽然参与者的地域分布很不均衡，江苏占有很大比重，但这些报道通过强调“海外捐砖人士来自美、加、俄等15个国家”之类的信息，凸显出对南京大屠杀的祭奠超越了地域的限制，成为全球炎黄子孙及其友人的共同记忆。

概括而言，在线上线下的记忆动员中，三家媒体采取不同策略，取得了不同的动员效果。首先，受制于主办机构的媒介特性，“捐砖行动”局限于网络空间，缺少相对应的线下景观；而“我们的和平树行动”与“紫金草行动”则通过纪念徽章和电视直播等方式，将纪念活动从线上延伸到线下。其次，受制于主办机构的政治地位和资源状况，新华报业传媒集团主要通过官方渠道进行线下动员，而江苏广电总台和南京广电集团则主要依赖由企业社会资本所衍生出来的媒介资源和明星资源来展开线上线下的推广。最后，三个线上纪念活动能够触及的公众规模和广度有所不同，这在很大程度上并不取决于活动本身的创意性，而在于主办机构的动员能力。不过，它们遵循着共同的记忆生产逻辑，而各自对参与公众的想象与描摹则进一步延续了该逻辑，并与南京大屠杀和国家公祭日的主导叙事相契合。由此生产出的纪念公众，是在某种意义上建构并承载南京大屠杀记忆的“民族共同体”(national community)。

六、结语

本章以国家公祭日前后南京市的媒体机构所推出的三项互动式线上纪念活动为研究对象，通过对多个案例的比较，考察了数字纪念空间生成背后的记忆生产逻辑。线上纪念活动并非孤立存在，而是国家公祭日媒体纪念活动的一部分，后者被当作重大主题报道而备受重视。因此，媒体投入了大量精力去构造互动界面和展开记忆动员。我们发现，首先，线上纪念活动建构出的纪念叙事与南京大屠杀和国家公祭日的主导叙事之间高度契合；其次，纪念活动的展开——特别是纪念公众的“生产”——深受国家法团主义体制下的文化生产逻辑和地方媒体的制度环境之影响。

本章提出一个二维分析框架，即“文化镶嵌性”和“制度镶嵌性”，来描述与分析数字记忆的“镶嵌性”。需要强调的是，文化镶嵌性和制度镶嵌性更多的是概念和分析层面的区分，并不代表纪念叙事和记忆动员分别只受到主导叙事和制度环境的影响。举例来说，中江网的“10 城联动”既有生产层面的考量（扩大地域覆盖），也呼应国家公祭日的主导叙事；而媒体想象与描摹纪念公众的方式既受到动员渠道的影响，也与国家公祭日的宏大叙事紧密契合。就一般意义上的记忆生产而言，记忆主体（文化生产者及其组织）在主导叙事和纪念文化的环境与氛围中展开记忆生产实践，而主导叙事则经由特定的制度与组织架构得到具体表达、强化和再生产。

本章对数字记忆生产的讨论延续了潘忠党对于香港回归的研究，并试图推进对国家法团主义体制之下的文化生产逻辑的探究。潘忠党在文章末尾指出，“在目前以及最近的将来，我国传媒的历史叙事都将会在这种联姻的逻辑框架内被建构，历史也将会继续在由此构成的局促的传媒舞台上登场”（潘忠党，2000）。世易时移，新媒体如今已成为更显著的一种存在，记忆生产的场景从线下转移到线上和线下的连结，这让我们得以考察该逻辑的常与变。

本章所关注的并非普天同庆的历史时刻，而是创伤事件的纪念日。尽管如此，媒体参与建构的同样是关乎民族共同体的历史叙事，也是极具仪式性的纪念活动。在数字媒体时代，记忆实践的产物不仅包括叙事，还延展到参与性的纪念空间。媒体机构作为线上纪念活动的主办方，直接组织和动员了公众参与。在线上纪念活动中，公众的确不再是停留于纪念叙事的被动消费者，然而他们的“自发参与”在很大程度上却仍然只是一种表象：一方面，纪念空间的开放性非常有限，公众的参与更像是对支配性纪念叙事和程式化记忆脚本的“操演”；另一方面，“众志成城”的百万纪念公众在某种意义上也是这一记忆生产过程的产物。纪念叙事和纪念公众的“生产”由国家主导，文化生产机构积极配合，这与潘忠党所分析的文化生产逻辑相暗合。在政治经济线索之外，本章亦强调纪念文化和主导叙事的影响，由此造就的线上公祭空间是线下支配性公祭空间的一种延伸，而最终所生成的数字记忆必然被深深地打上了“民族”集体记忆之烙印。

在本章中，我们引入“镶嵌性”概念，旨在从更为情境化的视角加深对于数字记忆的理解。我们对镶嵌性文献的探讨意味着，纪念文化和制度环境并没有穷尽所有的结构性或情境性因素，但它们可以作为切入其他个案的分析维度。需要指出的是，本章对文化镶嵌性的分析，更多地聚焦于线上纪念活动所生产出的纪念叙事与国家公祭日宏大叙事之间的呼应，至于纪念文化影响记忆生产的机制以及文化和制度之间的互嵌问题，尚有待进一步的理论发展和经验层面的比较研究。

本章聚焦三个具体案例，已带有“多个案比较”的色彩，在案例之间的确也呈现出“同中之异”和“异中之同”。当然，这种比较还可以向其他时空情境进一步拓展。就文化镶嵌性而言，纪念文化和悼念政治的差异不仅存在于民族国家的疆界之间，也存在于一国内部的不同事件之间。关于南京大屠杀的集体记忆更偏向于共识性的主导叙事，官方与民间并无太大区别。针对其他历史事件的纪念文化有可能更为多元、分化，这有望为数字记忆提供另类的叙事工具和资源。而在制度架构方面，官方媒体在虚拟空间中的记忆生产／动员方式存在差异，如果将市场化媒体和民间机构也纳入考察视野，差异或许更为显豁。本章的分析显示了“镶嵌性”概念开启、解读和整合经验考察所具有的潜力，而比较的分析思路是更加深入和全面理解纪念文化和记忆生产的有效途径。对于不同民族、国家或体制，将不同类型的历史事件，以及遵循不同制度和技术逻辑运作的媒体进行比较，将有助于我们深入理解“镶嵌性”的机制和条件。

第六章

赛博记忆的协作与争夺

记忆和记忆研究中某些曾经可靠的二分法，譬如个体和集体/社会，公共和私有，头脑之内和头脑之外的记忆，如今变得越来越无法成立……媒介生活亦是记忆生活。记忆置身于全新的媒介生态之中，传播网络、节点和数字化媒介内容铺天盖地、无所不在、触手可及，这一切都在以全新的方式丈量着过去。

——Andrew Hoskins，*Media*，*Memory*，*Metaphor*，p.29

The Free Encyclopedia

自由的百科全书

——英文和中文维基百科宗旨

第六章　赛博记忆的协作与争夺

一、引言

在南京大屠杀重返当代中国人的“公众视野”和“集体意识”之后，它也引发了不同类型和不同层次的创伤叙事建构和记忆书写活动。借助于纪念馆、新闻媒体、电影，以及教科书等记忆之所和载体，南京大屠杀成为抗日战争中最为重要的战争暴行，以及中国近代史上的一道难以抹去的“伤疤”。在第三章中，我们以新中国成立以来《人民日报》的南京大屠杀纪念报道作为个案，刻画了南京大屠杀在官方媒体话语中所呈现出的记忆景象。而第四章和第五章则探讨了这套以“国耻”为核心线索的主导创伤叙事在南京大屠杀纪念馆和线上公祭空间中的扩散与再生产过程。

在很大意义上，《人民日报》的纪念报道、南京大屠杀纪念馆中的创伤叙事以及线上公祭空间的生成，揭示出的更多是“共识性”的创伤建构和记忆书写过程。但在此之外，还存在着不同的“记忆社群”利用不同的媒体平台所展开的记忆实践。其中，有的记忆实践从形式到内容都蕴含着非常独特的研究价值。

本章将聚焦“维基百科”这一兼具民间性和系统性的媒体平台，从“维基百科作为全球记忆空间”的视角出发，对“南京大屠杀”中文条目自2004年被创建以来的叙事文本与编辑实践展开系统的分析。我们的分析力图揭示在线记忆社群如何展开协作与争夺，建构关于一起重要历史事件的创伤叙事和集体记忆。本章的分析将有助于我们把南京大屠杀创伤建构和集体记忆研究的边界从“官方记忆”拓展到“民间记忆”，而且更重要的是，它也有助于我们理解新媒体如何催生出了有关创伤书写和集体记忆的建构、争夺与协商的新空间。

维基百科诞生于 2001 年，它是一部协作编辑、多语言、自由的互联网百科全书，全世界任何角落的任何人——不论是专家还是业余者——都可以参与条目的创建与编辑工作。特别值得一提的是，用户在注册账户时可以自由地选择自己的主体身份认同：世界公民抑或某个民族国家的身份（例如“中国人”）。维基百科的出现不仅改变了传统百科全书高高在上的姿态，而且也深刻地影响着互联网时代的知识生产与消费方式。它创造出了“高贵的业余者”（noble amateur）这一知识社会学现象，互联网上由普通用户所生产的内容使得传统的“专家专政”（dictatorship of expertise）走向了民主化。（Keen，2007）尽管维基百科只有短短十几年的历史，它却在 2011 年 5 月“以一种令人瞠目结舌的自信，在全球范围内征集签名，以期入选联合国教科文组织的世界文化遗产”。（曹卫东，2014）[146] 在维基百科的多语言平台上，来自不同国家及拥有不同政治、社会和文化背景的用户进行着“协作性的书写”，他们围绕当下与过去的人类事件展开“合作”与“辩论”，构建出赛博空间里的“全球记忆空间”。（Pentzold，2011）

维基百科的体例和结构为我们分析在线记忆书写提供了异常

丰富的经验材料。一是条目页，它是供读者浏览的“前区”，只显示最近一个条目版本，即特定时刻的记忆文本（参见图6-1）；二是查看历史页，它可以被视为记忆实践的“中区”，供读者和编辑在不同的历史版本之间进行比较，也展示了记忆文本的变动轨迹（参见图6-2）；三是讨论页，它是记忆实践的“后区”，编辑们围

图6-1　“南京大屠杀”的维基百科条目页（2016.12.16，10:10截图）

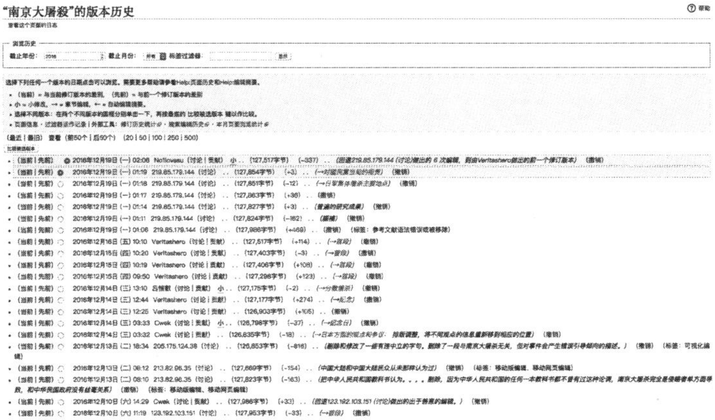

图6-2　“南京大屠杀”条目的版本历史（2016.12.19截图）

绕条目编写过程中所产生的争议进行争论，进而达成妥协或者共识（参见图 6-3）。

图 6-3 “南京大屠杀”条目的讨论区（2016.12.19 截图）

除了对“南京大屠杀”条目的前、中、后区里丰富的经验材料进行量化分析——尤其是内容分析和社会网络分析之外，本章也对它们进行了详尽的质性分析。具体而言，本章试图回答下面几个研究问题：“南京大屠杀”中文条目呈现出怎样的创伤叙事和集体记忆面貌？它与前述章节讨论的主导叙事有何差别？在数量庞大的条目版本背后，叙事结构如何延续与变化？记忆社群成员之间如何通过修订与被修订进行记忆协作？记忆社群之间形成何种关系网络？记忆社群在条目修订的过程中发生了怎样的话语/记忆争夺？

二、维基百科作为全球记忆空间

正如我们在绪论中所述，“集体记忆”的研究并不假定存在某种神秘的“群体心理”，而是要致力于揭示“过去”与“现在”到底是如何纠缠在一起的。（Olick，Robbins，1998）在此意义上，集体记忆既非稳定不变，也非瞬息万变，它是一个随着时间推移而持续不断的协商过程。（Olick，Levy，1997）与之类似，文化创伤的建构也是一种协商或争议的过程，不同的承携者群体会建构不同的创伤叙事（创伤严重程度、谁应该承担责任等）并提出相应的诉求。

上一章我们聚焦线上祭奠活动这种独特的数字记忆形式，如果将其延伸到更一般意义上的数字记忆，则首先需要强调的是，新媒体与数字化技术的确创造出新的记忆空间和记忆实践可能性。它与媒介全球化趋势一起，挑战民族国家为记忆生产和消费所设定的边界。（Neiger，Meyers，Zandberg，2011）安娜·瑞丁（Anna Reading，2011）提出了“全球数字化记忆场域”（globital memory field）的概念，用以探讨全球化环境下集体记忆与数字化媒体之间的关系。她指出，在媒介特性、传输速度、辐射范围、传播形态、黏性（固定／流动），以及轴线（垂直／水平）等方面，全球数字化记忆场域都有别于传统的媒体目击方式。

一方面，博客、视图分享网站，以及社会化媒体作为“个人记忆机器”（Van Dijck，2005），改变了人们存储和读取记忆的方式，形成了不同于集体记忆的个体化的文化记忆或者“数字时代的中介化记忆”。(Van Dijck，2007）另一方面，新媒体也已然变成了一种另类的记忆渠道，创造出与官方叙事、主流媒体以及主流意识形态相并行或者相冲突的记忆空间。苏·鲁宾逊（Sue Robinson，2009）比较了主流媒体和在线公民新闻对于卡特里娜飓风的纪念报道，发现网络公民记者的集体记忆书写围绕着“个人经验”而展开，从而创造出迥异于主流新闻报道的纪念文本。而杨国斌则研究了中国互联网如何建构有关“文化大革命”的“反记忆”问题。他发现，互联网创造出了数字博物馆、档案馆、虚拟纪念堂和在线展览等新的数字化记忆载体，它们带动并扩大了“文化大革命”记忆生产与消费过程中的公共参与，也创造出了有别于官方叙事的替代性叙事。(Yang，2010)

在更广泛的意义上，有学者认为，记忆研究也面临着范式转换，只有发展出新的概念系统和认识论，才能更好理解中介化或媒介化的记忆。(Hoskins，2009；Reading，2011）在多种新的理论探索中，一个特别突出的路径是安德鲁·霍斯金斯（Andrew Hoskins，2011）提出的“连结性转向”(connective turn)，即强调数字技术与媒介的极大丰富和渗透，使得人们连结于或栖息在紧密而发散的社会网络之中，进而重塑时间、空间（场所）和记忆。在“连结性”的网络环境之下，人们不再像大众媒介时代的受众一样共享所谓的集体记忆，而是如范迪克（Van Dijck，2011）所指出的，网络媒体（包括社交媒体）所具备的记忆功能与其说具有“集体”的性质，不如说更具有“连结”的特征。

以维基百科为代表的在线百科全书正是“连结性”记忆的

典型代表。（刘于思，2013）曹卫东认为，在维基百科上，“知识的生产者化身为匿名的芸芸大众”，而结果则是，在超文本语境下，“不同的信息空间被叠合在一起，而又漫无边际地离散开去”。（2014）[147–148] 当然，也正如有人所指出的那样，维基百科并不是一个神秘的平等主义空间，它作为一个社会技术系统，其内容生产有赖于工具辅助的编辑，也有赖于“机器人”等自动化的计算机程序。总之，“合作”的背后有一系列的网络协议和严格的管理机制在起作用。（Niederer，Dijck，2010）

按照克里斯琴·彭茨尔德（Christian Pentzold，2011）[263] 的看法，维基百科是一个栖身于赛博空间中的“全球性记忆空间”，它使得“在地理上彼此远离的参与者能够在同一个平台上就不同的观点进行表达和展开争论，从而达成并认可共享的知识，而这些知识也就构成了集体记忆”。在这样一个跨越国界的、多语言的平台上，拥有不同国籍、文化以及宗教等背景的用户彼此互动，围绕某些记忆对象展开合作、协商与争论。显然，复杂的讨论和词条创造过程正好就表明了集体记忆的话语建构本质。此外，讨论页的人际沟通特性和条目页的文本特性也使得维基百科弥合了“流动”的集体记忆与“静止”的集体记忆之间“漂浮的鸿沟”。（Pentzold，2011）因此，对于维基百科条目话语过程的分析也就是对在特定在线环境中所开展的“记忆工作”的分析。

运用“全球记忆空间”这一概念，彭茨尔德分析了 2005 年 7 月 7 日伦敦爆炸事件之后，维基百科相关条目的创建过程。他发现，维基用户们围绕爆炸事件是否是“恐怖袭击”展开了激烈辩论，并由此形塑出了事件的集体记忆。米雪拉·费隆（Michela Ferron）及其同事也对维基百科的记忆工作进行了一系列的经验性研究。她们认为，对于维基百科的探究之所以能够丰富集体记忆的研究，是因为它开启了新的“协作性记忆”（collaborative remembering）方式。(Ferron，Massa，2011；Ferron，Massa，2011；Ferron，2012；Ferron，Massa，2014）费隆和保罗·马萨（Paolo Massa）以2011年“埃及革命”这一维基条目的编写过程为例，说明维基百科对于新近重大事件的“实时”记录与集体记忆建构过程既是协作性的，其间也不乏冲突和斗争。

到目前为止，相关研究更关注新近发生的事件在维基百科上的记忆“沉淀”过程，而本研究的不同之处在于它聚焦的是一起重要的历史性创伤事件。我们相信，维基百科对于相对久远的历史事件来说，也同样是一个记忆合作、协商以及争夺的重要场所。下面，我们将从“维基百科作为全球性记忆空间”的视角出发（Pentzold，2011)，具体考察中文维基百科上的“南京大屠杀”条目在过去十余年的时间里怎样建构一段攸关两个民族国家之间“艰难过去”（difficult past）（Kim，Schwartz，2010）的创伤叙事和集体记忆。

三、条目历史与记忆协作

（一）版本篇幅的变迁

2004年4月10日早上八点零七分，一个名叫Tomchiukc的香港维基用户建立了仅有 825 字节的“南京大屠杀”条目，全文如下：

南京大屠杀是中国近代史上的一件惨剧，发生在 1937 年 12 月 13 日。时为中国抗日战争，日本皇军在围攻当时中华民国首都南京数个月之后终于攻破，皇军为发泄多月来的怨气，在城内大量屠杀中国平民达三百万人之谱，当中包括由邻近地区涌入城的二百万难民。南京大屠杀事件就连当年日本本土的报纸也有报道，当中包括两位军官在城内进行的杀人比赛游戏，而这些第一手的战争记录现时还存放于世界各地的图书馆内。因此，尽管 1980 年代初期日本官方千方百计要把这段历史抹杀，却始终要向现实低头，把这段历史写入教科书内，以教训国人不要忘记过去对邻近国家所造成的伤痛。

这个最早的条目版本包含了南京大屠杀创伤叙事的众多核心要素，包括创伤事件的历史事实和 1980 年代的修正主义等，但该条目非常简略，未附任何图片，未列明任何资料来源。此外，它也存在一些显而易见的事实错误，例如将遇难人数误写为 300 万等。但是，维基百科这一民间记忆平台的力量，就在于在自我修正、累积与协作中创造出更丰富的历史和创伤叙事。

仅仅两分钟后，该用户又进行了一次修订，为条目添加了 10 个“外部链接”。从建立至今，该条目已经走过了十余年的历史。截至 2014 年 3 月 5 日，它已累计被修订了 1 623 次。[1] 最新一版的条目包括 120 382 字节，篇幅已是创建之初的 146 倍。在此期间，这一条目的年均编辑量为163.8次。其中，2010年的编辑量最大（358次）。按月而论，月均13.5次。2007年7月的编辑量最大（108次）；编辑次数为零的月份不到一成（9.2%）。按日而论，编辑量最大的是2010年3月19日，多达30次。[2]

我们借用“增量”这一经济学术语，把相邻两次编辑导致的字节数量变化区分为正增量、零增量和负增量三种情形。结果发现，在全部1 623次编辑中，正增量情形占六成（61.2%），而负增量和零增量的情形各占三成（31.0%）和一成（7.8%）。进一步的分析显示，最常规的增量幅度落在1～99字节区间（52.3%），其次则是100～499字节区间（25.1%），而颠覆性的增量——字节变动在10 000及以上——偶有发生（0.9%）。图6-4清楚地显示，“南京大屠杀”条目在过去十余年的时间里呈现出一种以正增量为主的整体发展趋势。

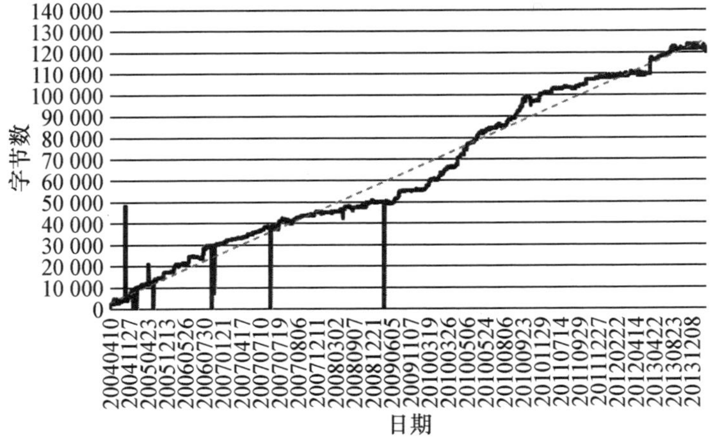

图6-4 “南京大屠杀”条目字节数的变化趋势（2004.4.10—2014.3.5）

注：图中虚线为趋势线。

（二）叙事结构的变迁

维基百科基于特定的“叙事模式”，不仅每一个条目版本都拥有自洽的叙事结构，而且不同版本的叙事结构之间也存在着不同程度的或继承或改变的关系。就“南京大屠杀”条目而言，我们把“叙事结构”操作性地定义为：由条目中“目录”之下的一级标题所标示出来的一整套结构关系。最先表现出明确的目录意识的是一位英国的匿名用户。在2004年10月6日01:50的版本中，该用户提出了四个一级标题的构想。而在仅仅两分钟后的第四个修订版本中，这个初步的叙事结构就成形了，即“1·南京大屠杀前的战争形势”“2·日军攻占南京城后有组织的屠杀行动”“3·中方提出南京大屠杀的证据”，以及“4·外部链接”。

统计结果显示，自“目录”变成标示叙事结构的显性规则以来的1 600个版本中，只有6个（0.4%）没有目录。在拥有目录的1 594个版本中，一级标题的数量从4到18个不等，总共出现过15种不同的叙事结构。其中，包含13个一级标题的叙事结构出现得最为频繁，占26.3%（420次）；紧随其后的则是包含14个一级标题的叙事结构，占24.6%（393次）；排在第三位的是包含17个一级标题的叙事结构，占12.3%（197次）。从图6–5中，我们可以清楚地看到，包含14个一级标题和包含13个一级标题的叙事结构不间断地持续了最长的时间。自2011年11月23日06:46的版本至今，叙事结构一直都是包含13个一级标题的，即“1·背景”“2·日军暴行经过”“3·人道救助”“4·秩序的恢复与遇难者遗体的处理”“5·暴行真相的传播”“6·战后审判”“7·影响”“8·纪念”“9·有关影视作品”“10·附录”“11·参见”“12·参考文献”，以及“13·外部链接”。[3] 我们可以看到，这套创伤叙事以时间为线索，将创伤事件与后创伤时代连接起来。

此外，值得指出的是，在缺乏目录的六次情形中，有五次都是用户极具恶意地对条目进行整体删除所致，其中有四次都被匿名用户删得一字不剩——三次来自日本，另一次来自新加坡。最为恶劣的整体删除发生于2009年5月10日，一位日本匿名用户将条目删改为一句极富挑衅意味的话：“南京大屠杀，HELLO！”在总体协作的前提之下，这种短暂性的整体删除，以一种极端的方式凸显出维基百科是一个争夺性的场域，也在一定程度上折射出创伤过程背后的“记忆碰撞”。

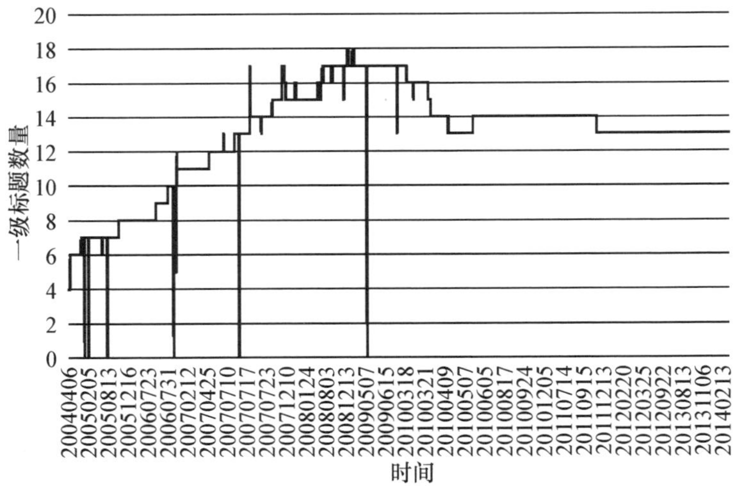

图6-5 “南京大屠杀”条目的一级标题之变化趋势（2004.10.6—2014.3.5）

（三）创伤叙事的样貌

在上述叙事结构之下，涵盖中国大陆、香港、台湾乃至更广阔的华人社区的在线记忆社群以维基百科为平台建构出什么样的创伤叙事和南京大屠杀景象？由于维基百科开放编辑的本质，任何一个条目版本都处于、也将会继续处于一种“未完成”的状态。尽管条目的叙事结构和内容趋于稳定，但常规的条目维护与增删（“破坏”与“回退”之间的拉锯）仍然会改变条目的面貌。不过，透过条目的基本结构、变迁历史以及编辑争议，我们还是能够有效地勾勒出维基百科上的南京大屠杀集体记忆景象。在大多数版本中，条目的焦点并非作为“历史事件”的南京大屠杀，而是更多地从当代视角出发，书写南京大屠杀的“当代史”，包括审判、真相传播、纪念、影响，以及争议。

具体到对南京暴行的记述方面，连最核心的维基用户 MtBell 也坦承，“‘暴行’章节很难找到一个线索能条理清楚地说明整个过程，也许当时并不存在这样的‘条理’”[4]。现有的中文版本以暴行的类型将屠杀“经过”区分为“屠杀”（集体屠杀、分散屠杀）、“奸淫”“劫掠与纵火”三个小节。以距离本章修订最近的条目版本[5]为例，“屠杀”这一节下的“集体屠杀”小节共 4 段，第一段引述谷寿夫判决书，概括集体屠杀共有 28 案、19 万余人受害，第二段至第四段引述笠原十九司的《难民区百日：亲历日军大屠杀的西方人》，概括 12 月 12 日至 13 日下关、长江沿岸和幕府山等地的集体屠杀情况。在“分散屠杀”小节下，条目引述《国防部审判战犯军事法庭对战犯向井敏明等人的判决书》，描述向井敏明和野田毅的杀人竞赛。

“奸淫”一节在3个段落中引述张纯如的《南京暴行》、远东国际军事法庭审判书、梅汝璈的《远东国际军事法庭审理南京大屠杀事件之经过》、笠原十九司的《南京大屠杀期间日军性暴力的构造》等论著，对日军性暴力进行了高度概括化的描述。该节唯一详细介绍的个案是约翰·马吉牧师记录的“一起典型的强奸灭门惨案”，即夏淑琴一家人的遭遇，资料来源是《拉贝日记》。但即便是这一段，也是以转述而非直接引述的形式出现。

最后一节“劫掠与纵火”采用类似的方式，概括式地介绍了南京城焚毁、日军抢夺难民财物和文化珍品等方面的情况。

“南京大屠杀”中文条目所建构的创伤叙事存在几个明显的特征：第一，以审判材料和日本进步学者的研究等“客观资料”为依据建构创伤叙事；第二，记述高度概括化，篇幅较短，带有鲜明的“教科书”式叙事风格；第三，较少引述目击者的第一人称自述，更多用“客观的”第三人称来勾勒历史事实，历史细节的呈现较为薄弱。如果将中文条目与英文条目（Nanking Massacre[6]）相对照，我们能够更清晰地看到二者之间的差别。英文条目的第五部分“屠杀”（massacre）涵盖7节，分别是“杀人竞赛”（massacre contest）、“强奸”（rape）、“屠杀平民”（massacre of civilians）、“法外处决战俘”（extrajudicial killing of Chinese prisoners of war）、“偷窃与纵火”（theft and arson）、“南京安全区与外国人的角色”（Nanking Safety Zone and the role of foreigners）以及“原因”（causes）。

与中文条目相比，英文条目的篇幅更长。更重要的是，它更多以对目击者证词和陈述的直接引述（第一人称视角）建立起创伤叙事。以“强奸”一节为例，该节在引述东京审判判决书和学术论著的基础上，还直接援引了传教士詹姆斯·麦卡伦（James H. McCallum）的日记、罗伯特·威尔逊（Robert O. Wilson）医生的家书、拉贝日记中对暴行的详细记述，直接引述的篇幅占到该节总字数的62.5%。“屠杀平民”一节与此类似，也直接引述了拉贝日记、德国使馆秘书罗森（Rosen）建议外交部购买传教士马吉拍摄的纪录片的信件（对夏淑琴案例的直接描述）和南京大屠杀幸存者的陈述，直接引述篇幅占该节总字数的59.5%。“南京安全区与外国人的角色”一节则从南京安全区国际委员会致日本大使馆的抗议信（1938.2.5）中提到的450个案例中摘录了7个案例。

中文条目并不是没有引述中外目击者的证词，它在条目后文中专辟“暴行真相的传播”一节，分述“战时日本当局的新闻审查”“战时中国和西方揭露日军暴行的努力”“中国受害者的叙述”，以及“日方的记录和证言”。尽管如此，在这些章节中直接引述的篇幅仍然不大。换言之，这些目击者的证词并不是被引用来丰富对暴行的叙述，而是采用一种“陈列”的方式，作为证明南京大屠杀的确曾经发生的“证据”，并与下一节日本方面的争议相呼应。这在某种意义上可以视为对于南京大屠杀当代困境——日本右翼的否定——的一种回应，同时也折射出了华人记忆社群在进行南京大屠杀创伤叙事建构和记忆书写时所隐含的集体文化心理。

(四) 修订关系的社会网络

任何一个时刻的条目文本，都是由不同用户协作性地书写完成的。因此，用户之间前后相继的修订与被修订关系无疑就构成了一个值得关注的问题。社会网络分析方法是揭示在线记忆社群的关系网络的一种理想分析手段。维基百科的外部工具“修订历史”所提供的用户数据显示，截至 2014 年 3 月 5 日，有 1 623 个条目版本是由 508 位单独用户完成的，其中包括 234 位只留下了 IP 地址的匿名用户。有趣的是，虽然维基百科隐藏了注册用户的 IP 地址，但匿名 IP 用户的地理位置仍可以透过专门的 IP 地址查询网站而追查到。结果发现，21.8% 的匿名用户来自中国大陆，8.5% 来自香港，0.4% 来自澳门，46.6% 来自台湾，剩下的 22.6% 来自外国——具体涵盖了十三个国家，其中来自日本的最多 (8.5%)，其次是美国 (5.1%)。有必要指出的是，实际的单独用户可能不足 508 位，因为以下几种情形不同程度地存在着：有的人出于某种原因注册了不止一个账号，而不同的 IP 地址背后也可能是同一个用户。在抱有一份警惕的情况下，我们接下来仍暂时基于这一统计数据来建构用于社会网络分析的矩阵。

这是一个 508 × 508 的正方邻接矩阵。在报告统计结果之前，须先说明两点：其一，因为用户既可以修改别人的版本，也可以进行自我修订，故矩阵主对角线所代表的“自反性关系”在本研究中是具有实质性意义的；其二，这本来是一个多值 (valued)

有向矩阵，但有时为便于分析，我们会把它降格处理为二值（binary）有向矩阵。这里，我们尤为关注自反性、互惠性与中心度（即出度和入度）等指标。

第一，超过七成用户（72.0%）的自反性为 0，即他们在修改别人的条目之后从未再进行自我修订。自反性大于或等于 5 的用户仅占 5.7%，其中，只有 2.2% 的自反性大于或等于 10。有些特别活跃的用户之间——甚至是两人之间——会形成一种频繁的交替式的修订与被修订关系。

第二，如图 6-6 所示，508 位用户之间较少出现互惠（亦即双向）的修订关系，也就是，甲修订乙，乙又反过来修订甲。出乎意料的是，编辑量排在前十的用户彼此之间也极少出现互惠关系，仅有三对：MtBell 和 Mrseacow，MtBell 和 Shizhao，以及 Alltonight 和 Nutcracker。

第三，八成用户（80.7%）的出度为 1，这说明他们只编辑过一次别人的条目版本。不足一成的用户（8.5%）的出度大于或等于 3，而只有 1.4% 的用户的出度大于或等于 10。

第四，八成用户（79.7%）的入度为 1，即只被别人修订过一次，不足一成用户（8.7%）的入度大于或等于 3，仅有 1.4% 的用户的入度大于或等于 10。由此而得出的结论是：只有很小一部分人属于活跃用户。图 6-7 显示了编辑量前十的用户围绕条目修订而形成的自我中心关系网络（egonet）。其中，MtBell 以 383 次的总编辑量[7]和 290 次的自反性关系而成为整个修订与被修订关系网络中首屈一指的中心节点；而前十名中最边缘的则是一位来自台湾的匿名用户（61.217.211.70），此用户除了有 2 次互惠关系之外，其余 14 次均为自反性关系。

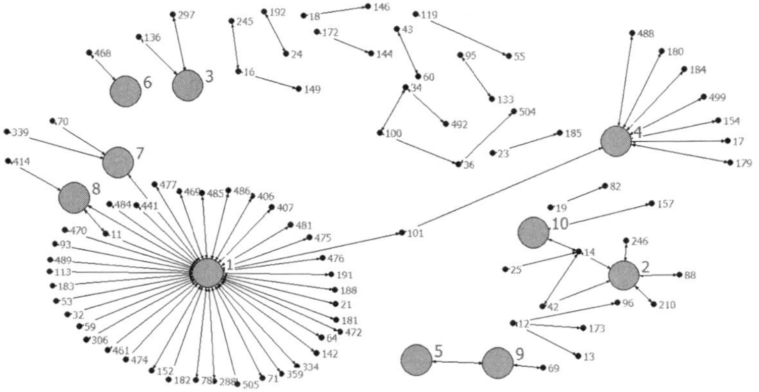

图 6-6　参与条目修订的用户之间的互惠性关系网络（2004.4.10—2014.3.5）

注：1=MtBell；2=Alexcn；3=Gilgalad；4=SyaNHs；5=Alltonight；6=Huang Sir；7=Mrseacow；8=Shizhao；9=Nutcracker；10=61.217.211.70。绘图时把多值有向矩阵降格成了二值有向矩阵，绘图时也省略自反性关系。

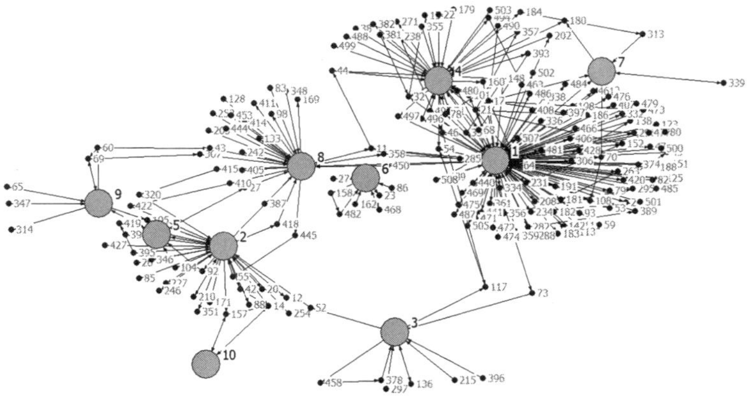

图 6-7　编辑量前十的用户的自我中心关系网络（2004.4.10—2014.3.5）

注：绘图时把多值有向矩阵降格成了二值有向矩阵，绘图时也省略自反性关系。

四、记忆争夺：规则支配下的冲突与妥协

接下来的分析将落实到微观层面，考察条目变迁过程中的“记忆争夺”到底围绕哪些议题展开。具体将回答：维基百科的中立性规则如何影响关于南京大屠杀的叙事？记忆社群如何围绕条目的“导言”展开争夺？不同的记忆社群在维基百科这一全球性记忆空间里围绕“南京大屠杀”条目展开了怎样的交涉互争？

（一）“中立性”与南京大屠杀叙事

“中立性”与“可供查证”“非原创研究”并列为维基百科的三大核心内容方针。[8] 在“南京大屠杀”条目的书写过程中，有关中立性的辩论不仅涉及对于维基方针的理解和贯彻，而且也与用户们的情感卷入（例如，MtBell 就坦承“编写的时候很容易陷入负面的情绪”）、民族国家身份认同、文献引用来源及其倾向性，以及南京大屠杀叙事的可能性等因素纠缠在一起。在讨论页上，对“南京大屠杀”条目中立性的质疑始于 2006 年 7 月 29 日一篇题为“地方色彩过重”的讨论。2007 年 7 月，某些用户曾在条目上添加／删除“中立性有争议”模板。在 2010 年 3 月 23 日和 2013 年 8 月 22 日的第二、三次优良条目评选中，均有人以“中立性不足”作为反对的理由。

围绕条目“中立性”的争夺主要表现在以下几个方面。

一是，条目整体的叙述立场。讨论页早期的一条评论认为，

“此条目另外都要加上‘中立性有争议’，（因为）本页只反映中国方面的看法，并未提出可信的日本及国际间观点”；另一条评论也称，“南京大屠杀的研究观点和争议有许多，为何中立的百科可以下那么多争议性的判断？”在具体条目的修改部分，该用户强调，“写百科时请避免评价用语，评价请交给读者，百科内容本身请保持无立场”。而在优良条目评选时，一位反对者的意见也是“内容几乎完全是单一角度的叙述”。回应者则称，“南京大屠杀的中立立场就是远东国际军事法庭的判决立场，日本右翼翻案的立场请去日文维基发表”，同时在相应的条目修改中以“确认远东国际军事法庭的正确立场”为依据，这异常清楚地表达了民族国家的边界。此外，虽然在线记忆社群由来自不同国家和地区的人士组成，但仍有人感觉条目主要反映了中国大陆的立场，因此曾在条目上添加一个“地域中心”模板[9]。而自2014年6月起，条目之上曾标示“需要可靠、公开、第三方的来源”“中立性有争议”“可能因为语意模棱两可而损及其中立性”等模板，这些模板后历经拉锯并被取消。

二是，条目的参考文献。批评者认为，“（‘南京大屠杀’条目）都是中方的研究观点，反而研究资料最多的日本、西方研究资料十分缺乏，几乎没有，在此希望写作者偋（摒）弃成见，多参考其他地区的研究成果，以完善该条目”。但一位核心用户则认为，问题并不在于用户的“成见”，而在于“材料获取”，并称“我不认为纸面的资料比真实的万人坑更有说服力”。由于维基百科不允许发布“原创研究”，因此无论对于挑战还是捍卫条目中立性的人而言，条目的参考文献都是强调的重心，也成为支持或反对优良条目候选的一个重要理由。

事实上，迟至条目建立三年之后，用户们才表现出了较为明确的参考文献意识。2007 年 4 月 25 日，一位名叫 Wikijoiner 的用户在 08:42 的版本——第 365 个版本——中添加了第一条参考文献，随后参考文献的数量不断增加。如今，已经突破了 100 个，最多时达到 120 个（参见图 6-8）。但是，一位接受访谈的核心用户称，有个别人为达到某种目的会不惜杜撰参考文献，而要识破它们却往往并不容易。

三是，对南京大屠杀的语言表述。在 2013 年 8 月 15 日至 22 日的优良条目评选意见中，一位反对者认为，“条目内一些关于日本的措辞过激，可能并不是很中立。比如 1.2 段标题（引者注：‘日本：向南京疯狂进军’）”。而支持者则回应说，“请注意中立的本质是客观描述，不是各打五十大板。对于沿路烧杀淫掠争头功的日军来说，‘疯狂进军’是很恰当的”。另外一则讨论聚焦于“‘暴行’‘罪行’等字眼是否有违中立性原则”。有回应者称，“NPOV（即中立性）涉及的是观点（views），不是事实（facts）。具体到这个条目，屠杀、奸淫、劫掠、纵火，这都是事实”；在具体的条目版本中，有人认为“‘暴行’之类的词汇本身就带有一定的主观色彩。即认定日军的行为‘残暴’。而这本应该是交给读者判断的”，但回应者则强调，“请正确理解 NPOV。NPOV 不是没有观点，更不是消灭观点”，而前者的编辑是“对历史事实刻意美化”等。

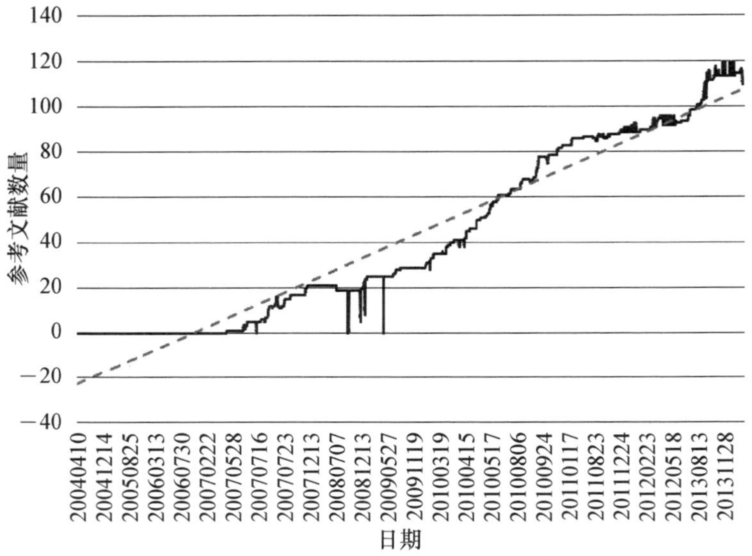

图 6-8 “南京大屠杀”条目的参考文献数量的变化趋势（2004.4.10—2014.3.5）

注：图中的虚线为趋势线。

我们在浏览历史页时发现，语言表述的中立性实在是一个很难遵循的原则，争夺的双方不时地陷入一种针锋相对的话语对抗。比如，一位台湾维基用户在 2006 年 7 月底频繁地将“暴行”改为“屠杀行为”、将“战争暴行”改为“行为”、将“日军在南京的暴行”改为“行径”、将“杀人暴行”改为“杀人行为”，并引发了编辑战。在标题层面，以中立性为依据，关于南京保卫战的两个小标题也经常在“中国：坚守首都的决策”“日本：向南京疯狂进军”和“中国：疯狂的全面败退”（或“中国军队败逃”）、“日本：坚决向中国南京进军”（或“日本军坚决进军南京”）之间摇摆和拉锯。在极端的情况下，条目表述也会被置换为“否定派”的版本。例如，把“中国”篡改为“支那”、把“杀害平民”篡改为“保护平民”。在这类围绕“中立性”展开的修订和编辑战中，我们能清晰地看到不同的叙事立场对同一个原则的挪用与强调（参见表 6-1），它们亦凸显出不同的创伤叙事线索和元素。

（二）争夺“导言”：维基条目的书写政治

与维基百科上的其他条目一样，“南京大屠杀”条目也是由“导言”和“正文”两部分构成的。绝大多数时候，导言的篇幅相对于正文而言不过是弹丸之地，然而就其话语地位而言却远在正文之上。作为一个条目的浓缩性表述，导言发挥着凝聚共识和提纲挈领的作用。以下面这一段导言（2016 年 12 月 16 日，10:10 版[10]）为例：

南京大屠杀（日文：南京虐殺事件[3][11]、南京大虐殺、南京事件；英文：Nanking Massacre，Rape of Nanking）是中国抗日战争初期侵华日军在当时中华民国首都南京犯下的大规模屠杀、强奸以及纵火、抢劫等战争罪行与反人类罪行。日军暴行的高潮从 1937 年 12 月 13 日攻占南京开始，持续 6 周，直到 1938 年 2 月南京的秩序才开始好转。据第二次世界大战结束后远东国际军事法庭和南京审判战犯军事法庭的有关判决和调查，在大屠杀中有 20 万以上乃至 30 万中国平民和战俘被日军杀害，约 2 万中国妇女遭日军奸淫，南京城的三分之一被日军纵火烧毁。[4][5][6][7][8][9][10][11]

表 6-1 围绕中立性对条目标题和部分论述的修改

序号	版本	所在区域	修改前	修改后
1	2015.1.2（五）05:50	标题 1.1	日本：向南京进军	日本：向南京疯狂进军
2	2015.1.2（五）05:50	标题 1.3	南京被日军占领	南京陷落
3	2015.1.2（五）05:50	标题 2	日军行为	日军暴行经过
4	2015.1.2（五）05:50	标题 5	真相的传播	暴行真相的传播
5	2015.1.2（五）05:50	标题 5.2	战时中国和西方揭露日军行为的努力	战时中国和西方揭露日军暴行的努力
6	2016.12.13（二）18:34	导言右侧条目图题	中国宣称日军活埋中国军人的图片	日军活埋中国军人的图片
7	2016.12.13（二）18:34	导言右侧条目概况	中国宣称约 2 万中国妇女遭日军强奸	中国认为约 2 万中国妇女遭日军强奸
8	2016.12.13（二）18:34	导言右侧条目概况	中国宣称南京城的三分之一被日军纵火烧毁	南京城的三分之一被日军纵火烧毁
9	2016.12.13（二）18:34	导言	在中国，自 1947 年南京军事法庭审判以来，单方面认为约有 30 万人在大屠杀中遇难	在中国，自 1947 年南京军事法庭审判以来，认为约有 30 万人在大屠杀中遇难

> 1945 年日本投降后，1947 年远东国际军事法庭和南京审判战犯军事法庭认为南京大屠杀中有超过 20 万的中国人被日军杀害[4]。在中国，自 1947 年南京审判以来[5]，认为约有 30 万人在大屠杀中遇难[2]。在日本，日本政府承认“发生过杀害非战斗人员和掠夺等行为”，但对遇难人数则暧昧不清[12][13][14]。日本学界对遇难人数的估计有 20 万人、4 万人、2 万人等几种，也有认为南京大屠杀不存在的“否认派”[15]。“否认派”的论调得到部分日本政商势力的支持[16][17]，在华人区引起反感，这也使得南京大屠杀成为严重影响中日关系的主要历史问题之一。[18][19][20][21]。

从篇幅上来讲，导言只占条目全文的 1.3%，但却引用了 21 个来源，占该条目全部参考文献（129 条）的 16.3%，由此可见导言的重要性。

既然如此，维基用户们自然不会轻易放弃对于它的争夺，这种争夺直接体现在他们赋予南京大屠杀的标签上面。截至 2014 年 3 月 5 日，导言中先后出现了三种语言的 13 个事件标签（参见表 6-2）。在 2004 年 4 月 27 日 09:43 的版本中，一位名叫 Samuel 的用户在保持“南京大屠杀”作为主标签的情况下，首次引入日语标签“南京大虐殺”来提供一种附加性的说明——放在主标签后面的括号内。不过，这次引入并不顺利。在 5 月 13 日到 7 月 25 日期间，多名用户围绕该标签的删除与恢复问题展开了编辑战，最终要求保留日语标签的一方取得了暂时性的胜利。第二个附加性的日语标签是“南京事件”，由用户 Gakmo

于2004年10月6日引入，但后来曾被日本匿名用户恶意地替换为“南京侵攻作战”“于南京战斗”和“南京攻防战”三个标签，只不过很快就被撤销了。第三个被接受的日语标签——“南京虐殺”——由名为R.O.C的用户于2005年5月8日07:16引入，与“南京大虐殺”和“南京事件”并置。2010年5月7日，用户MtBell根据当年年初发布的《日中歷史共同研究報告書》（日文）一书，用“南京虐殺事件”一举替换掉先前的三个日文标签。随后，以“南京大屠杀”为主标签、“南京虐殺事件”为说明性标签的格局不间断地持续了将近两年时间，多达414个版本。

统计结果显示，在全部1 623个版本中，有486个版本从未出现任何一个日语标签（29.9%）；“南京大虐殺”“南京虐殺”和“南京事件”三个日语标签同时出现在818个版本中（50.4%）；这三个日语标签与“Nanking Massacre”和“Rape of Nanking”一起出现在527个版本中（32.5%）；在全部十三个标签中，最多的时候为六个标签同时出现，达605次（37.3%）。

表6-2　条目导言中对于事件标签的使用情况（2004.4.10—2014.3.5）

事件标签	地位	标签引入者	首次出现的时间	出现的百分比（N=1623）
南京大屠杀	主要的	Tomchiukc	2004/04/10 08:07	99.6（1 616）
南京大虐殺	附加性的	Samuel	2004/04/27 09:43	69.9（1 135）
南京事件	附加性的	Gakmo	2004/10/06 05:25	57.0（925）

续前表

事件标签	地位	标签引入者	首次出现的时间	出现的百分比 (*N*=1623)
南京侵攻作战	主要的	219.164.60.162	2004/10/08 12:14	0.1 (1)
于南京战斗	附加性的	219.164.60.162	2004/10/08 12:14	0.1 (1)
南京攻防战	附加性的	219.164.60.162	2004/10/08 12:14	0.1 (1)
南京虐殺	附加性的	R.O.C	2005/05/08 07:16	50.4 (818)
Nanjing Massacre	附加性的	R.O.C.	2005/05/08 07:16	2.8 (45)
Rape of Nanjing	附加性的	R.O.C.	2005/05/08 07:16	2.8 (45)
Nanking Massacre	附加性的	伟大汉语	2005/12/13 06:57	34.5 (560)
Rape of Nanking	附加性的	伟大汉语	2005/12/13 06:57	34.5 (560)
中韩两国所指的南京大屠杀	主要的	伟大汉语	2005/12/13 06:57	0.1 (2)
南京虐殺事件	附加性的	MtBell	2010/5/7 13:40	39.4 (640)

同时，在讨论页和条目页围绕若干议题的争议中，都牵涉到对导言的争夺，而对这些争议的梳理无疑有助于我们理解维基百科条目的“书写政治”。

一是，对于死难者人数的表述问题。早期的条目倾向于将各方的数字混在一起，并不刻意地强调其主次关系。例如，2006 年 7 月 29 日 10:17 的版本的导言中就写道，“屠杀中具体的遇难人数至今仍极具争议，从中国学者普遍认定的 30 万以上，到远东国际军事法庭认定的20万以上，以至10多万甚至数百人不等”。而现有的多数版本则更强调军事法庭的数字，并将其他数字放在后文来表达一种轻重关系。例如，2014年3月5日17:35的版本的导言共分两段，第一段采纳共识性的表述，强调“据第二次世界大战结束后远东国际军事法庭和南京审判战犯军事法庭的有关判决和调查，在南京大屠杀中有20万以上乃至30万以上的中国平民和战俘被日军杀害”。而第二段则分述中国政府、日本官方和日本学界对于死难人数的观点。[12] 至于这些争议的详细情况，则被放到了正文“影响”一节下的“遇难人数”之中。

二是，国民党在南京保卫战和南京大屠杀中的责任问题。在2007年7月21日03:18的版本中，一位台湾匿名用户在“原因”之下添加了二级标题“国民党的责任”，称“唐生智严重错误的战术造成中国军人自相残杀……不能否认国民党当时也犯下罪行”。用户Alexcn随后移除了这一节，并在讨论页面进行了解释：“唐生智等人只应该负战败逃跑和没有组织撤退的责任，没有屠杀责任。”四年后，围绕这一议题的争议升级到了导言上面。2011年11月23日，一位台湾匿名用户在导言末尾添加了这样一句话：“不过，中国大陆与日本否认派都同意，国民党消极抗日领导无能是导致（南京事件）中国军民大量死伤的原因之一。”随即，维基用户们围绕这一表述展开了激烈的编辑战：它们出现在11个版本中，而被删除了7次。

特别值得指出的是，条目于2011年11月开始，十余次以“编辑争议”或“被IP用户或新用户破坏”等原因被设置为“保护状态”[13]，保护期短则一周、长则一年，处于“保护状态”的条目“仅允许自动确认用户”[14]参与编辑。同时，讨论页相关的争论也异常激烈，前后共发起了8个独立的讨论。争议的一方以中国早期的官方教科书对于国民党的批判作为依据，而另一方则强调不能将守城失败与南京大屠杀混为一谈。

2012年3月4日11:09的版本之“中国：坚守首都的决策”一节下，出现了一个妥协性的表述：“由于战前战时指挥不利，一九四九年后曾有一段时间内中国大陆的教科书及相关文章指责是国民政府‘消极抗日’导致了随后的南京陷落。”用户SyaNHs对此所做的解释是，“纵观全文根本找不到放这段文字的地方（导言肯定不是能放的地方）”，而其他用户则建议将其移到“南京大屠杀的争论”条目之下。这种妥协并不能解决问题：2012年三四月间，编辑战仍在继续，责任表述出现在15个版本中，被删除了12次；在2013年9月14日至2014年3月5日期间，相关表述在18个版本中出现，被删除了17次。围绕这一议题的争夺至今仍未消停，直到2016年底，相关表述仍然时不时在导言中出现，或者在正文中以“对国民党当局的指责”一节的形式出现，而将之删除的用户主张，这一节描述“与南京大屠杀无关，但对事件产生错误引导倾向”。

三是，中国历史教科书对于南京大屠杀的处理方式，即1949年后南京大屠杀是否被写入了教科书。这一争议在2010年即已出现，起初被放在“纪念”一节。在当年12月12日16:45的版本中，一位安徽的匿名用户在导言中插入了这样一句话：“但中国在

70年代以前都不曾在教科书和官媒上提及大屠杀。"此后到2011年1月15日期间，这句话及其变体出现在7个版本中，被删除了6次。在1月15日05:44的版本中，南京维基用户MtBell发出严重警告："这段话如果放在合适的地方，我会补充一些材料。但放在导言，见一次删一次。"删除的原因是，这一讲法被日本右翼当作否定南京大屠杀存在的理由。2016年底，某用户在将导言中的相关段落[15]删除时强调，"中华人民共和国的任何一本教科书都不曾有过这种论调，南京大屠杀完全是侵略者单方面导致，和中华民国政府没有丝毫关系"。

2011年11月，这一表述被某些匿名用户以更为丰富的形式放到导言末尾，再度点燃了编辑战，而讨论页上也争论得颇为激烈。反对一方强调，关于教科书的这一论断来自日本右翼学者，同时他们也花费了大量精力去证明新中国成立后的媒体和教科书中存在关于南京大屠杀的记录。在现有的多数版本中，这一议题被放入一级标题"影响"之下的"日本方面的观点和争议"一节，作为对日本右翼言论的批评而出现。[16]

（三）全球记忆空间里的交涉互争

虽然"南京大屠杀"条目的记忆社群在讨论页里的讨论主要针对中文条目而展开，但他们也不时关注着其他语言版本，尤其是日文和英文的条目。不仅如此，中文条目的某些活跃用户甚至也直接参与了日文条目和/或英文条目的修订工作。他们甚至发展出了两种不同的身份策略。一是，在不同语言的维基百科上采用统一的身份。当用户 MtBell 发现自己在中文维基百科里所用的名字“Gilgalad”在其他语言的维基百科上已被别人占用之后，就换成了现在这个名字。二是，在不同语言的维基百科上使用不同的身份。一位目前身在德国的广东维基用户这样介绍自己：“各位好，我是 Nutcracker，胡桃夹子。在英文、德文、日文、法文 Wikipedia 也能看见我，不过英文 Wiki 里面我是 Nussknacker，这叫作双品牌策略，呵呵……”

关于中文条目的用户参与其他语言的“南京大屠杀”条目之修订的一个典型案例是，2013 年二三月间，英文条目围绕导言中的“死难人数”问题展开了激烈论争，中文条目中首要的核心人物 MtBell 也是这场论争的核心人物之一。当英文讨论页的论争终于尘埃落定后，他先后对英文和中文条目的导言都做了修订。可见，维基百科作为多语言平台的这一事实提醒我们去关注不同记忆社群在全球性记忆空间里交涉互争的状况。

这里，仅就中文条目讨论页简要梳理中文记忆社群对于其他语言社群的关切。这种关切主要表现在两个层面。

一是，对于不同语言版本的参照。在日常修订中，某些用户会通过翻译英文维基百科条目的资料来达成“中立化”。而在对条目的评价中，他们也会参照其他语言版本。例如，在第二次优良条目评选中，一位持反对意见的注册用户批评参考文献太少，“现在仅有 27 个资料来源，非常不足”，而“英文维基百科就有近 100 个来源”。另一位持反对意见的匿名用户则借日文版本来批评中文版本：“日文维基用两个条目来说明这个事件，除了有 interwiki 的本条目外还有没有连结其他语言的 ja（引者注：Japanese 的缩写）：南京大虐杀论争。对于这类事件，日语的做法严谨有条理，还有引用出处。”鉴于存在不同的语言版本，一位用户则建议，“将此条目的主要语言版本进行翻译，放在 temp 版，互相比较下，我相信会有一些额外的收获”。

二是，对于其他语言版本——尤其是日文版本——的批评，以及交流参与修订日文版的经验教训。早在 2005 年 4 月，一位名叫大和健一的用户就在讨论页上报告，“日文维基的‘南京大屠杀’条目被阻了”。随后，也有用户批评“日本伪基（引者注：原文即如此）百科竟然不承认南京大屠杀！？去日文维基和鬼子们争辩吧，不要在这里争辩，没有意义”，或倡议“在本条目的日文版上增添一些图片。这样比较有说服力”。同样是针对条目中的图片，当有人发现“南京大屠杀条目的英文版本正在进行投票，准备删除揭露日军强奸暴行的照片”时，便呼吁用户“参加投票保留这些历史照片！”

2012 年 12 月，日文维基百科中的条目标题由“南京大虐殺”改为“南京事件”，此事在中文讨论页也引发了热烈的关注。讨论中，有些曾参与日文版条目的修订和争论的人既批评日文维基百科，也交流经验教训。他们批评那些持右翼立场的日本人以不接受外文来源和指责文献是“宣传”为由撤销或回退了修订。一位去日文版条目参与论争却以彻底失败而告终的南京维基用户感叹，“连几张图片都加不进去，更不要说正名了”，他感觉“在 ja 那边舌战是浪费时间”，转而建议用户“帮忙完善中文版的南京大屠杀”。他在另一处也建议，“最好先充实中文版的条目，然后再修改英文版，之后有足够日文能力的话再去日文版”。总之，从讨论页面的这些话语中可以清楚地看到这样一个基本的事实：在维基百科这一全球性记忆空间里，集体记忆实践仍然有着非常强烈的民族国家之身份认同边界。

五、结语

十余年前，Tomchiukc 在创建“南京大屠杀”条目时附带评论道：“写一条条目有多难？为什么每个人都要去 Tom.com 抄？大家都没有脑没有笔吗？”在对 1 600 多个版本的书写实践进行了全面而系统的分析之后，我们不得不发出一句感叹：要写好这个牵涉到两个民族国家之间“艰难过去”的条目真的是非常困难。最大的困难也许在于，在维基百科这一全球性记忆空间里，从事记忆工作的人有着高度复杂的政治、社会与文化背景，正是这些背景导致了围绕条目修订的各种合作、冲突与妥协。任何一个条目版本都只是代表着某一主体对于记忆对象的一种暂时性的认知和理解状态，而任何试图一劳永逸地生产出一个“权威”或“标准”的集体记忆版本的想法都必将是徒劳。在线百科全书的协作性书写与传统百科全书的编纂之间形成了巨大的反差，而这种新型的记忆实践会给知识生产和传播带来怎样的影响，我们只能拭目以待。

在过去十几年间，维基用户们出于各种动机，生产出一个长长的打上了修订者与被修订者之间“主体间性”烙印的版本序列。定量的统计显示，版本篇幅呈现出一种正增量的整体趋势；条目的叙事结构已日趋稳定和完善；虽然围绕“南京大屠杀”条目的记忆社群的总体规模相当大，却只有一小群持久的活跃者。同时，对于条目页、浏览历史页和讨论页的质性分析则显示，维基百科的“中立性”原则极大地影响着南京大屠杀叙事；不同维基用户对于导言展开了激烈的争夺；中文条目中也显示出了一种全球性的“文本间性”的文化意识。

尽管面临着类似的记忆环境，维基百科的“南京大屠杀”条目与《人民日报》等新闻媒体所建构的官方叙事之间还是存在着巨大差异的。第一，媒介形式（亦即记忆载体）的差异导致我们在新闻媒体上所看到的是“完成的文本”，而维基百科则是“书写中的脚本”。我们前面已提到，中立性和非原创性等维基原则对于记忆书写产生了深刻的影响。第二，官方记忆更多地以“断言”——不可否认的“历史事实”——的形式存在，而维基百科则表现出“记忆协商”乃至话语争夺／对抗的特征。前文所述的记忆争议，折射出维基百科所凝聚的记忆社群内部的多元性乃至歧异性，以及记忆文本多元表述的可能性。第三，与官方记忆相比，维基百科所建构的民间记忆的“意识形态性”没有那么显豁(我们很少看到“国耻”等类似的表述)。究其原因，一方面，存在不同的记忆书写意图；另一方面，过重的“宣传”色彩无疑会损害条目的中立性，也可能招致华文记忆社群中那些非中国大陆人士的批评。

虽然中文维基百科折射出民间记忆社群的视角，并反映出了记忆建构过程中的协商与争夺，但是它并不立足于、事实上也没有建构出南京大屠杀的“反记忆”。例如，中文维基条目对于死难人数的表述，既与官方“断言”有所不同，但也与英文维基百科（国际记忆社群）的陈述方式之间存在巨大的差异。在2014年初英文维基条目围绕导言中死难人数的激烈论争之后，目前导言首段对此的表述较为含混，称“数以万计甚或十万计人”（tens of thousands if not hundreds of thousands）遇难，而导言第二段则集中讨论“围绕死难人数的争议”，称“不存在对于死难人数的准确估计”，并列举远东国际军事法庭、南京审判战犯军事法庭（中国官方）的数字，最后称“学界的估计介于4万至30万之间”。

我们可以将中文维基百科的南京大屠杀记忆视为一种具有民间色彩的“替代性记忆”（alternative memory），而它之所以没有变成“反记忆”，大抵有下列几方面的原因。其一，热心参与条目编辑的用户多半来自中国大陆，他们浸淫在相似的南京大屠杀主导创伤叙事和文化心理当中。其二，中文维基百科以中文为主要的工作语言，主要参照中文文献，而南京大屠杀在中文文献中基本上是以“共识”的面貌出现的。其三，为了防止维基百科在中国大陆被封锁，条目中不能出现敏感词，也不能使用一些敏感的链接。

第七章

结论：中介化与创伤过程

国行公祭，祀我国殇
兽行暴虐，共御外侮
昭昭前事，惕惕后人
永矢弗谖，祈愿和平

——新版国家公祭网主题语

走出历史灾难的阴影，实现社会和解，是“不计”前嫌，不是“不记”前嫌。记住过去的灾难和创伤不是要算账还债，更不是要以牙还牙，而是为了厘清历史的是非对错，实现和解与和谐，帮助建立正义的新社会关系。对历史的过错道歉，目的不是追溯施害者的罪行责任，而是以全社会的名义承诺，永远不再犯以前的过错。

——徐贲，《人以什么理由来记忆》（2016）

第七章　结论：中介化与创伤过程

一、中介化与创伤叙事

本书以南京大屠杀为个案，以文化创伤理论为分析框架，探讨一个核心的研究问题：创伤是如何经由媒介而得以建构的？在这个简短的问题上，我们可以添加一系列修饰语，进而一步步地逼近本书所研究的社会场景和经验分析对象。就创伤建构的空间维度而言，本书涵盖了报纸这种最为传统的"单向撒播式"大众传媒（第二章和第三章）、线上公祭活动和维基百科这样带有互动性的新媒体形式或渠道（第五章和第六章），以及纪念馆这样的广义媒介空间（第四章）。就创伤建构的时间维度——这更接近"创伤过程"的本义——而言，本书既触及创伤的建立、维系与制度化等不同面向，也指向从历史事件到创伤事件再到文化创伤的文化社会过程。在由此构成的时空环境中，我们关注下面这些更为具体的经验性问题：第一，在再现（representations）的意义上，媒体生产出什么样的创伤叙事？第二，作为社会机构（social institution）的媒介在文化创伤建构中扮演何种角色？第三，人们如何在由媒体中介的环境或构建的空间中展开创伤记忆实践？

在本节和下一节中，我们并不打算重复每一章结尾处的研究发现或结论，而是希望将贯穿各章的问题意识和分析线索放到“中介化”这一理论视角之下，做一些延伸性的讨论。“中介化”（mediation）概念经常与“媒介化”（mediatization）概念并列甚至混用，但媒介化更多用来“批判地分析媒介与传播的变迁和文化与社会的变迁之间的相互关系”（Couldry，Hepp，2013）[199]，其视角多是宏观的、长时段的和历史性的。相比之下，中介化更多强调媒介所中介的社会生活，即“不仅人类的传播或交往经由了传媒技术及其相关机制的中介，而且，人们的日常生活也通过如此中介了的传播或交往得以形塑”（潘忠党，2014）[156]。

英国学者罗杰·西尔弗斯通（Roger Silverstone）将中介化界定为“制度化传播媒介（报刊、广播电视和互联网）在社会生活中所参与的一般性的符号流通过程。在根本意义上，这一过程是不均衡的、辩证的”（2002）[762]。这种辩证性表现在，大众传媒界定甚至决定了社会意义，但与此同时，受众也会与大众传播产品展开持续而富有创造性的互动。尼克·库尔德里（Nick Couldry，2008）指出，与媒介化所主张的单一“媒介逻辑”（media logic）能一劳永逸地改变整个社会空间不同，中介化理论强调，在复杂而分化的社会空间内，媒体所带来的转化具有高度的异质性。

正因为此，中介化视角要求我们“理解各种传播过程如何改变支撑它们的社会和文化环境，个体和机构层面的参与者与该环境的关系，以及它们彼此之间的关系”（Silverstone，2005）[189]。

中介化更多地落脚于中介机制或过程，具有技术性、社会性和空间性维度。而在不同的研究取向中，中介化指向不同的机制或渠道，例如，文化研究将再现作为中介机制，传播政治经济学着力于探究媒介产制中的政治经济逻辑，而媒介理论则强调媒介技术特征的中介作用。（潘忠党，2014）[156]

在中介化的视角之下，我们先来看作为中介机制的再现，即南京大屠杀发生七十余年来的主导创伤叙事及其变迁过程。我们发现，战时和战后初年围绕该事件的再现，对事件进行了最早的创伤界定，“南京暴行”也在公共话语层面变成“南京大屠杀”。早期再现中已经包含了“耻”的要素，但这种国民受辱之“耻”被放在战争动员和战后审判的短期（short-term）框架内，并以“为匹夫匹妇复仇”或以审判“雪耻”的方式来应对。尽管此后几十年间南京大屠杀在公共话语中的消逝常常被归因于政治环境、意识形态、外交关系或以阶级斗争为核心的创伤叙事，但它或许也与早期再现有关，因为一旦抗战取得胜利、战犯被送上“断头台”，被“洗雪”的耻辱便无须再提起。

自从二十世纪八十年代南京大屠杀被“重新发现”以来，一方面，南京大屠杀被更为明确地界定为“国耻”，并在更广阔的时空背景（近代百年屈辱史）和历史脚本或宏大叙事（从屈辱到复兴）中获得定位。另一方面，包括日本“历史教科书事件”在内的一系列当代事件，也被建构为“文化创伤”，因为这些事件伤害了中国人民乃至亚洲人民的感情。这套主导叙事在官方媒体上生产出来，并在其他媒介场景下（例如在南京大屠杀纪念馆和线上公祭活动中），不断地更新与再生产。更重要的是，主导叙事一旦形成，它就会变成“中介的机制或渠道”，“形成我们展开日常生活所需要的‘公共意义和对世界的呈现’及话语资源”（潘忠党，2014）[156]。我们在第五章中分析焦点小组参与者对寄语的选择时，提到参与者之所以毫不迟疑地选择“勿忘国耻”，是因为唤起了成长经历中遭遇这一创伤事件并将之与“国耻”紧密联系的个体记忆。而在绪论中提到的南京大屠杀文化衫事件和撤销南京大屠杀课文的教科书事件中，我们也能够清晰地看到，参与者如何调用主导叙事发起谴责，以及在发表不同观点时如何受到主导叙事的制约。

南京大屠杀的主导创伤叙事带有强烈的民族国家色彩，叙事中的个体也要因应主导叙事的走向而各安其位。因而，我们看到昔日的加害者——日本侵华老兵——如今更多以“忏悔者”的面貌出现，外国救助者更多被呈现为“历史见证者”，中国人则被简单地呈现为“受害者”，他们的存在都是对日本右翼的反击。而历史中的其他个体则面目模糊，鲜有机会在媒介舞台上发出带有实质意义的声音。就像孙江在评论张艺谋的电影《金陵十三钗》时所说，“在他（导演）的镜头下，中国人不外是一群被发扬人道主义精神的欧美人和人性觉醒的日本兵拯救的沉默的‘客体’”（孙江，2014）[162]。

近年来，国家公祭日的设立带来了纪念热潮和叙事繁荣，那些曾被历史洪流淹没的个体遭际和记忆渐次浮现出来。正是在这些个体命运的幽微曲折之处，我们或许可以找到南京大屠杀叙事与普遍主义创伤叙事之间对接的可能性。这当中包括下文将要讨论的“英雄”的重现，以及对“受害者”或“幸存者”个体的关注和更为个人化的描述。[1] 以后者为例，2014 年首个国家公祭日前夕，侵华日军南京大屠杀遇难同胞纪念馆和国家公祭网公布了 100 位南京大屠杀幸存者的证言。这一活动传递出混杂的讯息和意义。一方面，幸存者的个体故事通过广播声音、电视影像和网站图文等媒体渠道为公众所知晓；另一方面，活动的主旨被概括为“公布证言就是想以亲身经历告诉大家，南京大屠杀是真实存在的，任何人都抹杀不了”。

受害者也以“家庭”的面目出现。例如，南京广电集团 2015 年的“紫金草行动”推出“家脉 1937”活动[2]，通过口述史的方式，“寻访自家的故事，记住战争的伤痛，传承家国的厚重”[3]。而自 2014 年起，在国家公祭日的公祭仪式之外，侵华日军南京大屠杀遇难同胞纪念馆还在遇难者名单墙前举行“死难者遗属家庭祭告活动”（简称“家祭活动”），“以家庭为单位的祭告活动，意在唤醒正渐渐消逝的幸存者们的记忆，让个人证言能以家庭为单位代代传承”。[4] 在这里，我们清晰地看到对“后记忆”（postmemory）（Hirsch，1997；Hirsch，2012）这一议题的处理，但家祭活动的祭文则包含了相对混杂或丰富的讯息：

亲爱的父亲：

您离开我们已经 79 年了，我真的特别想念您。当年，您在中华门外西街小市口被日军杀害。生命的逝去是不能用任何方式换回的，我真切地感受到了什么叫生死相隔。

南京大屠杀已经过去 79 年了，今年将举行第三个国家公祭，我们的祖国现在已经成为了世界强国，不会再像以前一样受到欺负了。

我会把当年国家遭受侵略的历史告诉我的后代，让更多的人牢记历史，悼念逝者，谋求和平，珍惜现在的幸福生活，为了实现中国梦而努力奋斗！愿人们永远生活在和平的阳光下！

2016 年 12 月 3 日[5]

这则祭文以受害者儿子的身份和口吻写成，第一段既是对历史事实的介绍，也是从亲人角度抒发思念之情，而后面两段则直接上升到国家角度，传递出与“王师北定中原日，家祭无忘告乃翁”类似的意蕴。第二段的含义类似于“落后就要挨打”的口号，而第三段则向更广大的“观众”发出富有意识形态色彩的呼告。这段祭文让我们看到在“家国一体”或“家国同构”的框架下，“国家记忆”和“家国记忆”相互交织、难以截然区分。（潘忠党，2000）[6]但是，这段文字或也说明，以受害者个体或家庭为核心的创伤叙事仍然无法跳出由国耻叙事所设定的叙事线索和历史脚本。此外，随着南京大屠杀幸存者纷纷步入耄耋之年，历史的“活证”越来越少[7]，从亲历者的“共同记忆”进入“后记忆”阶段之后，如何建立个体化叙事，使之与主导叙事相融，并推动南京大屠杀创伤叙事的多元化和普世化，也是一大挑战。

二、文化创伤的中介化

对南京大屠杀的个案研究，让我们得以把握媒介在文化创伤建构中的角色与作用，以及媒介在建构文化创伤时所遵循的文化、制度与生产逻辑。

第一，新闻报道有助于确立创伤事件。从1937年末到1938年初，中外新闻媒体都对南京暴行进行了报道。这些报道与对日军在其他地区的战争暴行的报道类似，但其数量更为庞大，也更为深入，而国际媒体的介入则让事件触及中国之外的世界受众。在很大程度上，这既与南京暴行的严重性有关，也与事件之初因海外侨民和新闻记者留守在南京城内才得以将信息传递出来有关，他们扮演了创伤事件最初的“承携者群体”角色。的确，媒体报道的创伤事件仍然有可能被遗忘以致湮没无闻，但它们也会在受众的认知和情感层面打下烙印，成为被后世再度挖掘和利用的“历史证据”或符号资源。

第二，新闻媒体通过聚焦当下而赋予过去的创伤事件以当代相关性（contemporary relevance）。在南京大屠杀个案中，这一桩创伤事件之所以在1982年再度进入公众视野，很大程度上要归功于新闻媒体对日本“历史教科书事件”的报道。而在接下来的三十年间，各种当代事件——从日本右翼否定历史的言行、日本政府官员参拜靖国神社，到东史郎诉讼案、李秀英和夏淑琴诉讼案、慰安妇民间索赔等——都为新闻媒体提供了“由头”，让它们得以在当代情境中重访历史事件，激活文化创伤。其结果是，在历史层面，南京大屠杀是一起已经过去的历史事件；在创伤层面，南京大屠杀却是“未痊愈的伤口”或一次次被揭开的“伤疤”。这种“当代性”也将创伤事件从历史拉回到现实，从逝去的一代传递给当下的一代，并在后者身上培育出相对应的情绪、情感（例如当代年轻人的对日情感）以及身份认同（例如爱国主义）。

第三，媒体纪念报道是维系/再生产文化创伤及形塑集体记忆的重要中介渠道。作为“日历本新闻”，纪念报道确保在没有当代事件激发的新闻报道的前提下，创伤事件仍然能够在媒介舞台上获得周期性的、常规的再现。而这些周而复始的纪念报道也通过特定视觉形象的循环调用，创造出并再生产浓缩文化创伤叙事的“聚像”(icon)。我们在第四章中分析了南京大屠杀纪念馆为“300000”这一数字标识赋予的物质性基础和围绕它展开的各种记忆实践和认同表达。实际上，“300000”也广泛存在于其他媒介场景中，要么以“30万死难者”这样的文字描述出现，要么以纪念活动中与30万有关的新闻图片（例如南京大屠杀纪念馆遇难人数纪念墙、烛光造型等）出现。在“300000”之外，南京大屠杀纪念馆中的某些经典造型或视觉画面（例如“家破人亡”雕塑、标志碑）也因为持续地被媒体调用而带有了“聚像”的意义。

第四，中介化的纪念空间构造出人们展开记忆实践的核心场景。我们在第五章中讨论到线上公祭活动这种带有互动性的纪念空间。实际上，在更广泛的意义上，人们在12月13日这一天所处的文化政治空间都是经由媒体所中介的：国家公祭仪式是典型的“媒介事件”；国家公祭日当天打破日常常规（形成纪念常规）

的电视节目编排、报纸版面安排（黑白纪念专版、无广告等）乃至网络媒体的视觉设计（南京大屠杀纪念馆和“南京发布”等微博账号头像变为黑白），营造出一种庄重的祭奠氛围；而大众传媒和互联网上流动的大量文本和影像以及社交媒体上各种公祭倡议（转发、线上公祭），则将公众作为记忆消费者与记忆参与者的角色合二为一。人们进入侵华日军南京大屠杀遇难同胞纪念馆，似乎无须任何中介，但他们进入的不仅是物质空间，更是由视觉物质性构造出的“文本空间”，参观过程就是在与“历史与记忆的空间表征”相碰撞的过程。媒介纪念空间可能是临时性的，例如第五章中分析的纪念活动都是在首个国家公祭日前后推出的，其中只有“紫金草行动”在 2015 年和 2016 年得到延续。但它们也可能是高度制度化的，南京大屠杀纪念馆就是这样一个制度化的纪念空间，它依托各种物质化的再现手段，让人们在世俗时间或神圣时间中投入不同的记忆实践活动，激活各类即时性的身份认同表达。即便是线上祭奠活动也可能被制度化，例如国家公祭网就是一个常规的公祭平台。

第五，新媒体技术创造出新的纪念形式和记忆实践新的可能性，这使得它们与传统媒体之间呈现出不同的记忆景观，也让我们得以观察创伤“中介化”的技术维度。正是移动互联网技术的普及使得线上公祭活动变得触手可及，与日常生活的脉络紧密结合，也让“受众”不只是被动地消费媒介提供的创伤叙事，而是有了更多参与的可能。不过，这也可能令纪念活动变成一种“姿态”（随手转发），丧失了仪式本身的庄重感和抽离感。相比之下，维基百科具有更大的革命性意义。一方面，它搭建起跨越民族国家边界、以语言作为新的边界的记忆之所，令数量庞大的个体在主导叙事之上乃至之外，展开草根性和民主性的创伤书写，其技术设施令个体间的记忆协作和争夺成为可能。另一方面，媒体平台或机构自身的组织原则——比如维基百科的中立性原则——也对创伤叙事和记忆书写产生了直接的影响。

不过，需要强调的是，“中介化包含了一种辩证的关系，即一方面技术以及与之相应的机构驱动着特定形态的传播；另一方面，这种驱动同时也受制于历史和社会的场景”（潘忠党，2014）[156-157]。从微观到中观再到宏观层面，媒介创伤建构过程以及人们在中介化的环境或空间中所展开的记忆实践，必然会受到媒介生产常规／组织规则、媒介产制的政治经济环境和更广阔的记忆／纪念文化之影响。在第一个层面，新闻媒体对“新闻性”的强调使得它们可以将过去和当下相关联，这也在一定程度上解释了国内外媒体对日本右翼修正主义的所作所为（而不是更主流的日本改革派的观点）的高度关注，因为前者更容易构成热点新闻事件，激起公众的情感反应，也更能够与公共话语空间和公众心目中的“日本意象”合拍。而创伤叙事一经建立，文化创伤的维持与再生产就要遵循媒介纪念的生命周期，这具体表现在：每一年的国家公祭日前后都会出现“纪念饱和”，而每隔数年则会出现一次纪念高峰等。

在第二个层面，国家法团主义体制之下的文化生产逻辑制约着不同场景下的创伤建构方式。以侵华日军南京大屠杀遇难同胞纪念馆为例，从其建立到扩建的历史过程，从地方纪念活动到国家公祭仪式的展演，都受到国家意志的深入影响，而全国爱国主义教育示范基地与“黑色旅游”景点的结合便是这种影响的生动体现。此外，与我们分析的线上公祭空间的生成相类似，国家公祭网也受到媒介逻辑的影响。为了扩展其影响力、提高公众参与度，2015 年和 2016 年，国家公祭网先后与各类网络媒体联合推出“十网联动在线公祭”和“十一网联动在线公祭”活动。这至少说明两个问题：其一，媒介纪念空间中存在等级秩序，国家公祭网创办的纪念活动的地位优于地方媒体；其二，国家公祭网同样并不是单纯依靠新媒体的“连结”发挥作用，而是要依靠媒体逻辑展开动员。

在第三个层面，无论是线下的南京大屠杀纪念馆还是线上的公祭活动，都从主导纪念文化中调用表述工具和象征资源，这导致它们建构的南京大屠杀叙事与主导创伤叙事高度契合，而公众只能在其间展开高度受限的记忆实践。如果说这些纪念活动仍然由记忆机构和媒体所主导的话，维基百科条目的编撰者则外在于任何正式组织或机构。但即便是他们，也无法逃脱各自所属的记忆社群以及支撑该社群的“象征体系”——或者说内化的南京大屠杀主导叙事——的制约，这一点在不同维基用户围绕创伤书写（特别是措辞）的争夺和情感卷入的程度等方面，表现得非常明显。

三、进一步的研究

本书各章均围绕特定的媒介场景展开，但创伤过程并不局限于结构化媒介场域或单一场景内部，而是处在不同制度场域的碰撞之中。这既表现在新闻媒体从其他场域调用象征资源，也表现在媒介意象向其他场域的流动。本书第五章曾提及“紫金草”形象，该形象的后续扩散和制度化，便折射出这样一个跨场域的创伤建构过程。本节以“紫金草”符号的扩散和“英雄叙事”的浮现这两个在经验分析章节未被详细讨论的论题为例，对此略作说明，一方面展示新近出现的创伤叙事元素，另一方面亦探讨本研究下一步可能的议题和方向。

（一）紫金草：一个新聚像的诞生？

2016 年 12 月，南京大屠杀死难者国家公祭日进入第三个年头。12 月 5 日，南京广电集团“2016 紫金草行动”上线，这是该媒体第三次推出以“紫金草”为核心标识的互动式线上公祭活动。活动延续了种植紫金草这一核心创意和征集家史故事、佩戴紫金草徽章、开展线下公祭活动等元素，并首次将种草结果呈现在地图上，以便“让和平之花开遍地图上的每一个角落”。在我们于 2016 年 7 月访问该活动主办方时，他们希望活动可以持续下去，“有可能十年二十年后，到这个时间点，警报响起，大家（都会）把这朵（紫金草）花戴在胸前……‘离心脏最近的地方’”。

“2016 紫金草行动”在首页调用了侵华日军南京大屠杀遇难同胞纪念馆中的“12 秒”设计，来具体化 30 万遇难者这一数字标识或聚像（参见图 7–1）。饶有意味的是，自 2014 年首个国家公祭日以来，“紫金草”形象也从南京广电集团策划的线上公祭活动中扩散出去，进入其他制度化纪念场域，并在不同场景下被挪用，从单一的“纪念意象”发展为一个意蕴丰富的符号。从2015年底、2016年初开始，侵华日军南京大屠杀遇难同胞纪念馆有意将紫金草符号纳入对南京大屠杀的表征过程。2016年3月28日，纪念馆举行“手绘紫金草”活动，200多名志愿者在纪念馆雕塑广场上“用美术颜料手绘紫金草图案，将这和平之花亲手‘种植’在了纪念馆雕塑广场的地面上”[8]。而活动视频“紫金草手绘行动，向全世界呼唤和平”[9]的结束语是：紫金草　和平花／在这里绽放　向世界传播。2016年4月3日，纪念馆举办了“紫金草 · 祭忆”2016南京市民春季健步骑行公益活动，寻访南京大屠杀遇难同胞丛葬地，参加者“每个人都穿着、背着为此次活动特别设计的、以寓意

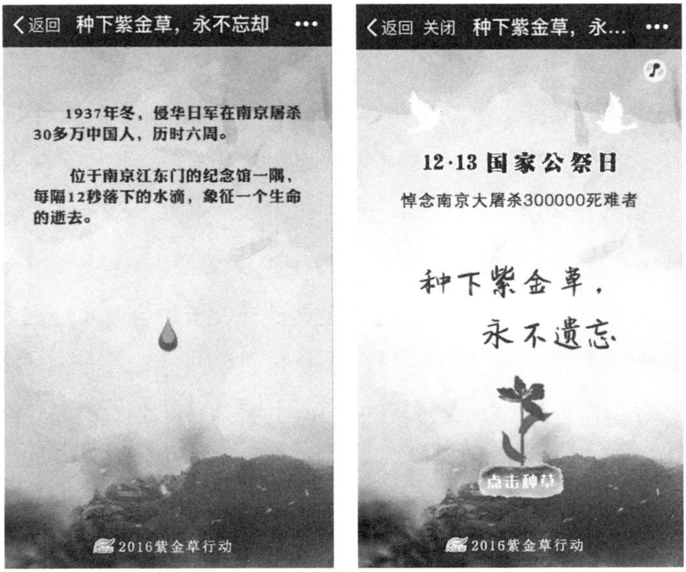

图7-1　“2016紫金草行动”移动端截图

和平的紫金草为元素的紫色专属运动背心[10]、专属运动包，到达终点者都会获得一枚纪念勋章”。[11] 2016 年 8 月 15 日，纪念馆也举办了“紫金草 · 抗战记忆”公益徒步寻访活动。

在纪念活动之外，紫金草符号也逐渐进入南京大屠杀纪念馆的“象征体系”。以纪念馆的微信公众号为例，2016 年 1 月起，几乎所有文章都会标明“‘紫金草工作室’出品”，而四瓣紫金草图案也出现在公号文章页面上方，并被作为公号二维码的中心图案，取代原来的纪念馆造型（参见表 7–1）。2016 年 4 月起，南京大屠杀纪念馆微博头像更换为“紫金草”花瓣图案。在纪念馆推出的宣传片“世界记忆，家国情怀”中，紫金草图案也成为重要的视觉符号（参见图 7–2）。与此同时，纪念馆中的标志牌或指示牌也开始出现紫金草图案，纪念馆还向观众免费赠送紫金草纸贴。2016 年 5 月 5 日，面向公众的《紫金草》丛书（东南大学出版社）第一辑发行，至 2016 年 12 月，出版 6 册。纪念馆同时制作了紫金草徽章，与小册子一起在纪念馆发售。此外，在 2016 年 12 月改版的国家公祭网中[12]，紫金草花海成为页面背景，以不那么直接但更具视觉冲击力的方式进入纪念话语（参见图 7–3）。2016 年国家公祭日前夕，江苏省对外文化交流协会向 6 位安全区委员会委员的后代颁发“紫金草国际和平纪念章”，纪念章由江苏省委书记和南京市委书记颁出，表明这一符号得到了官方的认可。

图 7-2 南京大屠杀纪念馆宣传片“世界记忆，家国情怀”截图

注：《8 分 27 秒的时间，向你传递“世界记忆，家国情怀”的含义……》，南京大屠杀纪念馆微信公众号，2016.6.21。视频地址：https://v.qq.com/x/page/s0308b3mhvu.html。

图 7-3 国家公祭网移动端开始页面和结束页面截图

表 7-1　南京大屠杀纪念馆微信公众号“紫金草”符号的采纳过程

日期	出现的紫金草符号
2015.12.5	文章末尾标“紫金草工作室”，但未持续
2016.1.13	文章末尾第二次标“紫金草工作室”，此后延续，并固定为“‘紫金草工作室’出品”
2016.2.16	页面下端出现“世界记忆 家国情怀”
2016.2.25	页面上方出现四瓣紫金草徽章图案及文字“关注我们，铭记一段历史”，此后延续
2016.3.28	“世界记忆 家国情怀”从褐色变为紫色，此后延续
2016.4.10	页面下方公众号二维码中心图案由南京大屠杀纪念馆造型图文变为“紫金草”图案，此后延续

毫无疑问，无论是南京广电集团的“紫金草行动”，还是南京大屠杀纪念馆及国家公祭网对紫金草元素的调用，都共享同一套有关紫金草的叙事，它从日军士兵战时采集花种讲起，延续到《紫金草的故事》合唱组曲的创作与表演，其核心是从日本民间角度出发来表达对战争的反思和忏悔。紫金草形象并不是南京广电集团最早运用的，2001 年《紫金草的故事》即曾在南京演出，而南京大屠杀纪念馆于 2007 年在馆内建立紫金草花园，2009 年竖立“紫金草女孩”铜像。不过，2014 年首个国家公祭日前后的“紫金草行动”对这一形象和相关符号进行了系统阐发，而南京大屠杀纪念馆的一系列符号实践也的确受到该活动的影响。与南京广电集团一年一度于国家公祭日前夕举办的“紫金草行动”不同，纪念馆和国家公祭网等线上线下纪念场所将紫金草符号予以常规化和制度化。这一符号与纪念馆中的紫金草花园和紫金草女孩铜像等纪念物相呼应，成为南京大屠杀创伤叙事和纪念文化的最新元素，乃至新的南京大屠杀聚像。

（二）记忆场域的互动与英雄叙事的浮现

紫金草个案并非孤例，我们在第二章中即曾简要讨论战后初年新闻媒体与军事法庭之间的互动。在近年浮现的若干新的“纪念元素”中，我们同样能够观察到媒介记忆与其他制度化场域的互动，而在这些互动背后，隐含着一条纪念文化延续与变动的线索。本节以曾经被压抑的“英雄”浮出历史地表为例对此稍加说明，更全面的探讨还有待进一步的研究。2013年12月13日，南京地方媒体《现代快报》头版导读报道《一个敬礼，一句抱歉，四位抗战老兵道出埋在心里76年的痛“对不起，当年我们没守住南京”》，附图中四位老兵佩戴军功章，挺直站立敬军礼。新闻图片下方配有一行文字：“我们想说：亲爱的老兵，请不要说对不起，你们为这座城市已付出太多。”该报以一个整版的篇幅报道四位国民革命军老兵参加南京保卫战的经历和他们的愧疚，指出“他们是老兵，当年挺身而出，以‘一寸山河一寸血’的壮烈与不屈，最终赢得了抗战的胜利”。报道附编后语“亲爱的老兵，不要说对不起”，全文如下：

亲爱的老兵，敬爱的长辈，请不要说对不起。

战争的残酷与悲壮，不曾亲临一线的人是无法体会的。在侵华日军的铁蹄下，你们为国家和民族抛洒热血，做出了巨大的牺牲。你们，已经付出太多太多。

尽管南京沦陷、血腥屠杀，是我们永远难以忘却的痛，但你们，还有那些投身于这场血雨腥风中的千千万万名战士，都无需自责，铭记历史才是我们现在共同的责任。

请老兵们接受我们由衷的敬意！

这篇报道和编后语皆是在创伤叙事的大框架（“永远难以忘却的痛”）内建构“英雄”叙事的典型例证。该报次日的“南京大屠杀76周年祭”黑白专版（A4）刊登后续报道《老兵道歉，数十万网友心疼“英雄们，你们尽力了”》，文章以“76年后的今天，当历史的硝烟散去，让我们一起抚慰战争和伤病留在老兵们心底的痛。老兵不死！向老兵致敬！”收尾。这一充满感情色彩的描述与前一篇报道标题中的“埋在心里76年的痛”相呼应，从侧面折射出英雄叙事长期被压抑的边缘状态。就像另一篇报道所说，“南京大屠杀纪念馆有两个不断更新的名单，一个是哭墙上的大屠杀遇难者名单，截至2014年底，已经有10 505个名字；相比之下，另一个名单被长期忽视，这就是南京保卫战中国军队牺牲将士名单，目前只录入4 304名”[13]。

这篇报道背后，是近年来新闻媒体对“南京保卫战”的“再发现”：2011年12月11日，《扬子晚报》刊发专版（A4）“南京保卫战”；2012年12月12日，《扬子晚报》刊发专版（A8）“纪念南京保卫战”；2015年6月8日，《新民晚报》刊发专版（A8、A9）“一寸山河一寸血 · 南京保卫战”[14]。这些报道不仅建构起以牺牲将士和幸存官兵为核心的英雄叙事，还在南京大屠杀纪念日之上添加新的纪念元素，例如将12月13日称为“南京保卫战75周年祭”。而在新闻媒体之外，《南京！南京！》（2009）和

《金陵十三钗》（2011）等电影也开始正面呈现国民党将士在南京保卫战中的抵抗行为。《南京！南京！》导演陆川指出，鉴于“中国人的南京保卫战、城破后的巷战，以及在难民营里的抵抗，很多时候都被故意回避和屏蔽”，我们无法“画出一张中国人的脸，说出一个中国人的故事”，而现在“到了讲述中国人自己拯救自己这段历史的时候了”[15]。

新闻媒体对南京保卫战和抗战老兵的报道意在“修复因时代原因遗留下的残缺的个人史……修复我们的家国记忆”[16]，而媒介“修复”既折射也呼应了其他记忆机构的种种修复努力，包括：国家档案馆发布“南京保卫战”档案[17]，侵华日军南京大屠杀遇难同胞纪念馆和南京民间抗日战争博物馆举行座谈会和殉难将士祈愿会，南京地方志办公室整理保卫战牺牲英烈名单，史学界确认牺牲的将领数目，地方政府追认烈士或将将领纳入“烈士纪念塔”[18]，等等。各类机构化的努力背后，是过去十数年间官方对抗战中国民党“正面战场”的肯定[19]，学界与民间通过“老兵回家”等公益活动和大量描绘正面战场的大众化图书，展开了对抗战史的再挖掘和再书写。（张洪涛，2005；孙春龙，2010；王晓华，戚厚杰，2011；陶纯等，2011；彭新春，2012；李立，2012）因此，英雄叙事的浮现，既显示出南京大屠杀创伤叙事与抗战叙事的紧密关联，也显示出媒介场域与其他记忆机构的互动。此外，它也提醒我们，在当代中国的记忆场中，官方和民间并不是截然相对的概念和简单对抗的关系，二者之间的复杂互动值得进一步探究。

四、全球记忆与东亚和解

在本书绪论中，我们以“相互缠绕的记忆场”来说明南京大屠杀在当代的记忆状况。这种“相互缠绕”一方面表现在国家记忆对国际因素的回应，例如中韩等国对日本右翼和历史修正主义的回击；另一方面，则表现在创伤叙事在国家边界之间的流动乃至“全球记忆”的形成。因此，对南京大屠杀创伤叙事与集体记忆的研究，不仅要讨论各个国家内部所形成的记忆图景，然后将其拼接成一幅全球性的“记忆地图”，而且更要在超越民族国家的空间和记忆场景中探讨“全球记忆”生成的可能性、现实阻碍和动力机制。

聚焦南京大屠杀等历史事件在国家内部、国家之间和全球化空间内的创伤化或去创伤化过程，更好地理解与把握其间所蕴含的历史和当下相纠缠的社会文化过程，是东亚各国之间实现和解的第一步。本书的大部分章节落脚于第一个层面，即创伤叙事和民族记忆如何在呼应国际因素的情境下建构起来。不过，在对维基百科这一跨越民族国家边界的记忆空间的探讨中，尽管我们仍然局限于中文／华语共同体，但已经可以看到在记忆协作与协商的前提下构建“共同记忆”乃至“共享记忆”的可能性。这与近年史学界推进的两岸共修近代史（王建朗，黄克武，2016）、中日韩三国共同修史（中日韩三国共同历史编纂委员会，2005）等种种努力有着遥相呼应之处。然而，在媒介场域和民族国家内外，如何承认并克服宣传定势、意识形态、刻板成见和民族主义的影响，亦是研究者和实践者必须面对的巨大挑战。

实际上，前文论及的紫金草从中国到日本、再从日本到中国的“记忆旅行”，颇与“相互缠绕的记忆场”这一逻辑暗合，也隐含着构建共同记忆、促进和解的可能性。有趣的是，这种跨越国界的记忆碰撞完全有可能在民族国家内部观察到，这里试举两例，以为本书做结。

北京时间2016年4月15日凌晨，日本熊本县发生6.2级地震，中国网络和社交媒体上不乏幸灾乐祸之声，而侵华日军南京大屠杀遇难同胞纪念馆却在当晚发布了一条祈福微博：

> 【熊本日中友好协会的朋友们，你们还好吗？】昨晚今晨，日本九州熊本县发生地震，目前已致9死950余伤。侵华战争时，由熊本人组建的日军第六师团和第一零六师团均是侵华主力，其中第六师团更是南京大屠杀元凶。而今晚，我们想告诉你日本熊本县日中友好协会的故事：他们二十多年来坚持每年来我馆吊唁遇难的南京同胞，会员樱井正美上月底来我馆时说，每年12月，协会成员都要自己掏钱邀请南京大屠杀幸存者赴日举行证言集会。这次来宁，他们还参与了我馆的紫金草手绘行动。此刻，我们挂念着日中友好协会的朋友们，你们还好吗？（2016.4.15，21:18）[20]

该条微博配了六张图，前两张为熊本地震新闻图片，后四张为熊本县日中友好协会在南京大屠杀纪念馆参加纪念活动的照片。

这条微博短期内阅读量即达数百万，获得 28 454 次转发、10 244 条评论[21]和 19 930 个赞，并被多家媒体报道。这条微博的文本意蕴丰富，它既提到熊本师团在南京大屠杀中的罪行以示“勿忘历史”，也提到熊本县日中友好协会的反思行为。这条微博将问候对象限定在“日中友好协会的朋友们”身上，以相对委婉或者不会引发争议的方式表达祈福之意。而该微博下最热门的一条评论则在更具包容性的意义上讲到，“即便他们不做这样的事情，也需要问候一声是否还好。正视历史，需要双方共同努力。自然灾害发生，需要人道主义的关怀。我认为不应该把这两件事绑在一起”（获得 8 493 个赞）。

而 2016 年上映的日本电影《新哥斯拉》（シン・ゴジラ）则以更复杂的方式呈现出美、日、中三国之间的记忆碰撞。该电影是哥斯拉系列的最新作品，其中一段剧情是美国决定动用核弹打击东京湾巨型生物哥斯拉。以下为剧中人物矢口兰堂和加代子·安·派特森得知情况后的一段对白：

矢口兰堂：把核弹扔到东京吗？

加代子：我也接到了撤离命令。

矢口兰堂：这样啊。可能性很高吧。

加代子：是的。但我不会回去。我不想看见第三颗核弹 / 在我外祖母倾注一生的国家引爆。

剧中男主角的身份是内阁官房副长官，而女主角则是美籍日裔，身份是美国总统的特使。政治角色和族裔身份的叠加在女主角身上折射出日美之间的张力，也让这段有关原爆记忆的讨论显得格外沉重。紧接着这段对白，出现了两张静态的黑白历史图片，展现出原爆过后的场景，其中第一张是广岛标志建筑产业奖励馆被轰炸后的废墟，其遗址即现在所称的“原爆圆顶馆”，位于广岛和平纪念公园内。

这段情节展示的是日本人的原爆记忆及其对当下事务的影响。更有意味的是，该影片被中国网友上传到视频分享网站哔哩哔哩弹幕视频网（http://www.bilibili.com）[22]之后，观看者通过视频弹幕[23]将自身的战争记忆带入到对文本的解读之中。以下为相关情节和画面所引发的弹幕：[24]

63:08 哥斯拉应该在广岛和长崎登陆 23333[25]（12.5 15:32）

63:09 日本：我又要被炸一次了？（12.3 10:18）

63:11 再炸一次日本？（12.2，11:47）

63:12 日本又要被核弹炸了（12.5，6:51）

63:17 美国爸爸说反正不在美国玩核武器（12.6，1:37）

63:19 美国粑粑又想在日本扔核弹了，这次是东京（12.5，17:05）

63:28 用核弹炸日本还是我最在行（12.3，20:47）

63:41 跨越一个甲子的轰炸（12.2，14:57）

64:45 又不是没炸过（12.2，2:52）

63:46 美国飞行员说：我爷爷当年也扔过核弹，我继承大统

了（12.3，9:18）

63:46 狗屎，弹幕一群完全没有人性的（12.3，15:25）

63:53 广岛长崎战后没十年就重建了。比基尼现在还是旅游胜地（12.1，8:50）

63:55 日本根深蒂固的核噩梦（12.1，17:36）

63:58 大家要警惕，日本想用此片告诉世人，当年核他们是错误的，日本人很坏（12.4，10:56）

64:00 日本：尼玛又来（12.4，10:48）

64:03 美国：当年就想扔了，可是下雾……(12.4，4:56)

64:06 好尴尬啊！美国又要炸你老窝（12.2，13:17）

64:08 前俩纯属活该（12.4，7:49）

64:10 此处应该吐槽（注：画面为广岛原爆）（12.2，16:20）

64:16 可是我想看啊（12.3，2:33）

64:17 大快人心啊广岛（12.4，9:44）

64:17 日本老是这样灌输被害者思想 哎（12.6，4:26）

64:19 那么，以前日本为什么会挨核弹呢？（12.6，7:41）

64:21 我想看第三颗（12.5，9:18）

64:24 活该（12.4，2:09）

这一段弹幕当中，既有对相关历史事件的重述和评价，也有对电影处理历史记忆的讨论（“日本老是这样灌输被害者思想”）。虽然这些弹幕围绕日本的战争记忆展开，并没有牵涉到南京大屠杀或其他战时暴行，但它们折射出的“情绪”无疑与中国的战争记忆有着深刻的关联。参照熊本地震的祈福微博，我们当然不能说这些弹幕代表了中国网民乃至中国人对相关历史事件的态度。不过，面对这些以戏谑或调侃口吻写就的弹幕，我们也确实能够隐隐感受到“记忆的重量”，感受到巨大的历史阴影仍然左右着今天人们的思维、情感乃至国家和国际想象。在两个事例背后，我们看到了“记忆碰撞”的复杂图景和历史与现实之间的张力。正如巴里·施瓦茨(Barry Schwartz，2012)所说，记忆冲突和争论的首要意义不是通过对过去的再阐释来攫取权力，而是经由争论阐明现实。因此，如何“从集体记忆的谬误中出走”(王家范，2003)，在回到历史本相的前提下建立“共同记忆”，仍然是一个横亘在我们面前的理论和现实难题。

注　释

第一章

[1]《拿“南京大屠杀”做文化，美知名百货店激怒华人》，见 http://www.sohu.com/a/118874s37503543，2016—11—13。

[2] 报道网址 http://news.sina.com.cn/c/nd/2016-05-23/doc-ifxsktkr 5927710.shtml；调查网址 http://survey.news.sina.com.cn/survey.php?id =113950，dpc=1。调查问题涵盖了两篇课文，如果只调查《南京大屠杀》，或许“不同意”的比重会更高。

[3] 例如5月23日其他媒体的报道：《语文出版社语文书更换课文，〈南京大屠杀〉换成〈死里逃生〉》（http://www.thepaper.cn/newsDetail_forward_1473224），但由于很多网友并不知道《死里逃生》选自张纯如的《南京大屠杀》，类似报道还是引发了大量批评。

[4]《语文出版社声明：没撤掉南京大屠杀题材的课文，只是换了一篇》，见 http://www.thepaper.cn/newsDetail_forward_1473373，2016—05—23。语文出版社的迅速回应显示出事件的严重程度，或也与该社社长王旭明曾任教育部新闻发言人有关。

[5] 王旭明：《语文出版社语文教材没有撤掉南京大屠杀题材的课文》，见 http://www.weibo.com/wangxumingblog?is_hot=1，2016—05—23。截至2016年12月5日，这条微博被转发1 573次，收到1 267条评论和2 334个赞。

三条热门评论分别发布于当天的 20: 48、20: 20、20: 56，绝大多数评论发布于两周之内。

[6]《语文出版社：〈南京大屠杀〉保留，〈死里逃生〉作为附文》，见 http://politics.caijing.com.cn/20160531/4126829.shtml。

[7] 旧版国家公祭网“在线公祭”页面（http://www.cngongji.cn/index_cn.html）的介绍文字，访问于 2016 年 11 月 15 日。2016 年 12 月 2 日，国家公祭网改版，国家公祭网新版上线。

[8]《构筑捍卫正义的国家记忆》，载《人民日报》，2014−12−13。

[9] 在对南京大屠杀遇难人数的讨论中，我们要区分南京大屠杀否定派和肯定派、区分日本右翼和进步知识分子。

[10] 新华社：《全国人大常委会关于设立南京大屠杀死难者国家公祭日的决定》，见 http://www.npc.gov.cn/npc/xinwen/2014-02/28/content_1832502.htm，2014−02−27。决定全文是：“1937 年 12 月 13 日，侵华日军在中国南京开始对我同胞实施长达四十多天惨绝人寰的大屠杀，制造了震惊中外的南京大屠杀惨案，三十多万人惨遭杀戮。这是人类文明史上灭绝人性的法西斯暴行。这一公然违反国际法的残暴行径，铁证如山，早有历史结论和法律定论。为了悼念南京大屠杀死难者和所有在日本帝国主义侵华战争期间惨遭日本侵略者杀戮的死难者，揭露日本侵略者的战争罪行，牢记侵略战争给中国人民和世界人民造成的深重灾难，表明中国人民反对侵略战争、捍卫人类尊严、维护世界和平的坚定立场，第十二届全国人民代表大会常务委员会第七次会议决定：将 12 月 13 日设立为南京大屠杀死难者国家公祭日。每年 12 月 13 日国家举行公祭活动，悼念南京大屠杀死难者和所有在日本帝国主义侵华战争期间惨遭日本侵略者杀戮的死难者。”

[11] 此节皆指旧版国家公祭网（2014.7.6—2016.12.2）。新版网站相关表述较为含混（“祭抗战死难之生命，悼血与火浸染之地”），并未详细列明这些信息。旧版网页参见 www.cngongji.cn/2014.htm。

[12]《我国今迎首个国家公祭日　在南京大屠杀遇难同胞纪念馆举行公祭仪式公祭祭奠七类遇难对象》，载《北京青年报》，2014−12−13。

[13] 廖卉：《“国家公祭 · 10 城联动”系列报道反响强烈　十城同祭：让国家记忆成为国民记忆》，载《新华日报》，2014－12－12。

[14] 列举的例证与上文类似，从 1874 年进犯台湾延伸到 1937 年“七七”事变。

[15] 此处的“120 年”是指 1894 年到 2014 年。1894 年是日本侵略者制造旅顺大屠杀的年份，2014 年是文章发表的年份。

[16] 廖卉：《10 城同祭，全民族的痛我们一起扛》，载《新华日报》，2014－12－03。

[17] 关于其他惨案的报道由当地报社记者采写，同时，参与“10 城联动”的其他媒体也刊登了报道。

[18] 本节使用的“记忆场”并不是法国历史学家诺拉所说的“记忆之所”，而是在布尔迪厄的“场域”的意义上，指向围绕特定历史事件所生成的记忆话语及其牵涉的各种记忆主体和权力关系。

[19]《不共戴天之仇》，载《人民日报》，1951－02－24。

[20]《金陵大学对美帝的控诉》，载《人民日报》，1951－01－31。

[21]《南京工矿企业开展抗美援朝爱国运动的经验及其收获》，载《人民日报》，1951－04－15。

[22] 刘燕军：《南京大屠杀的历史记忆（1937—1985）》。相关观点可参见《暴露敌人罪行时不要无视人民的力量》，载《人民日报》，1951－04－29。

[23] 对 1982 年日本“历史教科书事件”和南京大屠杀纪念馆建立的详细记述，参见第四章“四、数字标识的空间化与意义生成”。

[24] 逢抗战胜利或南京大屠杀五周年或十周年谓之大年，其他为小年。参见朱成山、李慧：《第 21 次是国家公祭》，南京，江苏人民出版社，2015。

[25] 王学进：《设立国家公祭日的多重意义》，载《中国青年报》，2014－02－27。

[26]1995 年，南京市成立了侵华日军南京大屠杀史研究会。1998 年，南京师范大学成立了南京大屠杀研究中心。2006 年 4 月，南京大学成立

了侵华日军南京大屠杀史研究所。

[27] 参见该书在亚马逊网站主页上的“编辑推荐”。

[28] 此段评价出现在大量有关该书出版的新闻报道中，例如，《〈南京大屠杀全史〉再现日军暴行真相》，载《光明日报》，2002-12-07。

[29] 最早的中译本《南京暴行：被遗忘的大屠杀》（孙英春等译，东方出版社）于 1998 年 4 月出版，新近译本包括《南京大屠杀：第二次世界大战中被遗忘的大浩劫》（第二版）（谭春霞、焦国林译，中信出版社），2015 年出版。该书日文译本辗转于 2007 年出版。

[30] 张纯如的著作贡献主要是让西方世界了解南京大屠杀，该书受到广泛赞誉（可见中英文版封面封底上的推荐语），但其学术性也遭到了一些严厉的批评，例如傅佛国（Joshua A. Fogel）在书评（The Journal of Asian Studies，2008，57 (3): 818-820）中批评该书“存在严重缺陷，尽管动机非常好，但充斥着错误信息和轻率的解释”（p.818）。

[31]《日军暴行又一铁证》，载《人民日报》，1996-12-14。

[32] 程瑞芳（1875—1969），系当时金陵女子文理学院宿舍总管和南京国际安全区第四区（金陵女子文理学院难民所）卫生组长，曾于 1946 年赴远东国际军事法庭作证。日记封面语称此书是“中国的《安妮日记》，入选 2015 年‘世界记忆遗产’”。

[33] 孙宅巍：《澄清历史——南京大屠杀研究与思考》，370~379 页，南京，江苏人民出版社，2005；张连红：《南京大屠杀与南京市民的创伤记忆》，载《江海学刊》，2003（1）；刘燕军：《南京大屠杀的历史记忆》；大众传媒上对此问题的讨论，参见《曾“消失”的南京大屠杀》，载《南方都市报》，2013-12-18。

[34] 1945 年 8 月 15 日，日本天皇宣布无条件投降，1945 年 9 月 2 日，日本在投降书上签字。新中国成立之初，中国政府即将 9 月 3 日确定为抗战胜利纪念日，但民间亦有以“八一五”为纪念日者。2014 年 2 月 27 日，十二届全国人大常委会第七次会议经表决通过，将 9 月 3 日确定为中国人民抗日战争胜利纪念日。

[35] 不过，在这篇论文中，李永东将“The Rape of Nanking”中的

Rape 理解为“强奸”并据此认为西方用“强奸”来代指南京暴行，这种理解是误解，因为在“The Rape of Nanking”中，Rape 应该是暴行或劫掠之意。

[36] 此处采用高蕊在《记忆中的伤痛》（《社会》，2015 年第 3 期）中的翻译。

[37] 需要强调的是，文化创伤理论是本书统摄性的分析框架（overarching framework），鉴于本书主体部分各章的研究对象不同，我们会在第四章至第六章中引述更为具体的理论资源和分析概念。

[38]“失窃的一代”是指澳大利亚政府于二十世纪初到二十世纪中叶实行的“同化政策”所影响的一代人，当时澳大利亚政府强行将 10 万名原住民儿童交给白人家庭或政府机构照顾，以“白化”原住民。2008 年 2 月，时任澳大利亚总理陆克文正式向澳大利亚原住民道歉。

[39] 指阿根廷右翼军政府于 1976 年至 1983 年间针对异议人士和游击队的镇压行动，导致 9 000 至 30 000 名阿根廷人消失。

[40] 玛格利特强调，共享记忆和共同记忆不同，它不是亲历者个体记忆的集合体，而是经由传播过程，将不同的亲历者视角进行整合、调节之后的产物。

[41] 为避免绪论的篇幅过于冗长，也为了各章论述逻辑更为清晰，我们将在各章中详细说明收集的经验材料和采用的分析方法。

第二章

[1]《战争时期》组诗（或称《战时十四行诗》）最早收录于《战地行纪》（Journey to a War，Random House，1939），诗中的“达豪”指达豪集中营，是纳粹德国于 1933 年在德国境内建立的第一个集中营，位于德国南部巴伐利亚州达豪镇附近。译文选自《奥登诗选：1927—1947》。查良铮（穆旦）译本，可参见《英国现代诗选》。

[2]《南京记忆，从〈金陵十三钗〉说起》，见 http://ent.sina.com.cn/m/c/2011-12-18/16023510688.shtml，2016-07-05。

注　释

[3] 这一表述为张纯如著《南京大屠杀》第四章的标题。

[4] 这种后见之明具体表现在，鉴于南京大屠杀在当代记忆和纪念中已经成为最为重要的战争创伤（国家公祭日的设立是最明显的证据），便由此推断其从来如此、一直如此，而在研究过程中只聚焦跟该历史事件有关的材料。

[5] 1937 年 11 月，上海沦陷后，《申报》于 1937 年 12 月 14 日宣布停刊。1938 年 1 月、3 月，《申报》汉口版、香港版先后复刊。《大公报》天津版、上海版分别于 1937 年 8 月 5 日、12 月 14 日停刊，后辗转后方创办汉口版（1937 年 9 月 18 日—1938 年 10 月 17 日）和重庆版（1938 年 12 月 1 日—1952 年 8 月 4 日）。抗战胜利后，《大公报》天津版于 1945 年 12 月 1 日复刊。《中央日报》于南京沦陷后停刊，1938 年 9 月于重庆复刊。

[6] 鉴于此时新闻媒体还未以“南京大屠杀”这一固定表述来描述日军暴行，我们以“南京暴行”来指称相关事件。

[7] Suping Lu (April 2012). The Nanjing atrocities reported in the U.S. newspapers，1937-38，The Readex Report，Vol. 7，No. 2，http://www.readex.com/readex-report/nanjing-atrocities-reported-us-newspapers-1937-38。

[8] 报道译文参照《侵华日军南京大屠杀外籍人士证言集》，对照英文原文进行了较大修改。

[9] 译文由作者从英文原文直接翻译。段落中部分文字下的着重线，均为引者所加。

[10]《曼彻斯特卫报》于 1821 年创刊，因总部设于曼彻斯特而得名，1959 年更名为《卫报》，是英国重要的全国性严肃报纸。

[11]《南京敌军焚掠》，载《大公报》（汉口版），1937-12-17。

[12] 对中国媒体报道的详细整理，参见《战时中国新闻传媒与南京大屠杀》。不过，该书记录的某些报道与原文有偏差。关于地方媒体对南京大屠杀的报道，参见《论〈东南日报〉对南京大屠杀的报道及其抗日宣传》和《〈东南日报〉南京大屠杀报道研究》。

[13]《南京紫金山下杀人竞赛寇军暴行惨绝人寰》，载《新华日报》，

1938–01–25；《紫金山下杀人竞赛敌兵惨绝人寰》，载《申报》（汉口版），1938–01–25。

[14]《大公报》（汉口版）也于1938年2月20日、21日以“陷后南京惨象——倭敌失却人性凶残绝伦，屠杀市民八万，妇女半数被污”为题刊登了中央社的这篇长篇电讯。

[15]《京敌军暴行（二）纵火奸淫抢掠无所不为毫无军纪直等国际强盗》，载《申报》（汉口版），1938–02–21。

[16]《腥风血雨中南京痛语（一）》，载《申报》（汉口版），1938–02–28。

[17] 李克痕：《沦京五月记》（四），载《大公报》（汉口版），1938–07–21.

[18] 关于20世纪初期的“耻”或“国耻”概念及媒体呈现，参见Cohen，2015年，*Remembering and forgetting national humiliation in twentieth-century China*。

[19] 该书于1938年由作者自费在重庆印行，1949年2月由南京通志馆印行，2006年由南京出版社刊行。

[20] 科塞在论文Writing about Atrocity: Wartime Accounts and their Contemporary Uses中指出，与今日中国高度强调南京大屠杀不同，战争时期的新闻媒体更强调“英勇抵抗”，较少涉及军民在战争中的悲惨遭遇，以免影响抗战士气。例外情况是对外的宣传则会凸显日军暴行，以谋求国际支持，并特别强调日本对平民的轰炸。科塞所说的战争动员的情境的确存在，但他对中国国内媒体的观察完全不准确。实际上，如我们所述，中国报纸、杂志对南京暴行——乃至其他日军暴行——的报道数量非常庞大。

[21] 该书亦介绍了国际宣传处在向全世界揭露日军南京暴行方面所开展的其他工作。

[22] 本节引述的判决书中译本来自《远东国际军事法庭判决书（中英文版）》，国家图书馆出版社，2014年版。下同。

[23] 在最后的判决书中，55项诉因被缩减为两类10项。“破坏和

平罪”这一犯罪种类涵盖 8 项罪状：十八年间一贯为控制东亚及太平洋的阴谋（1)、对华实行侵略战争（27)、对美实行侵略战争（29)、对英实行侵略战争（31)、对荷兰实行侵略战争（32)、对法实行侵略战争(33)、制造张鼓举事件（35)、制造诺门坎事件（36)。“违反战争法规惯例及违反人道之犯罪”涵盖 2 项罪状：命令准许违约行为（54）和怠于防止违约行为（55)。

[24] 以上资料据法庭判决书。

[25] 在该部分，卜正民摘录了有关日军攻占南京、南京大屠杀、广田弘毅和松井石根的判决和科刑等内容。判决书英文全文参见 http://werle.rewi.hu-berlin.de/tokio.pdf。

[26]“巴丹死亡行军”是二战中著名的战争罪行与虐待俘虏事件。1942 年 4 月，78 000 名美菲联军战俘在 120 公里的行军过程中，路上因饥渴及遭日军刺死者达 8 000 人之多，而在抵达战俘营的两个月内又死去了约 27 000 人（数字据远东国际军事法庭判决书）。战后，巴丹行军的主谋本间雅晴中将被叛死刑。

[27] 在被告罪状中，松井石根只在第 55 项“怠于防止违约行为”有罪，而广田弘毅除了此项有罪之外，还在“十八年间一贯为控制东亚及太平洋的阴谋”和“对华实行侵略战争”两项中被判有罪。

[28]《南京“审判战犯军事法庭”》，载《团结报》，2015-09-17。

[29] 该报道也是英文媒体中较早使用“Rape of Nanking”这一表述的报道。这篇报道随后被多家国内报纸、杂志翻译转载，包括《大公报》（长沙版）于 3 月 25、26 日翻译的《一个美国人口中的日军在南京之暴行》；《宇宙风》杂志 1938 年 5 月第 68 期刊载的译文《日军在京暴行目击记》等。

[30]《蒋主席令饬设箱　接受南京人民陈诉》，载《大公报》（天津版），1945-12-21。

[31]《八年苦痛今日宣泄　蒋主席令京民陈诉》，载《中央日报》，1945-12-23。

[32]《首都人民陈诉函件　加紧分类整理中　检举大屠杀案惊心怵

目》，载《申报》，1946－01－06。

[33]《东京国际法庭调查南京屠杀案证据　派马鲁上校等抵京办理》，载《申报》，1946－04－07。

[34]《南京大屠杀罪行将公布》，载《申报》，1945－11－25。

[35] 此处所指为鱼雷营集体屠杀，遇难者应为 9 000 余人，其中只有包括殷有余在内的 9 人幸免于难。

[36]《首都大屠杀案　调查业已竣事　同胞卅万人遭残害》，载《申报》，1946－10－01。

[37]《调查南京大屠杀案获确证二千余件　其中数案已送交向哲濬》，载《申报》，1946－10－27。

[38] 同上。

[39]《政府将规定七月七日　为抗战建国纪念日　各地同时追悼阵亡将士死难同胞　基督徒为国祈祷并实行节食献金》，载《申报》(汉口版)，1938－06－26。

[40] 田中仁：《关于三大报纸〈抗战建国纪念日〉社论的话语分析》，大阪大学中国文化论坛，见 http://www.law.osaka-u.ac.jp/c-forum/box2/dp2008-1tanaka.pdf，2008－12－10。

[41] 例如，《“八一三”周年纪念日 蒋委员长告沦陷区民众书》，载《新华日报》，1938－08－13；《“八一三”三周年纪念 蒋委员长发表告沦陷区同胞书》，载《新华日报》，1940－08－13；《“八一三”三周年纪念 蒋委员长告沦陷区民众》，载《大公报》(香港版)，1940－08－13。

[42]《申报》(汉口版) 于 1938 年 2 月 6 日 1 版刊登“要闻简报”称，“浙省府定每月十二·廿四两日，举行京杭沦陷纪念仪式，以示不忘”。这是我们目前看到的少数官方确定的纪念活动。

[43]《浙江潮》是抗战初期浙江的进步刊物，1938 年 2 月 24 日在浙江金华创办，主编严北溟，创刊时为旬刊，自第 7 期起改为周刊，第 90 期以后又改为旬刊，至 1941 年初停刊，共出版 128 期。每期铅印 16 开 20 页左右，发行量由数万份增至十几万份。

[44]《南京大屠杀血的纪念　首都方面举行仪式为罹难军民致哀》，

载《中央日报》，1945-12-13。

[45] 此处的引述省略了大量暴行实例和目击者笔录或口述文字。

[46]《南京城陷八周年纪念　敌人屠城罪行调查中　官方估计被害者十六万人》，载《大公报》（天津版），1945-12-15。

[47]《主席告全国同胞　牢记历史的教训精诚合作　保持我最后胜利光荣战果》，载《申报》，1946-05-06。

[48] 这些简讯包括：《永念国殇 京各界纪念忠烈日》，载《大公报》，1947-12-14；《首都沦陷纪念日　毗卢寺今祭忠魂》，载《申报》，1947-12-13；《京市纪念忠烈　各界举行追悼会》，载《申报》，1947-12-14。

第三章

[1]《中日两国人民应该世世代代友好下去》，1972 年 9 月 25 日，周恩来在欢迎日本首相田中角荣的宴会上所做的祝酒词，刊载于次日的《人民日报》。《周恩来选集》（下卷），北京，人民出版社，1980。

[2] 1949 年之前，中共报纸对南京大屠杀也有相当数量的报道，不过它们更多属于前一章所讨论的时空框架，本章以 1949 年作为分析起点。本章的材料收集和分析在 2013 年完成，因此我们选择 2012 作为分析的截止年份。2012 年之后，特别是 2014 年设立国家公祭日以来，新闻媒体的主导叙事基本上没有发生大的变化，更多是在延续前提下的细微调整。在后续章节中，特别是第五章和第七章中，我们将会论及过去几年的主导叙事及新近浮现的纪念元素。

[3] 此处并非提到“南京大屠杀”的报道数量，在这两个年份中，提到南京大屠杀进而展开对日美签订《安保条约》的批判的文章不止此数，但我们的内容分析样本仅涵盖以南京大屠杀为主题的文章。参见第一章“绪论”对这两个年份更详细的讨论。

[4] 1982 年 6 月底至 11 月底，《人民日报》有关日本“历史教科书事件”的报道评论多达 40 篇，这里仅包括了主旨为南京大屠杀的文章数量。

[5] 诺拉的“lieu de mémoire”概念在国内被翻译为“记忆之场”或“记忆场所”，涵盖地理地方、历史人物和象征符号等众多事物。本章采用“记忆之所”的表述，专指地理性的场所和空间，也与第四章中对南京大屠杀纪念馆的分析相呼应。

[6]《大屠杀历历在目　幸免者伤疤仍在　伍长德老人用亲身经历揭露侵华日军暴行》，1982-08-05。

[7]《陈颐鼎用亲身经历谴责日本文部省的错误　南京大屠杀是日本军国主义一手制造的》，1982-08-08。

[8]《历史不容篡改——访法学家、原远东国际军事法庭助理检察官裘劭恒》，1982-08-08。

[9]《日本一些南京大屠杀目击者揭发军国主义罪行　历史改变不了罪行不容掩饰》，1982-08-11。

[10] 这组报道依次是：《找寻南京大屠杀新证据》（12.24，6 版）、《约翰 · 拉贝其人其事》（12.25，6 版）、《日军屠城铁证——拉贝报告书及附件内容》（12.26，6 版）、《“要对历史负责”——拉贝外孙女赖因哈特夫人一席谈》（12.27，6 版）和《珍贵的历史证词》（12.28，3 版）。

[11] 李涛：《当代青年人勿忘过去》（12.31，6 版）；胡波：《历史工作者肩负重任》（12.31，6 版）。

[12] 该书详情参见第二章论述。

[13] 这段日记记录了与东史郎同一联队的士兵桥本光治（日记中称“西本”）在南京中山路最高法院门前，将一个中国人装进邮袋浇上汽油焚烧，在火焰熄灭之后，又在邮袋上系上两个手榴弹，将其扔进水塘，并把受害人炸死的事件。

[14] 中国人对东史郎的态度，或许可以从《实话实说》主持人崔永元事后的追述中折射出来，他回忆道，“这个位置坐过成百上千的嘉宾，从没像今天这样让我心情复杂。内心冲动难以抑制。时而想向那飘起的白发致敬，忏悔是正义与良心的苏醒，真正的忏悔应该赢得尊敬。时而，又想扑过去，撕扯他的头发，他和他的同伴让中国生出了多少冤魂”。

[15] 证据搜集主要集中在两个方面：一是当年的南京高级法院门

前是否存在池塘（搜集各类旧地图和人证），二是当时的邮袋是否能够装下一个成年男性等。相关的报道包括：《天津收藏家发现证据 “东史郎日记”记载有关事实确凿》（1998.12.28）、《历史事实 铁证如山》（1998.12.31）、《四川发现汪伪时期南京地图 〈东史郎日记〉又获一力证》（2000.1.24）等。

[16] 参见第二章讨论。

第四章

[1] 诺拉为自己创造的法文概念“lieu de memoire”选择的英文表述为“sites of memory”。台湾学者戴丽娟在选译诺拉主编的三卷本名著“Les lieux de memoire”时，将此概念译作比较冗长的“记忆所系之处”，可以避免“记忆之场”“记忆之域”或“记忆之处”（参见[法]皮埃尔·诺拉编，戴丽娟译：《记忆所系之处》，12~13 页，台北，行人文化实验室，2012），而中国学者孙江在主编该书的选译本时，选择的表述是“记忆之场”（[法]皮埃尔·诺拉主编，孙江主编、黄艳红等译：《记忆之场》，南京，南京大学出版社，2015）。我们采用“记忆之所”，希望能完整地体现诺拉赋予此概念的意义：它不仅指地理意义上的场所或地点，而且指记忆得以储存、生成或得以寄托的一切物质与符号的物件。

[2] 文化部：《做好保护日本侵华罪行遗址工作的通知》（1982 年 10 月 11 日），南京市档案馆藏，全宗号：5066，目录号：4。

[3] 南京大屠杀编史建馆立碑工作领导小组办公室：《“建馆立碑组”开始工作》，载《工作简报》，第 2 期，1 页，1983–11–29。

[4] 南京市基本建设委员会：《关于筹建“日军侵华南京大屠杀罪行展览馆”及有关遗址保护的意见》（1983 年 3 月 20 日），南京市档案馆藏，全宗号：5066，目录号：4。

[5] 齐康在接受访谈时也提及这一信息。

[6] 2016 年 7 月 13 日上午的田野笔记。

[7] 2016 年 6 月 11 日上午的田野笔记。

[8] 2016年7月13日上午的田野笔记；黄顺铭：《一个非典型观众》，载《紫金草》，2017年总第5期，南京，东南大学出版社。

[9] 2016年7月14日田野笔记之二。

[10] 2016年6月12日上午的田野笔记。

[11] 2016年6月7日下午田野笔记；2016年6月11日下午的田野笔记；2016年6月12日下午的田野笔记；2016年7月12日上午的田野笔记；2016年7月22日上午的田野笔记。

[12] 2017年3月13日对南京李姓男导游的电话访谈。

[13] 2016年7月13日上午的田野笔记。

[14] 2016年6月9日上午的田野笔记。

[15] 2016年6月10日上午的田野笔记。

[16] 2016年6月9日上午的田野笔记。

[17] 2016年6月12日上午的田野笔记。

[18] 2016年6月9日上午的田野笔记。

[19] 2016年8月19日，在南京大屠杀纪念馆专门为旅行团导游开设的“紫金草伴导服务群”里，一位名为“王小右 金航假期”的导游询问：“那里面的石子路面，是不是有说法，说是不能踩的？”南京大屠杀纪念馆工作人员回答道，“设计师的初衷是可以踩的，发出沙沙声代表冤魂的呐喊”，从而为“冤魂的呐喊”主题雕塑点题。该导游则说：“我还是去年好像，到馆里时，会有保安看到有人上石子路就喊不可以踩！”

[20] 2016年7月20日下午对张建军馆长的访谈。

[21] 2016年6月10日下午的田野笔记；2016年7月15日下午的田野笔记。

[22] 2016年7月20日下午对张建军馆长的访谈。

[23] 2016年7月16日上午的田野笔记。

[24] 2016年7月16日上午的田野笔记。

[25] 2016年7月20日下午对张建军馆长的访谈。

[26] 2016年7月14日的田野笔记之二。

[27] 在和平公园出口旁，历年的《南京和平宣言》被做成了一道玻璃

景观。

[28] 关于本次焦点小组的信息，参见第五章“案例背景与研究方法”部分的讨论。

[29] 袁贻辰：《一名90后眼里的南京大屠杀》，载《中国青年报》，2016-06-22。

[30] 此处的分析来自潘忠党教授的建议，特此致谢。

[31] 何镜堂：《纪念性建筑的场所精神》，载《殇 · 和》，2016，华南理工大学建筑学院何镜堂工作室，未公开出版。《殇 · 和》为参加韩、中、日三国“书 · 筑”展的展品之一。

第五章

[1] 旧版国家公祭网页面打开后的说明文字。

[2] 这里指的是旧版国家公祭网的祭奠功能。2016年12月2日，国家公祭网新版（http://www.cngongji.cn）上线，采用由“点烛（祭奠）—献花（追思）—敲和平大钟（警世）—留言（祈愿）”四个步骤构成的流程式祭奠方式。

[3]“镶嵌性”概念也被广泛应用到其他社会研究领域，涉及性别、移民、犯罪与越轨、社会分层、社会抗争与社会运动、发展等各种研究议题。

[4] 当时的线上纪念活动不止这三个，除了常设的“国家公祭网”之外，南京报业传媒集团旗下的龙虎网推出了“铭记历史 · 全球网祭”活动（献花、点烛、撞钟等），腾讯新闻推出了“记得——悼以国之名义”的网祭活动（按压指纹），澎湃新闻等网络媒体也推出了各式线上公祭网页（转发、点烛等）。在这些纪念活动和网页中，我们选择的三项活动的纪念意象较为丰富、纪念方式较具创意。更重要的是，它们都由南京地方媒体主办，在国家公祭日之前也都展开了较大规模的推广活动，为我们描述并分析数字记忆的镶嵌性提供了较好的案例。

[5] 原名新华日报报业集团，于2001年成立，2011年更名为新华报

业传媒集团。集团拥有《新华日报》《扬子晚报》《南京晨报》等14份报纸、7份刊物和一个网络群及10多家经营性公司。中国江苏网由集团控股，是省级综合性门户网站，国务院新闻办确定的地方重点新闻网站。

[6] 江苏广电总台（集团）成立于2001年，设有9个职能部门，2个研究中心，10个事业部，16个直属单位。开播15个电视频道（包括江苏卫视频道、优漫卡通卫视频道等5个上星频道）、10套广播节目。江苏网络电视台隶属新媒体事业部，运营荔枝网、荔枝新闻客户端等新媒体平台。活动网页版地址 http://tree.jstv.com/。

[7] 南京广电集团于2002年成立，由南京电视台、南京人民广播电台、南京广播电视报社和南京音像出版社等单位组建而成，系国家广播电视总局批准的第一家全国副省级城市广电集团。活动网页版地址 http://www.nbs.cn/subject/national_memorial_day/cp/。

[8] 这些报道绝大多数出现在2014年，并延伸到2015年。检索结果中包括不同媒体对同一条新闻的报道，但庞大的报道量还是能够大致折射一系列主题教育活动在媒体上的宣传力度。

[9] 参见绪论中的相关论述。

[10] 顾新东为新华报业传媒集团编委、新闻办主任、新华日报总编办主任。

[11]《中国新闻奖网络新闻作品参评推荐表》，参见 http://news.xinhuanet.com/zgjx/2015-06/11/c_134318101.htm。

[12] 2013年9月29日，中国（上海）自由贸易试验区正式挂牌成立，东方网于9月28日推出《制度创新——中国（上海）自由贸易试验区特别专题》，获得第24届（2014年度）中国新闻奖网络专题类一等奖。

[13] 中江网“10城联动”主页，参见 http://news.jschina.com.cn/zt2014/shichengliandongsh/index.shtml。

[14] 参见绪论中的相关论述。

[15]《是什么把这么多颗心聚到一起》。

[16] 参见 http://news.xinhuanet.com/zgjx/2015-06/15/c_134328071.htm。

[17]《国家公祭日倒计时一个月：各界虚拟捐砖达533842块！》，

载《新华日报》，2014-11-14。

第六章

[1] 本章的经验资料收集和分析在 2014 年初完成，因此，我们的量化分析截至 2014 年 3 月 5 日，但质性分析部分，我们会带入较新的讨论或编辑实例。

[2] “南京大屠杀”条目已进入相对稳定阶段，编辑活跃度在平稳中略有降低，目前所进行的编辑工作，多是常规性的维持和细小的编辑工作。截至 2016 年 12 月 18 日，该条目的编辑量为 1 957 次，年均编辑量为 154.2 次，月均编辑量为 12.7 次（较 2014 年的数据均有所降低）。以过去几年的情况来说，2014 至 2016 年（截至 2016 年 12 月 18 日）的年均编辑量依次为 106 次、113 次和 129 次。

[3] 从 2014 年到 2016 年，“南京大屠杀”条目的叙事结构基本上维持在 13 个一级标题上，但其中有些标题的名称发生了改变。

[4] 作者对于 MtBell 的访谈。他还说：“主要原因是确实感到自己在能力上不足以把握这样大的历史事件。你可以发现，暴行细节的章节我基本都没怎么写，这是因为没有受过史学专业训练，我找不到一个可信、连贯的逻辑描述大屠杀中的一系列暴行。这需要对大屠杀的原因有所研究，而现有的历史研究，由于留存的客观史料太少，在这个基础上做出的屠杀令和日军心理的结论都不太清晰。而受到维基百科‘禁止原创研究’的限制，我也不能自己概括总结。另外长期写这个条目，接触的负能量太多，这也是在情绪上比较消极的原因。”

[5] 指 2016 年 12 月 16 日 10:10 版，该版本也大致反映了该条目基本稳定的状态。该版本的固定链接为 https://zh.wikipedia.org/w/index.php?title= 南京大屠殺 &oldid=42471816。

[6] 英文条目链接 https://en.wikipedia.org/wiki/Nanking_Massacre。英文条目创建于 2002 年 6 月 5 日，截至 2016 年 12 月 19 日，该英文条目已被修订 5 295 次，2 092 名用户参与其中，贡献量居前 10% 的用户贡献了

52.3% 的条目版本。条目年均编辑次数为 364.1 次，在不同年份中，2007 年的编辑量最大（855 次），接下来是 2009 年（828 次）、2005 年（768 次）、2006 年（764 次）。此处引述的为 2016 年 12 月 16 日 18:53 的版本，该版本是距本章修订时最近的条目版本。

[7] 截至 2016 年 12 月 18 日，MtBell 仍然是该条目贡献最多的用户，编辑量为 424 次，而且一直到 2016 年底都处于活跃状态。而第二和第三的 Alexcn 和 Gilgalad 的编辑量分别为 63 次和 38 次，分别自 2008 年 12 月 14 日和 2008 年 12 月 21 日后便不再活跃。

[8] 据维基百科，“中立的观点（Neutral point of view，NPOV）是维基媒体的基本规则，亦是维基百科的支柱之一。所有维基百科条目以及其他百科式内容必须以中立的观点书写，在尽可能没有任何偏见的前提下，平等地表达出任何曾在可靠来源中发表过的重要观点”。

[9] 据维基百科，“以地域为中心是一个很容易触犯且往往不易被发觉的毛病，中文维基用户大多为华人，地域也集中在其居住地，常不自觉地变得以自己所在的地区为中心，看起来好像是客观的文字却可能已经包含了主观的意念，而这正与维基百科中立观点的政策相悖”。

[10] 之所以选择这一版本，首先是因为它是本文时最新的一个版本；其次，它也大致反映了该条目基本稳定的状态。该版本的固定链接为 https://zh.wikipedia.org/w/index.php?title= 南京大屠殺 &oldid=42471816。

[11] 此处保留引文的注释标记，但由于篇幅有限，故删除注释的实际内容。此段从注释 3 开始，注释 1 和注释 2 分别加在导言右侧条目概况框内，作为对图片和死难人数的资料来源。

[12] 上引 2016 年 12 月 16 日 10:10 版的导言也采取同样的做法，可见近几年“南京大屠杀”条目版本趋于稳定。

[13] 历次保护状态的起始和结束时间：2011.11.23–12.23、2011.12.28–2012.1.28、2012.4.30–7.30、2012.8.3–2013.8.3、2013.9.18–10.18、2013.11.10–11.24、2014.3.20–3.27、2014.6.27–7.4、2014.7.9–2015.7.9、2015.10.6–2016.4.6。

[14] 据维基百科，“ 在中文维基百科，任何注册达 7 天并编辑达 50

次的用户，均会成为自动确认用户。在善意假定的原则下，我们假定获取自动确认用户权限的账号，都不会是只为破坏而注册的账号，或者是由他人控制的傀儡账号”。

[15] 该段落出现在导言第二段最末，原文表述是，“中华人民共和国教科书上曾出现、部分中华民国国军将领也认为南京大屠杀是蒋介石消极抗日、屈辱投降、卖国投降所导致的”（2016.12.10，14:29 版）。

[16] 例如，“东中野修道指责在 20 世纪 80 年代以前中国的教科书没有登载南京大屠杀。这种说法并不符合事实。从 20 世纪 50 年代至 20 世纪 80 年代，南京大屠杀曾先后被收入的中共党校教科书、高校教科书以及中学教科书”（2016.12.13，08:10 版）。

第七章

[1] 2016 年第三个国家公祭日前夕，社交媒体上的相关报道显示出此趋势，例如中国人民抗日战争纪念馆网站推出“90 位幸存慰安妇实录”专题（http://www.1937china.com/ztzz/wafsl/），该馆的微信公众号也连载了幸存慰安妇的故事；南京市委市政府新媒体平台“南京发布”推出文章《南京大屠杀幸存者仅剩 108 位！与死亡相比，他们更怕被遗忘……》（2016.12.12）；“江苏新闻”微信公众号文章《南京，不会忘记》（2016.12.12）聚焦幸存者、付出生命的将士和伸出援手的国际友人这三类主体展开纪念。此外，2016 年 9 月，南京大学口述历史协会与南京大屠杀纪念馆联合启动了“最后的证言——侵华日军南京大屠杀幸存者口述历史项目”，项目进展也得到江苏卫视等媒体的报道。

[2] 活动视频参见 https://v.qq.com/x/page/j01751n5h9u.html。

[3]“2015 紫金草行动”刊首语，参见 http://www.nbs.cn/subject/jiamai1937_4175/2/201512/t20151216_330409.html。

[4][5] 紫金草工作室：《倾诉生死相隔 79 年的痛楚！幸存者夏淑琴、余昌祥今天在纪念馆祭奠逝去的亲人》，微信公众号“侵华日军南京大屠杀遇难同胞纪念馆”，2016-12-03。

[6] 这一点与潘忠党分析的香港回归中的“迎回归慰英灵家祭典礼”颇为类似。

[7] 据新华网于2016年12月11日报道，目前在册的南京大屠杀幸存者仅剩108位。参见《南京大屠杀幸存者群像实录》(http://news.xinhuanet.com/photo/2016-12/11/c_129399669.htm)。

[8]《一夜之间，江东门纪念馆雕塑广场“开满”紫金草》，见http://www.njdaily.cn/2016/0328/1356635.shtml#g1356329=1，2016–03–28。

[9] 视频地址https://v.qq.com/x/page/a01915xqt0z.html。

[10] 与紫金草有关的符号包括：紫色运动背心、含紫金草活动名称的书、绘有紫金草花瓣的徽章和紫金草图案。

[11]《江东门纪念馆发起“紫金草·祭忆”行动》，见http://jsnews.jschina.com.cn/system/2016/04/03/028261697.shtml，2016–04–03。

[12]《国家公祭网改版上线暨“十一网联动在线公祭”启动仪式在宁举行》，见http://www.js.xinhuanet.com/2016-12/02/c_1120040831.htm，2016–12–02。

[13]《8分27秒的时间，向你传递“世界记忆，家国情怀”的含义……》，南京大屠杀纪念馆微信公众号，2016–06–21。视频地址https://v.qq.com/x/page/s0308b3mhvu.html。

[14] 程绩：《拉开所有手榴弹盖 最后一批将士血洒雨花台》，载《新民晚报》，2015–06–08。

[15] 王倩：《陆川：书写中国人自己的抗争》，载《新民周刊》，2009–05–04。

[16]《用高倍放大镜 辨认烈士名字》，载《新民晚报》，2015–06–08。

[17]《浴血抗战——档案里的中国抗战》第八集“南京保卫战”。

[18]《烈士纪念塔将首迎国民党抗战将领》，载《潇湘晨报》，2009–09–04。

[19]《国民党军队为抗战胜利所做贡献受到积极肯定》，见http://news.sina.com.cn/c/2005–09–03/100368511045.shtml，2015–09–03。抗战胜利七十周年阅兵典礼，抗战老兵等组成的受阅方队中也包括部分国民党老兵。

[20] 微博地址 http://www.weibo.com/2074685151/Dr7twgYjT?type=comment#_rnd1481289763469。

[21] 最后一条评论发布于 2016 年 4 月 21 日。

[22] 该网站有多个电影版本，本文分析的是 2016 年 12 月 1 日上传的版本，该版本已被删除。

[23] 视频弹幕是指观看者在观看视频过程中所发表的评论，它们以滑动字幕的形式在屏幕上显现出来，其他观看者可以在同一视频时间点看到这些弹幕，并进行互动。

[24] 整理时间为 2016 年 12 月 6 日 20:30，弹幕发布时间为 12 月 1 日—12 月 6 日。弹幕左侧为电影播放时间，弹幕后的括号内为弹幕发布具体时间。

[25]23333 源自猫扑论坛，是该网表情的第 233 个符号，原表情图意为“捶地大笑”。

参考文献

ALEXANDER J C, 2003. The meanings of social life: a cultural sociology[M]. New York: Oxford University Press.

ALEXANDER J C, 2004. Toward a theory of cultural trauma[J]// ALEXANDER J C, EYERMAN R, GIESEN B, et al. Cultural trauma and collective identity. CA：University of California Press:1-30.

ALEXANDER J C, 2012. Trauma: a social theory[M]. Cambridge: Polity Press.

ALEXANDER J C, BREESE E B, 2011. Introduction: on social suffering and its cultural construction [J]// EYERMAN R, ALEXANDER J C, BREESE E B. Narrating trauma: on the impact of collective Suffering[M]. Boulder, CO: Paradigm Publishers: xi-xxxv.

ALEXANDER J C, EYERMAN R, GIESEN B, et al, 2004. Cultural trauma and collective identity[M]. Berkeley, CA: University of California Press.

ALEXANDER J C, GAO R, 2012. Remembrance of things past: cultural trauma, the "Nanking Massacre" and Chinese identity [M]// ALEXANDER J C, RONALD N, JACOBS, et al. The Oxford handbook of cultural sociology. New York: Oxford University Press: 583-609.

BARNARD C, 2003. Language, ideology and Japanese history

textbooks [M]. London: Routledge Curzon.

BAUM J, OLIVER C, 1992. Institutional embeddedness and the dynamics of organizational populations[J]. American Sociological Review, 57(4): 540-559.

BEN-YEHUDA N, 1995. Masada myth:collective memory and mythmaking in Israel[M]. Madison:University of Wisconsin Press.

BOURDIEU P, 2011. On television[M]. Cambridge: Polity.

BRINTON M C, KARIYA T, 1998. Institutional embeddedness in Japanese labor markets[M]//BRINTON M C, NEE V. The new institutionalism in sociology. New York: Russell Sage Foundation: 181-207.

BROOK T, 1999. Documents on the Rape of Nanking[M]. Ann Arbor: University of Michigan Press.

BROOK T, 2001. The Tokyo Judgment and the Rape of Nanking[J]. The Journal of Asian Studies, 60(3):673-700.

BROOK T, 2009. Nanjing Massacre [J]//PONG D. Encyclopedia of modern China (Vol. 3). Detroit: Charles Scribners' Sons.

CASEY E S, 1987. Remembering: a phenomenological study[M]. Bloomington, IN: Indiana University Press.

CHANG, 1997. The Rape of Nanking[M]. New York: Basic Books.

CHI Y S, 2001. Picture perfect: narrating public memory in twentieth-century China[D].unpublished dissertation, Harvard University.

COBLE P M, 2007. China's "new remembering" of the anti-Japanese war of resistance, 1937–1945[J].The China Quarterly, 190: 394-410.

COBLE P M, 2011. Writing about atrocity: wartime accounts and their contemporary uses[J]. Modern Asian Studies, 45(2): 379-398.

COHEN P A, 2003. Remembering and forgetting national humiliation in twentieth-century China[M]// COHEN P A. China unbound: evolving perspectives on the Chinese past. London: Routledge: 148-184.

COULDRY N, 2008. Mediatization or mediation? alternative

understandings of the emergent space of digital storytelling[J]. New Media & Society, 10(3): 373-391.

COULDRY N, HEPP A, 2013. Conceptualizing mediatization: contexts, traditions, arguments[J]. Communication Theory, 23(3):191–202.

CRESSWELL T, 2014. Place[M]. LEE R, et al. The Sage handbook of human geography (1). Los Angeles, CA: Sage.

DANILOVA N, 2015. The politics of mourning: the virtual memorialisation of British fatalities in Iraq and Afghanistan[J]. Memory Studies, 8(3):267-281.

DAYAN D, KATZ E, 1992. Media events: the live broadcasting of history[M]. Cambridge: Harvard University Press.

DELANDA M, 2006. A new philosophy of society: assemblage theory and social complexity[M].London: Continuum.

DELEUZE G, GUATTARI F, 1987. A thousand plateaus[M]. London: Continuum.

DICKSON B J, 2000. Cooptation and corporatism in China: the logic of party adaptation[J]. Political Science Quarterly, 115(4):517-540.

DOVEY K, 2010. Becoming places: urbanism/architecture/identity/ power [M]. London:Routledge.

ERLL A, 2011. Memory in culture [M]. New York: Palgrave Macmillan.

EVANS G, 2014. The Nanking atrocity: still and moving images 1937–1944[J]. Media and Communication, 1(1):51-67.

EYERMAN R, 2002. Cultural trauma: slavery and the formation of African American identity [M]. Cambridge: Cambridge University Press.

EYERMAN R, 2004. The past in the present: culture and the transmission of memory[J]. Acta Sociologica, 47(2):159-169.

EYERMAN R, 2011. The cultural sociology of political assassination: from MLK and RFK to Fortuyn and Van Gogh[M]. New York: Palgrave

Macmillan.

EYKHOLT M, 2000. Aggression, victimization, and Chinese historiography of the Nanjing Massacre [J]// FOGEL J A. The Nanjing Massacre in history and historiography. Berkeley: University of California Press: 11-69.

FERRON M, 2012. Collective memories in Wikipedia [D]. Unpublished Dissertation, Center for Mind/Brain Sciences, University of Trento.

FERRON M, MASSA P, 2011. Studying collective memories in Wikipedia[J]. Journal of Social Theory, 3(4):449-466.

FERRON M, MASSA P, 2011. WikiRevolutions: Wikipedia as a lens for studying the real-time formation of collective memories of Revolutions[J]. International Journal of Communication, 5:1313-1332.

FERRON M, MASSA P, 2014. Beyond the encyclopedia: collective memories in Wikipedia[J]. Memory Studies, 7(1):22-45.

FOGEL J A, 2000. The Nanjing Massacre in history and historiography [M]. Berkeley, CA: University of California Press.

FOOT K, WARNICK B, SCHNEIDER S M, 2006. Web-Based memorializing after September 11: toward a conceptual framework[J]. Journal of Computer-Mediated Communication, 11(1):72-96.

FORREST T R, 1993. Disaster anniversary: a social reconstruction of time[J]. Sociological Inquiry, 63(4):444-456.

FOSTER S J, CRAWFORD K A, 2006. What shall we tell the children? international perspectives on school history textbooks[M]. Greenwich: Information Age Publishing.

FUJITANI T, WHITE G M, YONEYAMA L, 2001. Perilous memories: the Asia-Pacific War(s)[M]. Durham: Duke University Press.

GAO R, 2011. eclipse and memory: public representation of the War of Resistance in Maoist China and its Official Revision in Post-Mao Era [D].

Ph.D. Dissertation, Yale University.

GHEZZI S, MINGIONE E, 2007. Embeddedness, path dependency and social institutions an economic sociology approach[J]. Current Sociology, 55(1):11-23.

GIBNEY F, 1995. Sensō : the Japanese remember the Pacific War: letters to the editor of Asahi shimbun[M]. CARY B (trans.) .Armonk. NY:M. E. Sharpe.

GOFFMAN E, 1959. The presentation of self in everyday life[M]. New York: Anchor Books.

GRANOVETTER M, 1985. Economic action and social structure: the problem of embeddedness [J]. American Journal of Sociology, 91(3):481-510.

GU E, 2001. State Corporatism and the politics of the State-Profession relationship in China, a case study of three professional communities [J]. American Asian Review, 19(4):163-199.

HALBWACHS M, 1992. On collective memory[M]. Chicago, IL: University of Chicago Press.

HASHIMOTO A, 2015. The long defeat: cultural trauma, memory, and identity in Japan[M]. New York:Oxford University Press.

HESS A, 2007. In digital remembrance: vernacular memory and the rhetorical construction of web memorials[J]. Media Culture & Society, 29(5):812-830.

HIRSCH M,1997. Family frames:photography, narrative, and postmemory [M]. Cambridge, MA:Harvard University Press.

HIRSCH M, 2012.The generation of postmemory: writing and visual culture after the Holocaust[M].New York: Columbia University Press.

HOSKINS A, 2009. Digital network memory[M]//Erll, Rigney. Mediation, remediation, and the dynamics of cultural memory. Berlin: Walter de Gruyter ; 91-108.

HOSKINS A, 2011. 7/7 and connective memory: interactional trajectories of remembering in post-scarcity culture[J]. Memory Studies , 4(3):269-280.

HUYSSEN A, 2003. Present pasts: urban palimpsests and the politics of memory[M]. Stanford: Stanford University Press.

KANSTEINER W, 2002. Finding meaning in memory: a methodological critique of collective memory studies[J].History and Theory, 41(2)：179-197.

KEEN A, 2007.The cult of the amateur: how today' s internet is killing our culture[M]. New York: Doubleday Currency.

KEIGHTLEY E, SCHLESINGER P, 2014. Digital media - social memory: remembering in digitally networked times[J]. Media Culture & Society, 36(6):745-747.

KIM M, 2015. Routledge handbook of memory and reconciliation in East Asia [M]. London:Routledge.

KIM M, SCHWARTZ B, 2010. Northeast Asia' s difficult past: essays in collective memory[M]. New York: Palgrave Macmillan.

KNUDSEN B, STAGE C, 2012. Online war memorials: YouTube as a democratic space of commemoration exemplified through video tributes to fallen Danish soldiers[J]. Memory Studies, 6(4):418-436.

KRIPPNER G R, ALVAREZ A S, 2007. Embeddedness and the intellectual projects of economic sociology[J]. Annual Review of Sociology, 33: 219-240.

LAKOFF G, Johnson M, 1980. Metaphors we life by[M]. Chicago, IL: University of Chicago Press.

LEE CC, HE Z, HUANG Y, 2006. 'Chinese Party Publicity Inc.' conglomerated: the case of the Shenzhen Press Group[J]. Media Culture & Society, 28(4):581-602.

LEE CC, HE Z, HUANG Y, 2007. Party-Market corporatism,

clientelism, and media in Shanghai [J]. International Journal of Press/ politics, 12(3):21-42.

LIEW K K, PANG N, CHAN B, 2014. Industrial railroad to digital memory routes: remembering the last railway in Singapore [J]. Media Culture & Society, 36(6):761-775.

LU S P, 2004. English media coverage of the Nanjing Massacre [M]// They were in Nanjing: the Nanjing Massacre witnessed by American and British nationals. Hong Kong: Hong Kong University Press.

LU S P, 2004. They were in Nanjing: the Nanjing Massacre witnessed by American and British nationals[M]. Hong Kong: Hong Kong University Press.

LU S P, 2012. The Nanjing atrocities reported in the U.S. newspapers, 1937-38[J]. The Readex Report, 7(2).

MARGALIT A, 2002.The ethics of memory[M]. Cambridge: Harvard University Press.

MICHAEL S, 1989. The present in the past versus the past in the present [J]. Communication, 11: 105–13.

MISZTAL, BARBARA A, 2003. Theories of social remembering [M]. Maidenhead: Open University Press.

MÜLLER G, 2011. Designing history in East Asian textbooks: identity politics and transnational aspirations [M]. New York: Routledge.

NEIGER M, MEYERS O, ZANDBERG E, 2011. On media memory: editors' introduction[M]//On media memory: collective memory in a new media age. Basingstoke Palgrave Macmillan:1-24.

NELSON R, 1994. The co-evolution of technology, industrial structure, and supporting institutions [J]. Industrial and Corporate Change, 3(1):47-63.

NIEDERER S, VAN DIJCK J, 2010. Wisdom of the crowd or technicity of content? Wikipedia as a sociotechnical system[J]. New Media & Society, 12(8):1368-1387.

NORA P, 1989. Between memory and history: Les lieu de mémoire [J]. Representation, 26(1): 7-24.

OLICK J K, LEVY D, 1997. Collective memory and cultural constraint: Holocaust Myth and rationality in German politics[J]. American Sociological Review, 62(6):921-936.

OLICK J K, ROBBINS J, 1998. Social memory studies: from "Collective Memory" to the historical sociology of mnemonic practices[J]. Annual Review of Sociology, 24:105-140.

PENTZOLD C, 2011. Fixing the floating gap: The online encyclopaedia Wikipedia as a global memory place [J]. Memory Studies, 2(2):255-272.

POLANYI K, 2001. The great transformation: the political and economic origins of our time.[M]Boston: Beacon.

READING A, 2011. Memory and digital media: six dynamics of the globital memory field [M]// NEIGER M, MEYERS O, ZANDBERG E. On media memory: collective memory in a new media age. New York: Palgrave Macmillan.

READING A, 2014. Seeing red: a political economy of digital memory [J]. Media Culture & Society, 36(6):748-760.

REILLY J, 2011. Remember history, not hatred: collective remembrance of China's War of Resistance to Japan[J]. Modern Asian Studies, 45(2): 463-490.

ROBINSON S, 2009. 'If you had been with us' : mainstream press and citizen journalists jockey for authority over the collective memory of Hurricane Katrina[J]. New Media & Society, 11(5): 795-814.

SCHWARTZ B, 1982. The social context of commemoration: a study in collective memory[J].Social Forces, 61 (2): 374-402.

SCHWARTZ B, 2012. Rethinking conflict and collective memory: the case of Nanking [J]// ALEXANDER, JACOBS, SMITH. The Oxford handbook of cultural sociology. New York: Oxford University Press: 529-563.

SCHWARTZ B, ZERUBAVEL Y, BARNETT B M, 1986.The recovery of Masada: a study in collective memory [J].Sociological Quarterly, 27(2): 147-164.

SEO J, 2008.Politics of memory in Korea and China: remembering the Comfort Women and the Nanjing Massacre[J].New Political Science, 30(3): 369-392.

SHIN G W, SNEIDER D C, 2011. History textbooks and the wars in Asia: divided memories [M]. New York: Routledge.

SILVERSTONE R, 2002. Complicity and collusion in the mediation of everyday life [J]. New Literary History, 33(4): 761-780.

SILVERSTONE R, 2005. The sociology of mediation and communication [M]// CALHOUN C, ROJEK C, TURNER B. The Sage handbook of sociology. Thousand Oaks, CA: Sage: 188-207.

SMELSER N, 2004. Psychological trauma and cultural trauma [M]// ALEXANDER J C, EYERMAN R, GIESEN B, et al. Cultural trauma and collective identity.CA: University of California Press: 31-59.

SWIDLER A, 1986. Culture in action: symbols and strategies [J]. American Sociological Review, 51(2):273-286.

URRYJ, LarsonJ, 2011. The tourist gaze 3.0 [M]. London: Sage.

VAN DIJCK J, 2005. From shoebox to performative agent: the computer as personal memory machine [J]. New Media & Society, 7(3):311-332.

VAN DIJCK J, 2007. Mediated memories in a digital age [M]. Stanford, CA: Stanford University Press.

VAN DIJCK J, 2011. Flickr and the culture of connectivity: sharing views, experiences, memories [J]. Memory Studies, 4(4):401-415.

VAN HOUSE N, CHURCHILL E F, 2008. Technologies of memory: key issues and critical perspectives[J]. Memory Studies, 1(1):295-310.

VIDAL-NAQUET P, 1992. Assassins of memory: essays on the denial of the Holocaust [M]. New York: Columbia University Press.

WALKER J, 2007. Narratives in the database: memorializing September 11th online [J]. Computers & Composition, 24(2):121-153.

WANG Z, 2012. Never forget national humiliation: historical memory in Chinese politics and foreign relations [M]. New York: Columbia University Press.

WINTER J, 2006. Remembering war: the Great War between memory and history in the twentieth century [M]. New Haven: Yale University Press.

XU X, SPILLMAN L, 2010.Political centres, progressive narratives and cultural trauma: coming to terms with the Nanjing Massacre in China, 1937-1979[M]// KIM M, SCHWARTZ B. Northeast Asia's difficult past: essays in collective memory. New York: Palgrave Macmillan: 101-128.

YANG D, 2001. The malleable and the contested: the Nanjing Massacre in postwar China and Japan [M]//GEOFFREY F T, WHITE M, YONEYAMA L. Perilous memories: the Asia-Pacific War(s). Durham: Duke University Press: 50-86.

YANG G, 2010. Alternative genres, new media and counter memories of the Chinese Cultural Revolution[M]// KIM M, SCHWARTZ B. Northeast Asia' s difficult past: essays in collective memory. New York: Palgrave Macmillan: 129-146.

YOSHIDA T, 2006. The making of "The Rape of Nanking" : history and memory in Japan, China, and the United States[M]. New York: Oxford University Press.

ZELIZER B, 2002. Finding aids to the past: bearing personal witness to traumatic public events[J]. Media, Culture and Society, 24(5): 697-714.

ZERUBAVEL Y, 1997. Recovered roots: collective memory and the making of Israeli national tradition[M]. Chicago: University of Chicago Press.

ZHAO H, LIU J, 2015.Social media and collective remembrance: the debate over China's Great Famine on weibo[J]. China Perspectives, 1: 41-48.

ZUKIN S, DIMAGGIO P, 1990. Introduction [M]// Structures of Capital, Cambridge. UK: Cambridge University Press: 1-36.

阿莱达 · 阿斯曼 , 2016. 回忆空间：文化记忆的形式和变迁 [M]. 潘璐 , 译 . 北京：北京大学出版社 .

奥登 , 1985. 奥登诗选：1927—1947[M]// 英国现代诗选 . 查良铮，译 . 长沙：湖南人民出版社 .

奥登 , 2014. 奥登诗选：1927—1947[M]. 马鸣谦 , 蔡海燕，译 . 上海：上海译文出版社 .

陈永昌，2001. 题雕塑“300 000 人”[M]// 南京市作家协会，侵华日军南京大屠杀遇难同胞纪念馆 . 不屈的城墙——祭南京大屠杀 30 多万遇难同胞 . 沈阳 . 沈阳出版社：124–125.

程瑞芳，2016. 程瑞芳日记 [M]. 南京：南京出版社 .

曹卫东 , 2014. 老兰培需要一个上帝 [J]. 读书 , 3：140–149.

崔永元，2001. 不过如此 [M]. 北京：华艺出版社 .

东史郎 , 1999. 东史郎日记 [M]. 南京：江苏教育出版社 .

东史郎 , 2000. 东史郎战地日记：1938.10—1939.9[M]. 纪廷许，等译 . 北京：世界知识出版社 .

《东亚三国的近现代史》共同编写委员会 , 2005. 东亚三国的近现代史 [M]. 北京：社会科学文献出版社 .

法兰克 · 吉伯尼 , 2003. 战争：日本人记忆中的二战——《朝日新闻》读者来信汇编 [M]. 尚蔚，史禾，译 . 北京：中央编译出版社 .

高蕊 , 2015. 记忆中的伤痛 : 阶级建构逻辑下的集体认同与抗战叙事 [J]. 社会 , 3: 67–94.

高兴祖 , 2005. 南京大屠杀与日本战争罪责：高兴祖文集 [M]. 南京：南京大学出版社 .

参考文献

沟口雄三，2001. 创造日中间知识的共同空间 [J]. 赵京华，译 . 读书，5: 3–11.

顾新东，2015. 重大主题报道的新视野新突破——“国家公祭 · 南京1213”新华报业全媒体行动解析 [J]. 传媒观察，2: 10–12.

哈金，2011. 南京安魂曲 [M]. 季思聪，译 . 南京：江苏文艺出版社 .

何扬鸣，2012. 论《东南日报》对南京大屠杀的报道及其抗日宣传 [J]. 新闻与传播研究 ,6: 58–66.

何扬鸣，2014.《东南日报》南京大屠杀报道研究 [M]. 杭州：浙江大学出版社 .

纪念馆纪念部，南京大屠杀研究会，1985—2007. 南京大屠杀遇难同胞纪念馆简报 [J].（内部资料 1–44 期）.

蒋公穀，2006. 陷京三月记 [M]. 南京：南京出版社 .

经盛鸿，2010. 战时中国新闻传媒与南京大屠杀 [M]. 南京：南京出版社 .

经盛鸿，2011. 西方记者笔下的南京大屠杀 [M]. 台北：新锐文创 .

经盛鸿，2013. 第一次使用“南京大屠杀”一词的中文报刊 [J]. 钟山风雨，5: 8–11.

经盛鸿，2013. 论南京“审判战犯军事法庭”对南京大屠杀案的审判 [J]. 南京社会科学，6: 142–151.

经盛鸿，孙宗一，2014. 国民政府揭露南京大屠杀的国际宣传 [J]. 南京社会科学，3: 143–150.

经盛鸿，2015. 南京“审判战犯军事法庭”[J]. 团结报，5.

李立，2012. 中国远征军——滇印缅参战将士口述全纪录 [M]. 北京：中国大百科全书出版社 .

李伶伶，2012. 平民建筑师：齐康传 [M]. 南京：江苏人民出版社 .

李秀石，2013. 日本教科书问题剖析（1868—2012）[M]. 上海：上海人民出版社 .

李永东，2015. 小说中的南京大屠杀与民族国家观念表达 [J]. 中国社会科学，6: 152–174.

笠原十九司，2011. 南京事件争论史：日本人是怎样认知史实的 [M]. 北京：社会科学文献出版社 .

联美图书公司，2015. 日军暴行备忘录 [M]// 中国社会科学院近代史研究所编 . 抗日战争史料丛编：第二辑 . 北京：国家图书馆出版社 .

刘擎，2004. 创伤记忆与雪耻型民族主义 [J]. 书城杂志，12: 46–48.

刘燕军，2009. 南京大屠杀的历史记忆 (1937— 1985)[J]. 抗日战争研究，4: 5–22.

刘易斯 · 科塞，2002. 导论 [M]// 莫里斯 · 哈布瓦赫 . 论集体记忆 . 毕然，郭金华，译 . 上海：上海人民出版社 : 1–63.

刘于思，2013. 数字化集体记忆的联结转向：维基百科中当代中国历史事件的再现结构 [M]// 吴玫 . 全球化下的社交媒体与数字网络 . 澳门：澳门大学出版社 :206–219.

刘云虹，2016. 纪念的政治：蒋介石"抗战建国纪念日"讲话述论 [M]// 陈红民，张俊义 . 近代中外关系史研究（第 6 辑）. 北京：社会科学文献出版社：149–162.

莫里斯 · 哈布瓦赫，2002. 论集体记忆 [M]. 毕然，郭金华，译 . 上海：上海人民出版社 .

南京市规划局，2007. 侵华日军南京大屠杀遇难同胞纪念馆规划设计扩建工程概念方案国际征集作品集 [M]. 北京：中国建筑工业出版社 .

潘忠党，2000. 历史叙事及其建构中的秩序——以我国传媒报道香港回归为例 [M]// 陶东风，金元浦，高丙中 . 文化研究（第一辑）. 天津：天津社会科学院出版社 .

潘忠党，2014. "玩转我的 iPhone, 搞掂我的世界！"——探讨新传媒技术应用中的"中介化"和"驯化" [J]. 苏州大学学报哲学社会科学版，4: 153–162.

齐康，1999. 侵华日军南京大屠杀遇难同胞纪念馆 [M]. 沈阳：辽宁科学技术出版社 .

彤新春，2012. 抗日正面战场：国民党参战将士口述全纪录 [M]. 北京：中国大百科全书出版社 .

施金挺，2016. 国家公祭鼎“出炉”记 [M]// 紫金草（第一辑）. 南京：东南大学出版社 .

宋少鹏，2016. 媒体中的“慰安妇”话语——符号化的“慰安妇”和“慰安妇”叙事中的记忆 / 忘却机制 [J]. 开放时代，3: 137–156.

孙春龙，2010. 异域 1945[M]. 北京：新华出版社 .

孙歌，2000. 实话如何实说 ?[J]. 读书杂志，3: 12–21.

孙歌，2002. 主体弥散的空间：亚洲论述之两难 [M]. 南昌：江西教育出版社 .

孙江，2014. 记忆不能承受之重——陶保晋及其后人的南京记忆 [M]// 新史学（第 8 卷）：历史与记忆 . 北京：中华书局：140–162.

孙宅巍，2005. 澄清历史：南京大屠杀研究与思考 [M]. 南京：江苏人民出版社 .

孙宅巍，2007. 如何解读东京审判对南京大屠杀遇难人数的认定 [J]. 南京师大学报（社会科学版），6: 64–67.

孙宅巍，2013. 诠释南京大屠杀遇难人数问题 [J]. 民国档案，4: 140–141.

陶纯等，2011. 国民党正面战场六大会战合集 [M]. 贵阳：贵州人民出版社 .

田桓，1996. 战后中日关系文献集：1945—1970[M]. 北京：中国社会科学出版社 .

王家范，2003. 从集体记忆的谬误中出走 [J]. 史林，1: 100–104.

王建朗，黄克武，2016. 两岸新编中国近代史 · 民国卷 [M]. 北京：社会科学文献出版社 .

王晓华，戚厚杰，2011. 抗日战争正面战场档案全纪录 [M]. 北京：团结出版社 .

魏楚雄，2009. 历史与历史学家 : 海外南京大屠杀研究的争议综述 [J]. 历史研究，5: 152–169.

魏特琳，2000. 魏特琳日记 [M]. 南京：江苏人民出版社 .

文俊雄，2004. 田伯烈与《外人目睹中之日军暴行》[J]. 民国档案，1:

53–59.

巫鸿，2008. 中国古代艺术与建筑中的“纪念碑性”[M]. 李清泉，郑岩，等译 . 上海：上海人民出版社 .

小岛洁，2000. 思考的前提 [J]. 读书杂志，3: 3–7.

徐贲，2016. 人以什么理由来记忆 [M]. 北京：中央编译出版社 .

余霞，2016. 全球传播语境中的国家创伤与媒介记忆——中、日、美、英“南京大屠杀”相关报道 (1949—2014 年) 的内容分析 [J]. 华中师范大学学报 (人文社会科学版)，5: 129–137.

远东国际军事法庭，2014. 远东国际军事法庭判决书（中英文版）[M]. 张效林，译 . 北京：国家图书馆出版社 .

远东国际军事法庭，1986. 远东国际军事法庭判决书 [M]. 张效林，译 . 北京：群众出版社 .

约翰 · 拉贝，1997. 拉贝日记 [M]. 本书翻译组 . 南京：江苏人民出版社 .

约翰 · 拉贝，2015. 拉贝日记 [M]. 南京：江苏人民出版社 .

张纯如，1998. 南京暴行：被遗忘的大屠杀 [M]. 孙英春，等译 . 北京：东方出版社 .

张纯如，2015. 南京大屠杀 : 第二次世界大战中被遗忘的大浩劫 [M]. 北京：中信出版社 .

张洪涛，2005. 国殇——国民党正面战场抗战纪实 [M]. 北京：团结出版社 .

张静，1998. 法团主义 [M]. 北京：中国社会科学出版社 .

章开沅主编，1999. 天理难容：美国传教士眼中的南京大屠杀（1937—1938）[M]. 南京：南京大学出版社 .

张连红，2003. 南京大屠杀与南京市民的创伤记忆 [J]. 江海学刊，1: 147–152.

张连红，2007. 中日两国南京大屠杀研究的回顾与思考 [J]. 南京大学学报 (哲学 · 人文科学 · 社会科学版)，1: 95–109.

张连红，2010. 国民政府对南京大屠杀案的社会调查 (1945—1947)

[J]. 江海学刊 , 1: 169−174.

张连红 , 2015. 战时国民政府对日军罪行的调查——以“敌人罪行调查委员会”为中心 [J]. 江海学刊 , 2: 166−172.

张连红 , 2016. 南京大屠杀历史记忆的塑造 [J]. 国史研究通讯 , 10: 105−112.

张隆志 , 2016. 战争记忆、认同政治与公共历史：从当代东亚历史教科书问题谈起 [J]. 国史研究通讯 , 10: 113−122.

张生 , 2005. 外国媒体报道与德国使馆报告 [M]// 张宪文主编 . 南京大屠杀史料集 6. 南京：江苏人民出版社 .

张生 , 2012. 美国文本记录的南京大屠杀 [J]. 历史研究 , 5: 128−143.

张生 , 2014. 从历史到记忆：深化南京大屠杀研究的逻辑路径 [J]. 南京政治学院学报 , 6: 78−84.

张宪文 , 2012. 南京大屠杀全史 [M]. 南京：南京大学出版社 .

张宪文主编，2015. 南京大屠杀 [M]. 南京：南京大学出版社 .

胡菊蓉编 , 2006. 南京大屠杀史料集：第 24 册《南京审判》[M]. 南京：江苏人民出版社 .

张允然 , 1985. 关于纪念馆筹建工作情况汇报 [J]. 工作简报 , 58.

中日韩三国共同历史编纂委员会 , 2013. 超越国境的东亚近现代史 [M]. 北京：社会科学文献出版社 .

朱成山，1994. 侵华日军南京大屠杀幸存者证言集 [M]. 南京：南京大学出版社 .

朱成山 , 1998. 侵华日军南京大屠杀外籍人士证言集 [M]. 南京：江苏人民出版社 .

朱成山 , 2005. 成长之路：侵华日军南京大屠杀遇难同胞纪念馆 20 周年馆志 [M]. 南京：南京出版社 .

朱成山 , 2008. 鼎力铸史——侵华日军南京大屠杀遇难同胞纪念馆陈列设计艺术 [M]. 南京：南京出版社 .

朱成山 , 2010. 侵华日军南京大屠杀遇难同胞纪念馆馆史（1985—2010）[M]. 南京：南京出版社 .

朱成山 , 2013. 外人看纪念馆 [M]. 南京：南京出版社 .

朱成山，国家公祭是固化南京大屠杀史实的重器 [N]. 南京日报，2014-03-03(03).

朱成山 , 2014. 中外观众的回音壁：侵华日军南京大屠杀遇难同胞纪念馆观后感集 [M]. 南京：南京出版社 .

朱成山 , 2015. 国家公祭与南京大屠杀史第三次固化 [J]. 日本侵华史研究 , 1: 1-7.

朱成山，李慧 , 2015. 第 21 次是国家公祭 [M]. 南京：江苏人民出版社 .

朱成山，袁志秀 , 2013. 南京大屠杀史研究三十年：1982—2012[J]. 日本侵华史研究 , 2: 1-16.

朱成山，朱同芳 , 2014. 国家公祭——解读南京大屠杀死难者国家公祭日资料集 [M]. 南京：南京出版社 .

后　记

这本小书是两位作者近年来学术合作的一个见证。我们二人贡献相当，若抽离其中任何一人的智力贡献，本书都将不复存在。尤其是，本书第三章至第六章的经验研究部分，我们二人各自贡献了两个选题。

在传播科技高度发达的今天，遥远的地理距离已不再是阻隔学术合作的关键障碍。或许，真正的障碍在于，合作双方如何看待学术合作本身，以及如何看待学术评价上不平衡的结果。在现今这种僵硬的学术评价体制下，合撰论著——尤其是第二作者的贡献——往往得不到应有的认可，然而我们却在这些年不计利害得失的合作中，自得其乐，也对此倍加珍惜。本书是我们以自己的方式，为“结构”与“能动性”之间的关系所做的一个小小注脚。

从 2012 年初开始筹备，到 2017 年初交稿给出版社，这本小书的孕育历经五个寒暑。一人博士毕业初涉教职，一人重新回归讲台，两位“青椒”在繁重的教学和行政压力以及时不时发作的“拖延症”之下，最终完成书稿，品尝了诸般冷暖况味。借本书最后的一两页，我们想追述几个小片段，聊记漫长征途中的种种甘苦。

2013年7月，趁“兰州多友会”之机，我在西北游兴正浓，李红涛却不断催促：“快点回来开工啦！”那个暑假，我们在杭州与成都之间，通过长途电话讨论内容分析的编码方案，有时一打几个钟头，导致听筒过热，这情景历历在目。

2016年4月，郭建斌教授邀请我们参加由中国社会科学院新闻与传播研究所、浙江大学传媒与国际文化学院、云南大学新闻学院共同主办的“文化研究：仪式·展演·空间”暑期班和工作坊，我们决意利用这次机会，一鼓作气完成书稿，于是报了两个题目，这便是本书第四章和第五章的缘起。在6月上旬做过第一轮田野调查和焦点小组访谈之后，7月中旬，我们重返田野地点，为第四章和第五章补充做深度访谈和非参与式观察。

我们的都市田野妙趣横生。这里仅举一例。7月12日下午，带着各自学院出具的介绍信，我们打车去南京广播电视台，希望采访“紫金草行动”的主创人员。我们到门口的收发室，说明来意，值班的女孩子告诉我们，访客必须先电话联系被访者，获准后方可进去。可是，我们只知道这项行动是由南京网络电视台承办的，并不知道负责人是谁。她努力帮我们联系，打了一圈电话，最后得到的答复是，部门领导去某地封闭式学习了，几天后才回来。其间，我们还向南师大的一位朋友求助。折腾了一个多小时，就在我们准备打退堂鼓的时候，南师大的朋友来电说有解决办法了。几乎同时，收发室也传来一声呼喊：“老师，快回来，联系上了！”原来是一位“顺丰”小哥来送件，他正好有那个部门其他主管人员的电话。突破第一道防线后，接下来的一切就顺风顺水了。

后　记

2017 年 2 月中旬，在李红涛的不断催促下，我终于赶出了长达四万字的第四章。这是第三稿，立意由初稿的“聚像”，转到第二稿的“展演”，并最终停泊在第三稿的“集群”上面。书稿虽然已于 2 月 17 日交给责任编辑翟江虹老师，但它其实仍处于“未完成”状态。接下来的一个月里，我又在潘忠党教授的悉心指导和热情鼓励之下，数易其稿。3 月 16 日，潘老师回邮：“我觉得，你的稿子在朝着‘成熟’快速发展。”19 日，我为了达到潘老师“剪除枝蔓”的要求，撇开之前所写内容，从打印机上拿了一张白纸，想试试能否画出一个表格，来比较几种不同的话语。表格（如图）尚未画完，已觉豁然开朗，于是赶紧一鼓作气重写了“数字标识的空间化与意义生成”一节。之后我和李红涛又几经往返，完成了“结论与讨论”，即该章结语部分。23 日一早，潘老师认

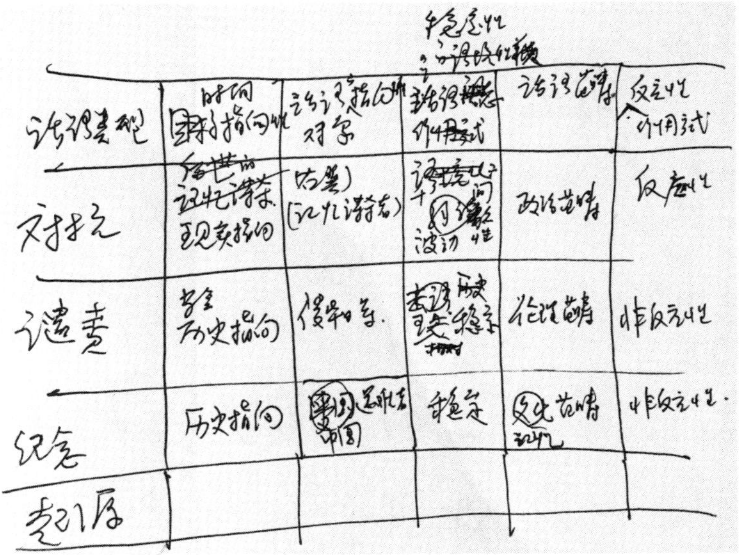

为可以定稿了。正在挪威奥斯陆访学的李红涛于当地时间凌晨3点半（北京时间上午10点半）发了一条朋友圈：“凌晨两点半醒来，看到微信消息，东八区、东一区和西六区的人们终于达成了共识。左一稿、右一稿，总算走到这一步。做了好几年的题目告一段落，忽然就睡不着了。感觉跟‘暗恋’四五年的对象分手差不多。”

我们漫长的研究旅程结束了，而您的这段阅读旅程也已抵达了终点站。但愿您跟我们一样，从旅程中收获了一些答案，然后带着更多的问题和好奇，重新出发。

黄顺铭执笔

李红涛修订

于2017年3月24日

图书在版编目（CIP）数据

记忆的纹理：媒介、创伤与南京大屠杀 / 李红涛，黄顺铭著．—北京：中国人民大学出版社，2017.12

ISBN 978-7-300-25204-9

Ⅰ.①记… Ⅱ.①李… ②黄… Ⅲ.①南京大屠杀－史料 Ⅳ.①K265.606

中国版本图书馆 CIP 数据核字（2017）第 292444 号

记忆的纹理

媒介、创伤与南京大屠杀

李红涛　黄顺铭　著

Jiyi de Wenli

出版发行	中国人民大学出版社			
社　　址	北京中关村大街 31 号	**邮政编码**	100080	
电　　话	010-62511242（总编室）		010-62511770（质管部）	
	010-82501766（邮购部）		010-62514148（门市部）	
	010-62515195（发行公司）		010-62515275（盗版举报）	
网　　址	http://www.crup.com.cn			
	http://www.ttrnet.com（人大教研网）			
经　　销	新华书店			
印　　刷	北京联兴盛业印刷股份有限公司			
开　　本	890 mm×1240 mm　1/32	**版　　次**	2017 年 12 月第 1 版	
印　　张	10.875 插页 2	**印　　次**	2023 年 6 月第 3 次印刷	
字　　数	204 000	**定　　价**	50.00 元	

阅读　你的生活